Gebhard Friebel

Ein weisser Koffer

Gefangen in Thailand

Thriller

Gebhard Friebel

Ein weisser Koffer

Gefangen in Thailand

Thriller

Universal Frame

2. Auflage
Titelgestaltung Werner Hense
Titelfoto: © Charlie Milsom - Fotolia.com
Universal Frame Verlag GmbH, Zofingen
ISBN 9783905960488

Teile des Geschehens haben sich tatsächlich ereignet. Das erste Kapitel „Wie alles begann" enthält authentische Vorgänge. Von da an, wo der Autor die Grenze nach Kambodscha überschritt, kam die Phantasie ins Spiel… Aber vieles könnte doch der Realität entsprechen. Die historischen und aktuellen Hintergründe, wie auch die geografischen Angaben, sind real und wahrheitsgetreu beschrieben.

Sanya, Hainan
V. R. China
10 August, 08

Wie alles begann

Meine Freundin Ma Guo Feng ist nun endgültig fort – mit ihren Eltern zurück nach Shenyiang.

Letzte Woche hatten wir an vier Tagen hintereinander zum ersten Mal seit Eröffnung der Studenten- und Musikkneipe "Sky Garden" grüne Zahlen geschrieben.

12. August 08
Richard Peng, der Hauptmieter des Hauses, ist heute wieder gekommen und meinte, dass er die Kneipe alleine weiterführen wolle.

13. August 08
Heute lag unter der Eingangstür zur Kneipe die fristlose Kündigung des Mietvertrages... Der Besitzer beabsichtige, die Kneipe selbst weiterzuführen.

So sind halt Chinesen. Wenn sie merken, dass ein Betrieb gut läuft, können sie nicht mehr gut schlafen. Sie grübeln darüber nach, wie sie davon besser profitieren können.

Als Vermieter wollen sie mit allen Tricks die Miete erhöhen, den Mieter herausgraulen, und den Betrieb selbst übernehmen. Sie denken, sie könnten alles genauso weiterführen oder besser machen. Auf jeden Fall wollen sie mehr: Money, money, money!

14. August 08
Ich denke lange nach, sehe aber keine Chance, die Kneipe gegen seinen Willen mit Hilfe von Polizei, Anwalt oder Gericht wieder zu öffnen.

Ich habe verloren! Mein investiertes Geld und auch meine Arbeitszeit.

***

September 08

Ich verdiene inzwischen mein Geld mit Übersetzungen, fühle mich aber nicht wohl dabei, weil ich laufend, sobald irgend ein Kontakt mit Chinesen zustande kommt, sei es in einem Geschäft, einem Restaurant, mit meinem Vermieter oder mit Behörden – kurz überall, mit Betrugsversuchen oder unerwarteten ‚Black Money' Zahlungen konfrontiert werde. Meine Freundin ist halt nicht mehr da, die mich vor vielen derartigen Versuchen beschützt hat

Ich ziehe mich immer mehr in meine Wohnung zurück.

Oktober 08

Ich merke, dass ich allmählich krank werde.

Es fängt mit einem Ausschlag an der linken Hand an.

Er wächst, breitet sich auf meinem linken Arm aus und wird zunehmend unangenehmer.

Zuerst gehe ich zu zwei Apotheken, die mir Salben verkaufen.

Kein Erfolg. Nach zwei Wochen zu einer Ärztin – neue Salbe und Tabletten. Kein Erfolg. Dann ins grosse Krankenhaus: Blutuntersuchung: nix feststellbar – wieder Salbe und Tinktur.

Diagnose: Allergie… Ich hatte noch nie im Leben eine Allergie!

Dann beginnt der Ausschlag an der linken Hand. Allmählich werde ich unwirsch.

Zudem bekomme ich Durchfall. Seit zwei Monaten. Auch von Speisen in Restaurants, wo ich Monate vorher regelmässig verkehrte und nie Durchfall bekommen hatte. Muss alle zwei Stunden aufs Klo. Auch Mc. Donalds und Kentucky Fried Chicken Restaurants nutzen nichts

Dann die Schlafstörungen: Maximal drei Stunden Schlaf hintereinander, auch wenn ich mich mit Schnaps zusaufe.

Mitte Oktober beschliesse ich, Urlaub zu machen, um in einem anderen Land Abstand zu gewinnen und meine Situation zu überdenken.

Da ich schon öfter in Thailand war, werde ich dorthin fahren.

***

Gestern bin ich in Thailand gelandet.

Nach zwei Tagen in Bangkok fühle ich mich pudelwohl und fahre schnurstracks nach Ko Chang.

Der Ausschlag ist verschwunden; ich habe keinen Durchfall mehr, und kann langsam wieder besser schlafen. Ich denke, all die nervenden Krankheitssymptome hatten psychosomatischen Ursprung.

Hier will ich etwas Neues beginnen – irgendetwas in Richtung Tourismus.

Nach den Flughafenbesetzungen in Bangkok und Phuket bricht der Tourismus zusammen. Obwohl High Season ist, schrumpfen die Besucherzahlen auf 20 bis 30%. Die Entwicklung für das nächste Jahr wird allgemein negativ beurteilt.

Was tun?

Ich warte, warte und grübele.

Mitte Dezember 08 weiss ich, was ich tun werde: Ein anderes Land muss es sein.

Zur Auswahl stehen Kambodscha, Laos und Vietnam.

Da man immer öfter hört, in Kambodscha soll es heftig aufwärts gehen, entschliesse ich mich über Weihnachten für Kambodscha.

Am 3. Januar werde ich meine Koffer packen, und zuerst einmal für drei Wochen nach Kompong Som, dem früheren Sihanoukville, fahren – zusammen mit Charly, einem Österreicher.

Der verschwindet aber vor dem geplanten Abreisetermin sang- und klanglos. So werde ich halt alleine fahren.

Herr Prem in Not

Wo ist der Tee," schrie Herr Prem.

Er hatte soeben die Küche betreten und sah sich suchend um. Kein Reis, kein Gemüse und kein Tee da!

Er rief lauter: „du weisst, dass ich morgens immer Kopfweh habe. Verfluchtes Weibsstück!"

Keine Antwort.

Sollte ich wieder die Nachbarin nach Tee fragen?

Er blickte zufällig aus dem kleinen Küchenfenster und bemerkte eine Bewegung.

Er sah genauer hin: tatsächlich, da, auf seinem kleinen, innenliegenden Balkon: das war Lee. Er sass auf dem hölzernen Balkongeländer. Wenn er den erwischen würde – heute Morgen. Das wäre ein Freudentag! Wenn er nah genug herankäme!

Er würde ihn töten – wenn er nur nahe genug herankäme. Wenn!

Mit einem Schlag war er hellwach.

Er erstarrte: jetzt nur keine Bewegung.

Seine Augen suchten die gegenüberliegenden Balkone ab.

Keine Bewegung, keine Menschenseele zu sehen.

Niemand wird mich beobachten.

Sein kleiner, innenliegender Balkon war von den Nachbarhäusern rechts und links nicht einsehbar.

Vorsichtig und langsam ging er in die Knie. Im Zeitlupentempo. Ganz sachte langte er nach dem schweren eisernen Schürhaken, der rechts neben dem Holzkohleherd an der Wand stand. Mit eiserner Kraft umspannte er, zum Töten bereit, den gedrechselten Mahagonigriff.

Dann straffte er sich in höchster Anspannung.

Ein Schlag nur; aber der muss sitzen.

Die Tür zum Balkon stand wie immer offen. Da musste er hindurch, nach aussen.

Lee schaute vor sich hin – bewegungslos. Vielleicht war er eingedöst.

Herr Prem machte einen kleinen Schritt zur Seite. Lee reagierte nicht. Noch einen Schritt nach rechts. Keine Reaktion. Jetzt musste er nach vorn, durch die Tür. Ein Schritt nach vorn. Nur kein Geräusch jetzt, so kurz vor dem Ziel.

Noch einen Schritt nach vorn. Und jetzt noch ein beherzter Satz.

Er hob die rechte Hand mit dem Schürhaken über seinen Kopf. Er ging etwas in die Knie. Dann kam der Satz nach vorn. Jetzt war er noch einen halben Meter von Lee entfernt, und der hatte nichts bemerkt. Er hob die Rechte höher und liess die Hand mit dem Haken niedersausen. Als der Haken nur noch vierzig Zentimeter von Lee's Kopf entfernt war, machte dieser einen Satz zur Seite nach vorn, auf das nächste Balkongeländer.

Der Haken krachte auf das Geländer, das Holz der Brüstung zersplitterte.

Lee hatte es wieder einmal geschafft. Herr Prem war stinksauer.

Der Tag fängt ja gut an. Wie hätte ich mich gefreut.

Lee war der fetteste Kater in der Nachbarschaft. Und er war auch nicht so alt, wie die anderen Katzen. Obwohl es nun schon ein Jahr her war, dass er eine Katze erschlagen hatte.

Als ob sie sich verabredet hätten, diese Katzen, ihm aus dem Weg zu gehen. Das hätte eine feine Suppe gegeben. Wenn man eine Katze nur lange genug kocht, kann man sie auch gut essen. Verflucht!

Woher Tee?

Herr Prem überlegte: Wie käme er jetzt wenigstens zu Tee?

Aber die Nachbarin hat mir erst gestern die Türe vor der Nase zugeschlagen, als ich Tee von ihr wollte.

Die Eingangstür knarrte. Seine Frau Li kam nach Hause.

„Wieder kein Tee da, und zu Essen auch nichts," bellte er sie an. „Warum habe ich dich bloss geheiratet?"

Frau Li stemmte die Arme in die Hüften.

„Du Nichtsnutz, du hast seit Wochen keinen Riel mehr abgeliefert," keifte sie, „Und wovon soll ich dann Tee und Reis kaufen. Wenn du arbeiten würdest, wie dein Onkel Wu, hätten wir immer genug. Und vor acht Jahren hast du mir versprochen, dass du ein Auto kaufen würdest. Sonst hätte ich dich nie geheiratet. Jetzt verbringst du deine Abende mit Schnaps und Weibern, und ich kann betteln gehen, damit ich nicht verhungere! Das Keifen wurde schrill, die Stimme überschlug sich zur Anklage:

„Die Götter sollen dich bestrafen, weil du dich nicht um deine Frau kümmerst. Ich werde älter und älter. Was soll denn später aus mir werden?

In ihr Keifen mischte sich Selbstmitleid, das in einen fordernden Ton überging.

„Fahr' doch wieder Taxi mit dem Auto deines Onkels, dann gibt es auch wieder jeden Morgen Tee und Reis."

Herr Prem zog den Kopf ein. Er hatte ihr nie erzählt, dass er vor drei Monaten den Toyota seines Onkels Wu gegen einen Laternenmast gefahren hatte. Der Kotflügel hatte zwei grosse Dellen davongetragen.

Seinem Onkel hatte er erzählt, einer von Onkel Wu's Büffeln sei gegen das Auto gelaufen.

Sein Onkel hatte seinem Neffen nicht geglaubt und richtigerweise vermutet, dass das schwarze Schaf der Familie nach einem Trinkgelage beim Majong-Spielen angeheitert einen Unfall verursacht hatte.

Danach hatte Onkel Wu ihn zwei Mal, als er sich das Auto wieder zum Taxifahren ausleihen wollte, als Trunkenbold beschimpft und aus dem Haus gejagt. Er solle gefälligst 200‘000 Riels für den Schaden bezahlen – vorher brauchte er sich nicht mehr blicken lassen.

Als Herr Prem erwidert hatte, er solle ihm das Auto leihen, damit er wieder Taxi fahren könne, um seine Schulden zu bezahlen, hatte der Onkel geschrieen: „Die Götter haben ganz richtig gehandelt, als sie dich mit deiner hässlichen Frau bestraft haben! Nicht mal einen Sohn hat sie dir geboren“

Onkel Wu wusste, dass dieser Vorwurf seinen Neffen besonders hart treffen würde, aber für eine neue Frau fehlte Herrn Prem das notwendige Geld.

Auf der Suche

Missmutig verliess er das Haus und schlenderte in Richtung Markt. Dort wohnte sein Bruder Bu, der immer wieder gesagt hatte:

„Mach es doch so wie ich.“

Bu hatte im Kampot zwei Freunde, die im Busch ein kleines Haschischfeld angelegt hatten. Vier mal im Jahr holte Bu die Erträge des Feldes ab und schmuggelte die Ware im doppelten Boden eines Hahnenkorbes nach Thailand. Dort bekam er jedes Mal dafür 5‘000 bis 6‘000 Baht und war so zum wohlhabenden Mann geworden; er konnte sich sogar zwei Frauen leisten.

Bu hatte ihm auch davon erzählt, dass mit dem Schmuggel von Heroin zehnmal soviel Geld zu erzielen sei. Aber alle, mit denen Herr Prem sich darüber unterhalten hatte, hatten ihn darauf hingewiesen, dass die Grenzpolizei bei Heroin, anders als bei Haschisch, kein Auge zudrückte.

Und drei weitere Freunde von Bu sassen schon seit 4 Jahren wegen Heroinschmuggels in Trat im Gefängnis.

Aber wie sollte man das Pulver gefahrlos nach Thailand bringen? Darüber hatte er schon oft nachgedacht.

Man könnte es an einen mit Gas gefüllten Luftballon befestigen und jenseits der Grenze den Luftballon abschiessen.

Aber wenn gerade eine Grenzpatrouille in der Nähe war und die Schüsse hörte?

Oder beim Loy Kratong Fest konnte man das Pulver in einem schwimmenden Blumengebinde verstecken. Bei gutem Südwind wäre es in zwei Stunden in Thailand. Dort könnte man es mit einem Fischerboot aus dem Wasser fischen.

Aber wenn es vor Erreichen des Zielpunktes unterginge? Oder der Wind einschliefe?

Die Eigentümer des Pulvers würden ihn wegen des Verlustes auf jeden Fall bestrafen. Und das konnte schlimmer als Gefängnis sein.

In Gedanken versunken setzte Herr Prem ohne festes Ziel seinen Weg fort.

Ich habe immer noch nichts gegessen Ich könnte ja mal bei meiner Cousine Dang vorbeischauen. Die hatte immer ein gutes Herz und freute sich auch oft über meinen Besuch. Ausserdem war sie sehr höflich und lud mich fast immer zum Tee ein…

***

Cousine Dang war tatsächlich da und bat ihn in ihr kleines Haus. Beim Tee fragte sie ihn, wie es ihm so ginge.

Er erzählte ihr nach kurzem Nachdenken von seinem chronischen Geldmangel und von dem Transportproblem mit dem Pulver.

Frau Dang hatte früher in der ‚Hallo Bar' gearbeitet und ab und zu Ausländer nach Thailand begleitet. Daher wusste sie, dass Ausländer an der Grenze nie ihr Gepäck öffnen mussten.

Dies erzählte sie Herrn Prem, der das zunächst nicht glauben wollte.

Doch dann liess er sich überzeugen und war schnell von dieser Möglichkeit begeistert.

„Ich habe einen Plan", erzählte er nach längerem Überlegen. „Man könne viel Geld verdienen, wenn es gelänge, ein Päckchen mit dem Pulver im Gepäck eines Fremden, der am folgenden Tag über die Grenze nach Thailand will, zu verstecken. Jenseits der Grenze müsse man ihm dann nur noch den Koffer stehlen, und das Pulver in Trat oder Chantaburi verkaufen. In beiden Städten hatte er einige Freunde, die illegal in Thailand arbeiteten und immer knapp bei Kasse waren.

Die kannten Leute, die für den Markt in Bangkok alles erreichbare Heroin aufkauften.

Für ein Pfund bekommt man 40‘000 Baht: das wusste jeder.

„Und was springt für mich dabei heraus?“, fragte Frau Dang.

„Bestimmt 5‘000 Baht“

Frau Dang bekam leuchtende Augen, und rechnete schnell im Kopf durch: Wenn man das zehn mal im Jahr schaffte, hatte sie 50‘000 Baht zusammen, und konnte sich ein kleines Häuschen kaufen. Für ihre alten Tage…

Und sie wäre bei ihren Freunden angesehen und von ihren Freundinnen beneidet.

Aber wie konnte man an einen Ausländer herankommen?

Frau Dang hatte schon lange nicht mehr in der Bar gearbeitet – sie war einfach zu alt. Aber sie könnte ja mal ihre Freundin, Frau Wu fragen.

Die arbeitete immer noch in der ‚Hello-Bar’.

„Ich werde Frau Wu fragen“, versprach sie Herrn Prem.

Frau Wu‘s Werdegang

Am Nachmittag ging sie bei ihrer Freundin Wu vorbei, die sie zum Tee einlud.

Frau Wu hatte es zu einem gewissen Wohlstand gebracht – sie besass zwölf Hühner und ein Schwein, und es wurde gemunkelt, dass sie sogar ein Sparbuch mit 30‘000 Bath besass.

Obwohl Frau Wu schon 52 Jahre alt war, sah sie viel jünger aus.

Sie arbeitete tatsächlich immer noch in der „Hello-Bar“.

Trotz ihres Alters schaffte sie es immer wieder mal, angeheiterte ‚Farangs’ zu betören und ihnen in deren Hotels ihre Dienste zu verkaufen

Sie hatte auch noch viele Zähne. Es waren zwar mehr künstliche als echte. Tatsächlich hatte sie nur noch fünf eigene; aber da die Barbesucher meistens viel Alkohol getrunken hatten, machte denen der Farbunterschied zwischen alten und neuen Zähnen nichts aus, oder sie bemerkten ihn gar nicht.

Mehrmals sogar hatten die Kunden, als ihr mal wieder einer oder zwei der neuen, künstlichen Zähne zufällig aus dem Mund gefallen waren, sie aufgefordert, alle künstlichen Zähne aus dem Mund zu nehmen. Das war in einer Minute geschehen, da sie die einfach zwischen die anderen Zähne gesteckt hatte. Beim Wiedereinsetzen der Zähne musste sie dann allerdings sehr genau aufpassen, dass sie die richtige Reihenfolge einhielt und nicht versehentlich einen Backenzahn mit einem Schneidezahn verwechselte.

Als sie einmal nur noch ihre fünf alten Zähne im Mund zeigte, hatte ein Ausländer gegrinst und gemeint, jetzt könne sie seinem Jadestengel ja nicht mehr gefährlich werden.

Aber sie wollten dann auch meistens nur an ihren ‚Golden Gully' heran…

„Ja, ja, ab und zu habe ich mit Ausländern zu tun, und die meisten sind auf dem Weg nach Thailand, wo die Damen viel teurer sind. Deshalb kehren sie vorher noch oft in unserer Bar ein," sagte sie.

Und: „Wenn man das Pulver in deren Koffer unterbringen kann, kommt es sicher über die Grenze."

Mit diesem Wissen verabschiedete sich Frau Dang bei ihrer Freundin Wu und begab sich direkt zu Herrn Prem, der irgendwo doch noch Whisky aufgetrieben hatte und es sich damit vor seinem Fernsehgerät gemütlich machte.

Ein hartes Leben

Herr Prem hatte mal wieder über sein Schicksal nachgedacht, und war etwas angeheitert. Herr Prem war oft angeheitert, weil die Welt nun mal sehr schlecht zu ihm war. Und deswegen trank er oft Whisky, den er gar nicht mochte, wie er seinen Freunden immer wieder versicherte.

Aber sobald es ihm irgendwie gelang, etwas Geld aufzutreiben, war er auch schon bald beschwipst. Manchmal auch stark angeheitert. Genau genommen trank er, sobald er eine Flasche Whisky im Geschäft des Ladenbesitzers Long aufgetrieben hatte, diese auch umgehend und zügig aus. Denn man konnte nie wissen, ob nicht gerade einer der drei Brüder Fu aus dem Nachbarhaus ihm einen Besuch abstatten würde.

***

An sich waren die Brüder Fu seine guten Freunde, aber seltsamerweise kam immer gerade dann, wenn er eine Flasche erstanden hatte, und sie zu Hause öffnete, mindestens einer der Dreien rein zufällig vorbei, um ihm einen Besuch abzustatten.

Sie schienen einen sechsten Sinn zu haben, oder auch Ahnungen, wie die weisen, alten Frauen auf dem Markt.

Jedenfalls bekam er immer Besuch, sobald er eine Flasche zu Hause öffnete.

Das verbitterte ihn manchmal, denn wenn er keinen Whisky hatte, und im Gegenzug den Brüdern einen Besuch abstattete, um zu erkunden, ob dort etwas zu trinken sei, fand er sie normalerweise auch vor dem Fernseher sitzend. Nur war die Flasche vor ihnen dann entweder fast oder gänzlich leer.

Herr Prem selbst versteckte manchmal, wenn er eine volle Flasche hatte, diese im Raum nebenan, nachdem er sich sein Glas halbvoll geschenkt hatte. Und auf den Tisch vor sich hatte er als Vorsichtsmassnahme eine leere Flasche gestellt. Nur hatte das den Nachteil, dass er bei zunehmender Anheiterung schon mehrmals die versteckte Flasche selbst nicht mehr gefunden hatte.

So kam es, dass er seinen Whisky nur im Zustand höchster Anspannung geniessen konnte, nicht so entspannt wie im Gasthaus ‚Unter dem Mangobaum', wo man gelassen ein Getränk nach dem anderen bestellen konnte.

Aber da der Wirt – obwohl auch dieser ein persönlicher Freund – bei ihm immer auf vorheriger Bezahlung bestand, konnte er dessen Dienste nur ganz selten in Anspruch nehmen, und bei ihm einkehren.

Was Herr Prem nicht wusste, war: Die drei schlauen Nachbarbrüder hatten mit Herrn Long, dem Ladenbesitzer des einzigen Ladens im der Nähe, einen geheimen Vertrag geschlossen: Sobald Herr Prem bei ihm Whisky gekauft hatte, rief Long bei den Brüdern zu Hause, gegen eine kleine Gebühr, an und teilte ihnen mit, dass Herr Prem wieder Whisky gekauft hatte. Sogar die Flaschengrösse teilte dieser üble Spion den Brüdern mit, wovon dann abhing, ob nur einer, (bei einer kleinen Flasche) oder alle drei, (bei einer grosse Flasche) sich bei Herrn Prem einstellten.

Ja, ja, das Schicksal meinte es schon oft sehr schlecht mit Herrn Prem.

Da klopfte es, und vor der Tür stand Frau Dang mit interessanten Neuigkeiten.

Dann redeten beide viele Stunden lang.

In Kampot

Am nächsten Morgen stand Herr Prem früh auf und fuhr mit dem Bus nach Kampot.

Nach einigem Herumfragen fand er auch das Feld seiner Freunde bei Kampot im Busch, wo seine beiden Freunde im Schatten lagen und vor sich hin dösten.

Die Beiden arbeiteten nur selten, und waren doch wohlhabend.

Denn zwei oder drei Mal pro Woche schickten sie ihre Schwester Lo zum Markt

Am Verkaufsstand von deren Freundin So Au fand diese immer etwas Platz, um ihre eigene Ware zu verkaufen. Das waren Rebhühner, von denen ihre Brüder jede Woche fünfzig, manchmal auch sechzig oder siebzig, erlegten.

Den Kunden, die fragten, warum die Rebhühner keine Köpfe mehr wie die anderen Tiere auf dem Markt hatten, erzählte sie, dass ihre Brüder so unglaublich gute Schützen seien, dass sie die Vögel immer durch den Kopf schiessen würden.

Das stimmte nicht ganz. Die pfiffigen Brüder hatten irgendwann entdeckt, dass die Rebhühner, die regelmässig ihr Haschischfeld auf Nahrungssuche heimsuchten, schon nach kurzer Zeit torkelten und kaum mehr recht fliegen konnten.

Die Vögel frassen mit Vorliebe die Blüten der Haschischpflanzen, und wenn sie eine oder zwei Blüten verspeist hatten, waren sie bald flugunfähig, und mit einem Stock leicht zu erschlagen.

Diese Rebhühner waren nicht wie die anderen auf dem Markt mit Bleikugeln gespickt, was den Genuss stark einschränkte und pro Tier nur 10‘000 Riel brachte. Für diese Tiere ohne Bleieinlage liess sich deswegen locker ein Preis von 15‘000 Riel erzielen.

Ausserdem ging das Gerücht, dass die Rebhühner der Frau Lo eine heilende Wirkung hatten. Denn nach dem Genuss dieser Vögel wurde man wundersamerweise glücklich und fröhlich. Die Tiere hatten ja vorher im Cannabisfeld die Blüten der Pflanzen gefuttert, und die fröhlich machenden Stoffe der Droge befanden sich nun im Fleisch der Tiere.

***

“Hallo, Freunde, rief Herr Prem, und wurde von den beiden Brüdern etwas säuerlich begrüsst, da bekannt war, dass er immer knapp bei Kasse war und gerne schnorrte.

Aber Herr Prem kam gleich zur Sache

„Ich habe von den Leuten gehört, die hier in der Nähe eine kleine Küche haben, wo Heroin gekocht wird. Könnt ihr mich zu ihnen führen?“

Sie stritten zunächst ab, davon zu wissen. Aber als er ihnen als Belohnung einen seiner Kampfhähne versprach, sagten sie zu, ihn dorthin zu bringen, obwohl das sehr gefährlich sei.

Es würde Herrn Prem schwer fallen, einen seiner Kampfhähne zu opfern, aber dann fiel ihm ein, dass er ihnen den Hahn mit Namen ‚Goldener Drache’ geben könnte. Goldener Drache war beim letzten Kampf arg zerzaust worden, und hinkte immer noch. Das war schon schlimm, aber noch schlimmer war, dass er seitdem Angst vor anderen Hähnen hatte und damit als Kampfhahn nicht mehr einsetzbar und somit unverkäuflich war. Man könnte jetzt höchstens noch eine Suppe aus ihm kochen.

Herr Prem versprach hoch und heilig, dass er beim nächsten Besuch seinen besten Kampfhahn mitbringen würde.

So machten sich die drei denn auf den Weg.

Frischer Wind in Trat

Herr Tong ist Polizist in Trat, und zwar schon seit acht Jahren. An sich ist er zufrieden mit seinem Beruf, vor allem, weil er ein hohes Ansehen als Polizist geniesst. Nur sein Gehalt reichte fast nie bis zum Ende eines Monats.

Er ist verheiratet und hat einen sechsjährigen Sohn, auf den er sehr stolz ist. Die Geldsorgen sind geringer geworden, seit das neue Prämiensystem eingeführt wurde.

Um die Effizienz der Polizei zu steigern, hatte sich der Provinzgouverneur etwas Neues einfallen lassen. Seit zwei Jahren gab es für die Ergreifung jedes Verbrechers, der gesucht wurde, jeweils 1'000 Baht.

Das war ein voller Erfolg. Allerdings profitierten vom neuen System nur die jungen, eifrigen Polizisten.

Das ärgerte den Herrn Tong und seine engen Freunde Rung und Bam sehr; denn Verbrecher zu fangen, war anstrengend. Die Drei waren seit vielen Jahren befreundet, und trafen sich oft nach der Arbeit zu einem gemeinsamen Umtrunk.

Nachdem schliesslich aus dem Polizei-Hauptquartier in Trat letztes Jahr drei Gefangene aus ihren Zellen abgehauen, und nicht wieder gefasst worden waren, hatte der Gouverneur wegen des Erfolgs des Prämiensystems in der Provinz Trat angeordnet, dass auch für die Ergreifung von geflohenen Gefangenen 1'000 Baht pro Mann zu zahlen seien.

Nun schlug die Stunde für das Freundestrio.

Herr Tong hatte zwar noch keinen gesuchten Verbrecher gefangen, aber er, und seine Kollegen und Freunde Rung und Bam, waren erfinderisch.

Denn nun ist die Anzahl geflohener Gefangener, die wieder gefasst wurden, dank der unermüdlichen Arbeit der Herren Tong, Rung und Bam, stark angestiegen. Das kam so:

Herr Tong oder einer seiner diensthabenden Kollegen vergass ab und zu einfach, eine Zellentür abzuschliessen. Kurz darauf entwichen dann regelmässig einer oder mehrere Gefangene.

Über die Treppe nach unten, die in den Wachraum mündete, wollte keiner der Gefangenen abhauen, da hier immer drei oder vier Polizisten sassen.

Blieb das Fenster vom Flur, in den die Zellentüren mündeten. Durch dieses Fenster, das auf der Seite des Gebäudes angebracht war, konnte man, wenn man etwas sportlich war, schnell das Gebäude verlassen, und in den angrenzenden Gassen verschwinden.

Und wenn es ums Ausbüchsen geht, werden Gefangene schnell und unerwarteterweise sehr sportlich…

Was die Gefangenen nicht wussten, war:

Auf der Rückseite des Gebäudes, wo ein verwilderter Garten ist, legte sich einer der Polizisten des Trios in Zivilkleidung auf die Lauer.

Er beobachtete aus seinem Versteck die Seitenfront des Gebäudes, wo sich das Gangfenster des Zellentraktes, durch das die Gefangenen bei ihrer Flucht kommen mussten, befand.

Flüchteten nun Gefangene, begann eine heimlich Verfolgung durch einer der Beobachter. Sobald im Polizeigebäude Alarm geschlagen wurde, fragte einer der alarmierten Polizisten des Trios über Handy den heimlichen Verfolger, wo sich der oder die Geflüchteten befanden.

Dorthin begaben sich dann einer oder zwei der übrigen Kollegen, die sich bereithielten, um als Teil der eilends zusammengestellten Suchmannschaft den oder die Flüchtlinge zu verhaften.

Wenn die Erfolgsprämie zugeteilt wurde, teilte man sie brüderlich, und der erfolgreichste Polizist wurde öffentlich belobigt.

Als innerhalb eines Monats 14 Gefangene geflohen waren, davon einer dreimal hintereinander, hatte der Polizeichef beim Gouverneur neue Türschlösser beantragt.

Aber da das Ersuchen des Gouverneurs nach Bezahlung der neuen Schlösser in Bangkok genehmigt werden musste, und der zuständige Sachbearbeiter im Materialbeschaffungssamt in Bangkok ein Schwager von Herrn Tong war, verwunderte es nicht, dass gegen eine kleine Gefälligkeit der Antrag verschwand, zumal jeden Monat Hunderte von Anträgen aus allen Provinzen hier bearbeitet werden mussten.

Da der Gouverneur ein begeisterter Golfspieler war, der wenig Zeit hatte, sich um solche Kleinigkeiten, wie verschlampte Anträge zu kümmern, tat sich nichts mit neuen Schlössern.

Tauschgeschäfte

Die zweite Möglichkeit, eine Prämie zu ergattern, war, möglichst viel Rauschgift zu beschlagnahmen.

Für 1 kg sichergestelltes Haschisch gab es 500 Baht, für 100 gr. Heroin 1'000 Baht.

So ‚liehen' sich die Herren Rung, Tong oder Bam des öfteren aus der Asservatenkammer im Keller bei dem Verwalter der Kammer, der ein Cousin von Herrn Bam war, vor jeder Razzia oder Kontrolle eine kleine, oder bei akutem Geldmangel, auch eine grössere Menge Rauschgift aus.

Dieses Material wurde dann dem beschlagnahmten Material, das bei der Kontrolle gefunden worden war, zugeschlagen.

So wurden schnell aus 100 Gramm Heroin, die tatsächlich gefunden wurden, 1000 Gramm; oder aus einem Kilogramm Haschisch fünf oder zehn Kilogramm.

Für die überdurchschnittlich grossen beschlagnahmten Mengen an Rauschgift wurde der Polizeipräsident von Trat zweimal wegen hervorragender Leistungen belobigt. Der war nicht müssig, dieses Lob an seine besten Polizisten, die Herren Rung, Tong und Bam, verbunden mit je einer Woche Sonderurlaub und der Aussicht auf baldige Beförderung, weiterzugeben.

Manche Polizisten haben eben eine besonders gute Nase!

Und was auch wichtig war: Man brauchte als Polizist aus dem Hauptquartier nicht mehr auf die Revierpolizisten neidisch zu sein, die sich eine Stelle in einem Revier „erkauft" hatten, in dem sich eine oder mehrere Bars von Ausländern befanden.

Diesen ging es richtig gut, denn sie kassierten von jedem ausländischen Barbesitzer, der eine Bar in deren Revier hatte, für jedes Mädchen, das dort arbeitete, 500 Baht. Und das jeden Monat!

Der Grenzübergang

Gerhard Frings war also wieder auf dem Weg zurück nach Thailand.

Drei Wochen lang hatte er sich der Gegend um Kompong Som umgeschaut, ob er sich hier niederlassen könne. Er war noch unentschlossen, und wollte sich alles jenseits der Grenze in Thailand noch etwas durch den Kopf gehen lassen.

Für die Fahrt zur Grenze bei Koh Kong waren vier Stunden vorgesehen. Dann gab es eine Verzögerung, und aus den geplanten vier Stunden waren neun Stunden geworden.

Der Bus hatte nach einer Stunde eine Reifenpanne. Bis der Ersatzreifen eintraf, waren vier Stunden vergangen. Das Reifenwechseln dauerte nochmals eine Stunde, weil der Wagenheber abgebrochen war. Mit Hilfe von langen Bambusstangen und den vereinten Kräften von acht Mitreisenden, die halfen, den Bus hochzuwuchten, fand der Reifenwechsel doch noch am Nachmittag statt.

Allerdings konnten die Reisenden dann immer noch nicht weiter, da nun der Anlasser nicht mehr drehte, weil die Batterie leer war.

Alle, die schon eingestiegen waren, mussten wieder aussteigen, und den schweren Reisebus anschieben.

So war es bereits Abend, als der Grenzort endlich glücklich erreicht wurde.

Mit für diese Gegenden ganz unüblicher Pünktlichkeit war der dortige Grenzübergang um 20 Uhr geschlossen worden, als der Reisebus dort ankam.

Also: wieder zurück in den Ort, dort übernachten und dann am nächsten Morgen über die Grenze!

***

Direkt an der Bushaltestelle des Ortes stand das Hotel/Gasthaus „Dogout Hotel". Für 2‘000 Baht wollte man Gerhard dort ein Zimmer andrehen.

Das alte Spiel: wenn es dunkel wird, gehen die ‚Walk in' Preise hoch.

Gerhard nahm ein Mopedtaxi und liess sich 600 Meter weiter ins ‚Neptune Hotel' fahren.

Hier war er schon auf der Herfahrt abgestiegen, und der Rezeptzionist erkannte ihn wieder. Beim Ausschecken hatte Gerhard ihm damals ein kleines Trinkgeld gegeben. Das war nicht vergessen; so war der Preis heute wie damals 300 Baht.

Nach Einchecken, einer ausgiebigen Dusche, und schnellem Kleiderwechsel meldete sich der Hunger.

Schnell packte er seinen kleinen Handkoffer, da er am nächsten Morgen möglichst früh über die Grenze wollte.

Die frischen Klamotten von heute Abend würden morgen für den Rest der Reise ausreichen!

Im zum Hotel zugehörigen Gasthaus erhielt er eine reichliche, warme Mahlzeit.

Nun war es neun Uhr – zum Schlafengehen zu früh –zumal er während des Wartens auf den Ersatzreifen im Schatten des Busses zwei Stunden geschlafen hatte.

Er schlenderte die breite, staubige, nur spärlich erleuchtete Hauptstrasse entlang. Bei Dunkelheit machte dieser Ort einen noch weit trostloseren Eindruck als bei Tage, obwohl man die zahlreichen windschiefen Holzhäuschen kaum sah. Dazwischen waren ab und zu Neubauten zu sehen, aber auch die machten schon nach wenigen Jahren einen heruntergekommenen Eindruck.

Es war eine arme Gegend, arm wie viele in vielen Teilen von Kambodscha.

Die Hello-Bar

Da sah er in der Ferne bunte Lichter blinken, und wie von ungefähr stand er nach kurzem Weg vor einem Schild mit der Aufschrift: ‚Hello-Bar'.

Er beschloss, dort auf der Suche nach einem oder zwei Bierchen und etwas Geselligkeit kurz einzukehren. Es lag immerhin ein anstrengender Tag hinter ihm.

Im hinteren Teil der gastlichen Stätte spielten drei Gäste mit mehreren Damen fremdartige Brettspiele. Ab und zu erklang herzhaftes Quietschen aus Damenmunde, das von sonorem Gelächter begleitet wurde.

„Sind ja gut drauf, die Jungs“ dachte er sich und bestellte umgehend ein Singha-Bier.

Der kühle Gerstensaft mundete vorzüglich nach der Hitze des Tages, allerdings war das Fläschlein schon nach wenigen Minuten leer, worauf ihm die Barfrau ohne Kommentar ein zweites kredenzte. Allmählich fühlte er sich wohler, und beim dritten Biere gesellte sich eine Dame zu mir, die sich mit freundlichem Lächeln als Frau Wu aus Tonle Sap vorstellte.

Im trüben Lichte sah sie recht passabel aus. Auf Nachfrage gab er ihr einen Drink aus, worauf sie darauf bestand, dem Deutschen die Zukunft aus der Hand zu lesen. Sie prophezeite ihm eine rosige Zukunft mit viel Geld, Glück und vielen Söhnen, was ihn überaus fröhlich stimmte.

Nach einigen weiteren Bieren und Cocktails für sie kam die schüchterne Frage: „Darling, Do You Like Me?“

Er antwortete: „ Yes, schon, I Like You ziemlich.“

Darauf sie: „I want care for you! I can make you good massage, for only 200 Baht.”

Durch das lange Sitzen und das Durchgerüttelt-Werden während der Busfahrt auf den schlechten Strassen fühlte er sich tatsächlich etwas verspannt.

Massage kann da nichts schaden!

Inzwischen war Mitternacht vorbei, und Gerhard war der einzige verbliebene Gast.

Nach Bezahlen der Rechnung nahm die freundliche Frau Wu einen kleinen Rucksack auf ihre Schulter und beide verliessen, ein gar fröhlich’ Liedlein auf den Lippen, die gastliche Stätte.

Im ‚Neptune Hotel’ begann die Dame unverzüglich mit ihrer Massagearbeit, die Gerhard herzhaft genoss. Aber schon nach wenigen Minuten nickte er kurz ein.

Als er wieder erwachte und die Augen öffnete, war die nette Dame splitternackt, aber immer noch guter Dinge und beim Massieren.

Als sie dann noch mehrere Komplimente ob seines athletischen Körperbaues losliess und ihm sanft ins Ohr zwitscherte: „OOOH Darling, I love you SOOO much," war er hin und weg.

Und weil sie so ehrlich war, gestattete Gerhard ihr, zu ihm unter sein Decklein zu schlüpfen.

Nun, kurze Zeit später fiel er nach erbaulichen Momenten der Zuneigung in einen gar erquicklichen Schlaf, aus dem er am nächsten Morgen putzmunter erwachte.

Neben ihm lag eine ältlich Dame, fast ohne Zähnen, die sich als Frau Wu von gestern Abend vorstellte. Er konnte sich zwar nur schemenhaft an den gestrigen Abend erinnern, aber der Name Frau Wu kam ihm doch irgendwie bekannt vor. „So hiess doch die Dame von gestern Abend, aber die hatte ein gar lieblich' Aussehen und auch alle Zähne. „Aber, sei's drum", dachte er bei sich. „Spass muss sein, sprach Wallenstein, und…"

Beim Ankleiden bat ihn die Dame noch um eine kleine Unterstützung für ihre 105-jährige Grossmutter, die ihre Brille und ihre Zähne verloren habe. „Die ist aber alt" meinte er darauf.

„Ja eben" antwortete Frau Wu, nun auf Deutsch.

„Nun," dachte er sich, „Zahnverlust scheint bei ihrer Familie wohl öfter vorzukommen,wohl erblich, und dann auch noch die Brille…". Er machte aber gute Miene zum bösen Spiel, zumal ihm nach der Prophezeiung von gestern Nacht, an die er sich inzwischen wieder erinnerte, eine blendende Zukunft mit viel Geld beschieden war.

Da gibt man doch gern ein wenig ab!

Nach einer herzlichen Verabschiedung und besten Wünschen für die Oma und die Zukunft, nahm er seinen kleinen Koffer, hob den Travel-Bag über die Schulter, und trollte sich auf der Suche nach einem starken Kaffee davon.

Herr Om in Aktion

Herr Aee gehört zu den Privilegierten in Thailand. Er arbeitete am Grenzübergang zwischen Thailand und Kambodscha in der Nähe des Grenzortes Haad Lek. Er war Officer der Border Control und somit für Einreise-Visa zuständig.

Sein Grossvater, der wollte, dass sein Lieblingsenkel Aee einen angesehenen und gutbezahlten Beruf ergreife, hatte vor sieben Jahren das notwendige Geld aufgebracht, damit seinem Sohn der Einstieg bei der Immigration Police ermöglicht wurde. Ab und zu dachte Herr Aee, so wie gerade hier und heute, mit Dankbarkeit an seinen weitsichtigen Grossvater zurück.

„Der war schon klug und weise, der alte Herr Sawan, und er hat immer an die Familie gedacht“, sinnierte er vor sich hin, und streckte seine Beine von sich.

„Dann mal los mit der Arbeit!“

Da wurde er durch Lärm hinter der Schalterscheibe abgelenkt.

Draussen wurde ein langer Ausländer, offenbar ein Deutscher, ausfällig.

Er schrie Herrn Om, Herrn Aee's Kollegen am Nachbarschalter, an, weil der ihm das erwartete 30-Tage Visum für die Einreise nach Thailand verweigert hatte.

15 Tage seien ihm nicht genug. Darauf hatte Herr Om ihm zu erklären versucht, dass sich die Bestimmungen geändert hatten: „New Law, new rules“ sagte Kollege Om mehrmals bestimmt. Er wolle sofort den ‚Scheff schwätzen'; aber das konnte beim besten Willen kein Thailänder verstehen.

„Don't worry“, murmelte Herr Om wiederholt – sein Englisch war nicht das Beste. Allmählich wurde Herr Om unwirsch, zumal drei andere Touristen jetzt hinter dem herum krakeelenden Deutschen ebenfalls auf ihre Abfertigung warteten.

Er legte die Hand auf die Lippen.

Als der Ausländer dieses Zeichen nicht verstand und sich immer noch nicht beruhigen wollte, legte Herr Om ganz ruhig ein paar Handschellen auf den Schaltertisch.

Der Ausländer stutzte; sein Herumgeschreie endete abrupt – nun hatte er offensichtlich den Wink verstanden. Er wurde leiser und freundlich – er hatte eingesehen, dass er so nicht weiterkam und wohl beschlossen, sich in sein Schicksal zu fügen. Als letzten Versuch und für alle Fälle legte er einen Tausend-Baht Schein in seinen Pass. Herr Om wie jeder andere im Office kannte dieses Spiel. Oft legten ihm

Ausländer einen oder auch zwei Tausend- Baht Scheine in den Reisepass. Dann drückten die Herren am Schalter schon mal beide Augen zu, und waren gerne behilflich beim Ausfüllen der Papiere.

Aber diesmal grinste Herr Om nur freundlich. Er entnahm blitzschnell die Banknote und gab dem Fremden trotzdem nur ein Zwei-Wochen Visum.

Der Fremde stutzte. Er ahnte, dass er seine Chance auf eine ‚Vorzugsbehandlung' verspielt hatte: allein durch sein Herumschreien.

Gegen Mittag hatte Herr Aee insgesamt 6'000 Baht auf diese Art eingenommen, und sein Kollege Om war bei 5'000 Baht angekommen.

Bis zum Abend würden beide heute jeweils so bis auf 12'000 Baht kommen.

„Ein guter Tag heute, meinte sein Kollege Om etwas später; bald könne er sich den neuen Hi Lux Pick-Up kaufen.

Wenn ich damit in meinem Heimatdorf aufkreuzen werde…

Herr Aee's Sorgen

Herr Aee hatte dagegen andere Sorgen. Er wusste, er musste das angesammelte und zu Hause versteckte Geld schleunigst wieder ausgeben. Wenn seine neugierige Frau den kleinen Schatz entdecken würde, (und das war nur eine Frage der Zeit), würde sie sicher wieder sinnlose Einkäufe tätigen. Sie war sehr schlau, und wenn es darum ging, verstecktes Geld zu finden, entwickelte sie unwahrscheinliche, sogar hellseherische Fähigkeiten.

Zur Ablenkung und zu Täuschungszwecken legte Herr Aee schon mal zwei oder drei Fünfhunderter an leicht zu entdeckende Plätze, wie zum Beispiel unter die Matratze oder unter seine gebügelten Hemden, weil er dachte, dass sich seine Frau damit dann zufrieden geben würde: aber sie ahnte offenbar, dass es noch weitaus grössere Geldbeträge zu entdecken gab.

Davon kaufte sie so sinnlose Sachen wie neue Schuhe und Parfum, ausserdem faselte sie in letzter Zeit immer wieder von einem neuen Küchenherd, einer neuen Waschmaschine und einem neuen Fernseher.

Und das, obwohl ein grosser Küchenherd, eine Waschmaschine und ein Fernseher im Haus vorhanden waren, und funktionierten. Gut, es waren nicht mehr die neuesten Modelle, etwa zwanzig Jahre waren sie alt.

Herr Aee hatte ihr schon zweimal gesagt, als sie diesmal wieder zur Sprache brachte, dass sie einfach mehr im Haushalt arbeiten solle, so wie früher. Wenn sie wieder mehr von Hand machen würde, hätte sie gar nicht mehr so viel Zeit zum Fernsehen. Vor allem brauchte sie keinen neuen, grösseren Fernseher.

Ausserdem: seine kluge, fleissige Mutter habe überhaupt nie einen Fernseher gehabt und von Hand gewaschen. Als seine Frau dann geantwortet hatte, dass es damals noch gar kein Fernsehen gegeben habe, hatte Herr Aee entnervt die Wohnung verlassen.

Darauf war er zwei Tage lang zum Zechen gegangen.

Nein, Nein, manchmal sind Frauen nicht zu verstehen!

Auf jeden Fall werde ich mich für morgen mal wieder krank melden und einen schönen Tag im ‚Golden Jade Tee und Relax House' verbringen, wo Gerüchten zufolge letzte Woche zwei Damen aus Afrika angekommen waren. Er verachtete zwar Neger wie die meisten Thailänder, aber schwarze Damen aus Afrika sollten etwas ganz Besonderes und Exklusives sein.

So kann ich meine Weltoffenheit zum Ausdruck bringen. Denn welcher meiner Kollegen kann schon von Erfahrungen mit schwarzen Damen berichten…

Herr Sanong

Der Boss von Herrn Aee, der Immigration Supervisor Herr Sanong, würde wie gewohnt seine Krankmeldung sofort gutheissen, das wusste er. Der Dienst hier war ja auch sehr anstrengend, und Herr Sanong war seit einigen Monaten ein sehr verständiger und beliebter Vorgesetzter, seitdem seine Mitarbeiter ihm bei der Lösung eines schwerwiegenden Problems geholfen hatten:

Herr Sanong hatte einen Spitznamen, den er, wenn er ihn zufällig mal hörte, mit einem Schmunzeln zur Kenntnis nahm.

„Herr Sanong, der Mächtige“ wurde er genannt.

Dieser Zusatz bezog sich allerdings weniger auf seine Dienststellung, sondern vor allem auf sein Äusseres, das durchaus als „Mächtig“ zu bezeichnen war.

Er brachte 168 kg auf die Waage. Morgens, nach seiner Morgentoilette. Im Laufe des Tages kam er dann schon mal je nach Tageszeit auf 173 bis 176 Kilogramm, nach seinen ausgedehnten Mahlzeiten, für die er sich jeweils eine Stunde Zeit liess. Seine Verwandten wunderten sich manchmal über seine Leibesfülle, denn Herr Sanong versicherte hoch und heilig, wenn mal wieder die Sprache auf seine ‚Körperstärke‘ kam, dass er nur drei Mal am Tage speise. Das stimmte tatsächlich, allerdings kam er schon bei seiner Frühmahlzeit am Morgen auf mindestens drei Gänge.

Eines Tages dann war es passiert: Er hatte sich erschöpft von seinem Mittagsspaziergang in seinen Stuhl fallen lassen. Es war einer der Stühle aus verchromtem Stahlrohr mit stabilen seitlichen Armstützen, die überall im Office herumstanden. Er ruhte sich kurz aus, und wollte wieder aufstehen, um sich zur Toilette zu begeben.

***

Was war das? Seine seitlich hervorquellenden Oberschenkel hatten sich derart unter den seitlichen Armlehnen verklemmt, dass er jedes Mal, wenn er aufzustehen versuchte, den Stuhl mit in die Luft hob.

So musste er zwei seiner Mitarbeiter bitten, den Stuhl festzuhalten, während er versuchte, sich aus dem Stuhl heraus zu winden.

Als dies nicht gelang, wurde er unwirsch, stellte sich aufrecht hin, und forderte die Mitarbeiter auf, den klemmenden Stuhl von seinem Hintern wegzuziehen. Dies gelang nach vier Versuchen, allerdings riss seine Hose seitlich ein. Dieses Beinkleid war noch keine zwei Monate alt.

Dies erboste Herrn Sanong zusätzlich, da es nicht leicht war, überhaupt Kleidungsstücke für ihn zu besorgen. Wenn seine Frau sich auf die Suche nach solchen machte, dauerte es immer mindestens einen halben Tag. Dafür, dass solch eine Suche lange dauerte, hatte Herr Sanong Verständnis, aber dass seine Frau von diesen Einkäufen immer mit mehreren Taschen mit eigenen, modernsten Bekleidungsstücken zurückkam, verdarb ihm regelmässig die Laune.

Jetzt war wieder eine Hose fällig, und damit ein weiterer, teurer Shoppingtag für seine Geldbörse!

Aus dem Stuhl befreit, gab Herr Sanong die Anweisung, sofort von einem der Stahlrohrstühle die beiden Armstützen abzusägen, damit sich ein solches Missgeschick nicht mehr wiederholen möge.

Gesagt getan, nun war es auch kein Problem mehr für ihn, ohne fremde Hilfe aufzustehen. Nur hätte der Stuhl nun zum bequemen Sitzen die doppelte Breite haben müssen. So liess er einen doppelt breiten Stuhl anfertigen. Als er sich genussvoll in diesen Stuhl gleiten liess, gab es einen knirschenden Ton und der Stuhl brach genau in der Mitte auseinander.

Herr Sanong landete mit einem schmerzhaften Aufschrei auf dem Fussboden.

Er hatte sich offensichtlich das Steissbein verstaucht, und stöhnend nach seinen Mitarbeitern gerufen. Zu dritt wollten sie ihm wieder auf die Beine helfen, und als sie ihren Chef schon beinahe in senkrechte Position gebracht hatten, stöhnte er wegen des schmerzenden Steissbeins sehr laut auf, worauf der Mitarbeiter, der ihn von vorne nach oben ziehen sollte, erschrak, und den mächtigen Oberkörper losliess. Für die beiden Männer, die ihn seitlich angehoben hatten, wurde das Gesamtgewicht, das jeder nun zu stemmen hatte, zu gross, und mit einem Fluch liessen die Beiden ebenfalls los.

So landete Herr Sanong wieder mit einem lauten Plumps auf dem Fussboden. Sein Schmerzensschrei hallte durch das Office, und man einigte sich erschrocken darauf, den Ambulanzwagen des nahegelegenen Hospitals herbei zu rufen.

Nach wenigen Minuten erschienen zwei weissgekleidete Sanitäter mit einer Tragebahre im Büro. Diese stellten sie neben ihn ab. Nachdem man mit vereinten Kräften den jammernden Herrn Sanong auf diese Bahre gerollt hatte, und er mit dem Bauch nach unten darauf angeschnallt lag, da sein Hintern inzwischen furchtbar schmerzte, verstärkten zwei seiner kräftigsten Mitarbeiten das Sanitäterteam, um die Bahre hoch zu wuchten.

Es packten zwei zusätzliche, kräftige Hände an, und hoben die schwere Last hoch. Ab ging es nach draussen zum Krankenwagen.

Dann geschah die Katastrophe:

Genau auf halbem Wege zwischen wartendem Krankenwagen und Ausgangstür brach die Bahre unter der Überlast in der Mitte durch und der Ärmste landete wieder auf dem Boden.

Herr Sanong schrie wie am Spiess, und war auch auf der Bauchseite mit blauen Flecken übersäht. Mit Hilfe aller seiner Mitarbeiter gelang es schliesslich, Herrn Sanong wieder auf die Beine zu stellen, und ihn mit Müh' und Not doch noch ins Hospital zu bringen. Er war darauf sieben Wochen im Hospital geblieben.

Fliegender Wechsel bei der Border Control

Als ihn seine beiden besten Freunde dort besuchten, kündigte Herr Sanong an, er werde nun rücksichtslos abnehmen. Als er wieder im Büro erschien, verkündete er, er habe mindestens sechs Kilo abgenommen. Dies wurde von einigen seiner Mitarbeiter bezweifelt, da das genaue Gewicht ja gar nicht zu ermitteln war, da Personenwaagen nur eine Skala haben, die bis 150 Kilogramm reicht.

Als dies Herr Sanong feststellte, teilte er seinem zweifelnden Mitarbeitern mit, er sei, als er wieder gehfähig war, zum Grossmarkt gegangen. Dort gebe es bekanntlich Waagen, mit denen die Bauern ihre angelieferte Reisernte wögen.

Man könne damit bis zu zehn Sack Reis gleichzeitig wiegen, und sie hätten einen Messbereich von Null bis fünfhundert Kilo. Dort schaue er seit seiner Genesung alle drei Tage vorbei und überprüfe seine Gewichtsabnahme.

Das leuchtete allen Mitarbeitern ein und sie bewunderten den Einfallsreichtum und die Weisheit ihres Chefs.

Während der krankheitsbedingten Abwesenheit ihres Vorgesetzten, welche die Mitarbeiter sichtlich genossen, hatten sie eine Sammlung veranstaltet und von dem Geld bei einem Schreiner eine grosse, stabile Holzbank bestellt, die mit einer kostbar geschnitzten Rückenlehne und besonders stabilen Seitenteilen versehen war. Als die Bank geliefert war, hatten sich die acht Mitarbeiter gleichzeitig auf die Bank gestellt und begonnen, synchron in den Knien zu wippen. Die Bank hielt dieser Belastung stand.

Nach diesem Härtetest wurde sie für voll einsatzfähig befunden und bezahlt.

‚Da wird sich der Chef sicher freuen, wenn er wieder kommt!', war die einhellige Meinung

Und so war es dann auch.

Als er das Büro betrat, traten ihm vor Rührung fast die Tränen in die Augen. Er bedankte sich bewegt bei jedem einzelnen Mitarbeiter persönlich und gelobte, er werde für sie der beste Chef aller Zeiten sein. Von nun an erfüllte er jeden Wunsch seiner Mitarbeiter, wenn es denn in seiner Macht stand.

***

Herr Aee hatte also beschlossen, krank zu werden. Er wusste:

Herr Sanong würde wegen einer Aushilfskraft für Herrn Aee im Polizei-Hauptquartier in Trat anrufen und den Polizeikollegen Herrn Tong zur Grenzarbeit abordnen. Herr Tong sprach als einziger dort ein wenig Englisch. Er würde gewiss auch gerne kommen, denn er war ein alter Freund.

Wie gewöhnlich würde er von den zusätzlichen „Tageseinnahmen" am Passschalter am Abend unaufgefordert die Hälfte an Herrn Sanong abgeben.

Beide würden damit zufrieden sein.

Als Herr Aee seinen Chef von seinem schlechten Gesundheitszustand berichtet hatte, hatte der ihn mitleidvoll angesehen, und gemeint, er solle sich richtig auskurieren lassen. Er könne sich bis zur vollständigen Genesung ruhig ein paar Tage länger Zeit lassen, worauf Herr Aee ihm dankte und meinte, so schlimm sei es auch wieder nicht, und er sei sicher in zwei, drei Tagen wieder gesund.

So wünschte der Chef Herrn Aee gute Besserung, und griff nach dem Telefonhörer, um Herrn Tong anzufordern.

Morgen würde wieder ein schöner, ertragreicher Tag für die Herren Sanong und Tong werden…

Morgens an der Grenze

Gegen neun Uhr früh machte Gerhard sich auf den Weg zur Grenze. Die Abfertigungsgebäude für Personen und Wagen bestanden auf kambodschanischer Seite aus einer Ansammlung von windschiefen Baracken und eingeschossigen Steinhäuschen.

Als er vor dem Abfertigungsschalter stand, durchzuckte ihn ein Schreck: „Wo ist mein Brustbeutel mit meinem Pass?“

Er hing nicht wie üblich um seinem Hals. Mit wackeligen Knien ging er zurück zu einer der ersten Baracken, in der sich ein ‚Restaurant’ befand und bestellte sich einen Kaffee. Er setzte sich auf eine der klapprigen Bänke und versuchte, in Gedanken die letzten Stunden zu rekonstruieren.

Gestern Abend hatte ich ihn noch vor dem Duschen um den Hals baumeln, ihn ausgezogen und dann? Kleiderwechsel, was noch?

Er kann nur im Koffer sein!

Mit zittrigen Händen öffnete er die beiden Schnappriegel und fing an zu kramen. Hurra! Da! Neben dem Kulturbeutel lag er.

Er befühlte ihn – alles klar!

Er schaute vorsichtshalber noch hinein – alles da! Pass, Kreditkarten und die zwei fünfzig Dollar-Scheine.

UUUH!

Das hätte mir gerade noch gefehlt!

Er dachte zwei Monate zurück, als ihm der Pass und sämtliche übrigen Papier in Trat geklaut worden waren.

Die Wiederbeschaffung hatte 6 Wochen gedauert und es hatte über zehntausend Baht gekostet, bis er einen neuen Pass in Händen hielt.

UUUH, Juchhei!

Er ordnete etwas den Kofferinhalt.

Nanu, was ist das denn für eine Tüte? Weiss, mit einem Aufdruck von Seven Eleven. Solche Supermärkte gab es doch gar nicht in Kambodscha! Der Beutel ist nicht von mir.

Er hob ihn hoch und schaute hinein: Zucker oder etwas ähnliches!

Ich hatte noch nie Zucker im Koffer gehabt. Kaffee trinke ich immer schwarz!

Was soll das auch?

Er roch daran: kein Geruch,

Dann steckte er den angefeuchteten Zeigefinger hinein und leckte ein wenig die Fingerspitze ab: sehr bitter!

Was konnte das nur sein?

Wie kommt die Tüte überhaupt in meinen Koffer?

Was kann das sein? Sprengstoff? Rauschgift? Wenn das Rauschgift ist? Kokain, Heroin oder irgendein anderes Zeugs? Oh Gott, oh Gott!

Damit kann ich in Teufels Küche kommen. Aber was anderes kann es nicht sein.

Er dachte scharf nach.

Wenn man mir das Zeug in den Koffer geschmuggelt hat und mich damit als Kurier über die Grenze schicken will?

So was war gelegentlich in deutschen Zeitungen zu lesen gewesen über deutsche Touristen, welche die Türkei verlassen wollten, und dabei als Transporteure missbraucht wurden.

Aber doch nicht hier und mit mir!

Über Drogen

Er hatte auch gelegentlich gehört, dass derzeit besonders synthetische Drogen die Renner unter Bangkoks Jugend seien. Für Dealerei wurden immense Strafen verhängt – bis hin zur Todesstrafe.

Falls das wirklich Drogen waren: In welchen Schlamassel bin ich da hineingeraten? Und wie? Und gerade ich, der ich Drogen schon immer verabscheut, sogar gehasst habe!

Habe halt schon viel Drogenelend gesehen. Nicht mal Haschisch habe ich geraucht – Alkohol hat mir immer gereicht.

Und jetzt soll ich wohl tatsächlich auch noch als kosten- und ahnungsloser Kurier eingesetzt werden!

Ein schrecklicher Gedanke: wenn ich an der Thailändischen Grenze damit geschnappt werde, gehe ich in den Knast, und das für Jahre!

Ich sollte zur Polizei gehen. Aber die Polizei hier in Kambodscha hat einen denkbar schlechten Ruf. Über alle Massen korrupt und zum-Teil selbst kriminell.

Irgendjemand muss das Zeugs in meinen Koffer getan haben. Aber wer und wo? In Kompong Som gestern morgen habe ich vor der Abreise den Koffer noch ganz neu gepackt, weil ich mir ein paar Turnschuhe, eine neue Jeans und zwei Hemden sehr preiswert gekauft hatte und die beiden Oberhemden, möglichst ohne sie allzu sehr zu zerknittern, unterbringen wollte.

Er versuchte die in ihm aufsteigende Panik zu bekämpfen. Gleichzeitig stieg wahnsinniger Zorn in ihm hoch.

Das muss gestern Abend passiert sein, als die Dame von der Bar mit nach Hause gekommen war und bei mir schlief. Ich war ja auch ganz schön angeheitert gewesen. Und ich hatte ihr erzählt, dass ich am nächsten Morgen nach Thailand zurück wolle!

Wieder kam der Zorn hoch:

Da spielt jemand mit meiner Freiheit, ohne dass ich davon etwas wusste, und riskiert, dass ich in den Knast marschiere… Aber denen werde ich was pfeifen. So leicht würde ich mich nicht unterkriegen lassen! Nur wie? Grübel, Grübel…

Zur kambodschanischen Grenzpolizei hatte er absolut kein Vertrauen.

Panik kommt auf

Die Thailänder haben einen besseren Ruf. Ich werde die Thailänder an der Grenze einweihen!

Allmählich wurden die Gedanken wieder klarer und er beruhigte sich etwas.

Vielleicht spielen die sogar mit, überwachen mich, um die Assi-Gangster zu schnappen, wenn die jenseits der Grenze wieder an den Stoff ran wollen.

Das ist es! So müsste es laufen!

Sein Plan reifte langsam heran.

Ich müsste die Thailänder nur unauffällig informieren. Unauffällig, weil ich ja vielleicht überwacht würde – die Gangster wollen bestimmt verhindern, dass ich ihnen mit dem Stoff durch die Lappen gehe. Also Überwachung durch die Thailänder, Überwachung von mir und meinen Überwachern. Beschattung der Schatten. Wenn die Gangster an das Zeugs ranwollen, müsste man alle hochgehen lassen.

So was ist mir noch nicht passiert. Das wird spannend, endlich mal wieder was los, und ich glücklicherweise auf der guten, sicheren Seite…

Hoffentlich wird das alles gut ausgehen!

Er schloss langsam seinen Koffer, bezahlte den Kaffee und ging auf die Toilette.

Die Ereignisse der letzten Minuten sind mir ganz schön auf die Blase geschlagen.

Dann trat er nach draussen und verscheuchte die zahlreichen, nervenden Händler, die den Touristen vor dem Grenzübertritt noch schnell billige kambodschanische Zigaretten, Parfum und Viagra verkaufen wollten.

Ein Gedanke durchzuckte ihn:

Werde ich vielleicht jetzt schon, in diesem Augenblick, beschattet? Wäre ja logisch! Damit sie immer wissen, wo ich, beziehungsweise ihr Stoff gerade sind. Für alle Fälle. Nicht, dass ich im letzten Moment das Ziel meiner Reise doch noch ändern würde, und an einen anderen Ort in Kambodscha fahren würde.

Wenn sie mich also schon überwachten, dachte er, haben sie hoffentlich nicht gemerkt, dass ich vorhin in der Kaffeebaracke in meinen Sachen gekramt habe und ihr Zeug entdeckt habe. Aber innerhalb der Baracke war es glücklicherweise schattig, um nicht zu sagen, düster.

Ausser ihm waren auch noch einige andere Ausländer als Gäste anwesend gewesen, und aus dem gleissenden Sonnenlicht draussen konnte man kaum genau ausmachen, was da drinnen vor sich ging.

So schlenderte er gefasst, aber trotzdem gespannt in Richtung kambodschanischer Grenzbaracke. Zur Tarnung, und um seine Aufregung zu verbergen, pfiff er ein Liedlein vor sich hin und schaute sich unauffällig etwas um.

Tatsächlich – dahinten steht doch der Dicke, der heute Morgen neben dem Hotel rumlungerte, und mir anbot, ein Taxi zu besorgen. Das habe ich abgelehnt, da ich zur Grenze, die etwa 6 km entfernt war, ein

Mopedtaxi nehmen wollte. Hatte halt keine Lust auf ewiges Feilschen.

Und jetzt stand der Fettsack da drüben und hatte die rechte Hand neben seinem Kopf.

Telefoniert wahrscheinlich.

Neben ihm ein Dünner, Kleiner, mit einem gross-geblümten Hemd: War der nicht gestern Abend in der Bar, als die Dame Wu sich zu mir setzte und mit mir zu schäkern begann. Ich hatte noch daran gedacht, dass viele chinesische Urlauber sich mit solchen Freizeit- bzw. Urlaubshemden kleiden. Manchmal waren sogar ganze Familien und Gruppen mit Hemden und kurzen Hosen mit identischem, grossem Blumenmuster in Sanya, auf dieser chinesischen Urlaubsinsel Hainan, herumgezogen. Diese Hemden gab es früher bei uns auch, man nannte sie Hawaii-Hemden. Dass ganze Familien oder Gruppen identisch bekleidet waren, fand ich damals ziemlich lächerlich; aber bei uns gab es früher ja auch so was Ähnliches: Partnerlook nannte man das damals, aber es waren immer nur Pärchen, die das toll fanden.

An diesen chinesischen Bekleidungs-Spleen musste er denken, als er diesen Typen mit seinem bunten Hemd in der Bar gesehen hatte. Denn hier in Kambodscha war ihm diese Art von Bekleidung noch nicht aufgefallen

Und jetzt das gleiche Hemd mit diesem mageren Typen drin da auf der anderen Strassenseite bei dem Dicken.

Beide hatten direkt weggeschaut, als er wie zufällig seinen Blick hinüber schweifen liess.

Klar, ich werde also wohl schon überwacht. Jetzt heisst es vorsichtig sein, genau überlegen, was ich tue. Auf jeden Fall werde ich versuchen, diese Schweine auszutrixen – das ist ein Gedanke, der mit Spass macht. Mein Plan steht nun fest, endgültig.

Bin also schon mittendrin im Abenteuer!

Nagelprobe

Innerhalb von knapp fünf Minuten hatte er die Passformalitäten auf kambodschanischer Seite hinter sich gebracht. Am thailändischen Grenzhäuschen auf der anderen Strassenseite standen zwei Touristen.

Er stellte sich hinter ihnen an.

Jetzt aufpassen und keinen Fehler machen!

Sein Herz schlug ihm bis zum Halse.

Ruhig bleiben.

Wenn ich jetzt mit einem Kreislaufkollaps umfallen würde, schoss es ihm durch den Kopf, und ich würde untersucht, und aus irgendeinem Grunde mein Koffer geöffnet…

Jetzt war die Reihe an ihm.

Er füllte die Immigrations-Card aus und schrieb mit Grossbuchstaben auf die Rückseite einer zweiten Karte:

ATTENTION, PLEASE, CAUTION! I Must Speak With You Inside Your OFFICE, May Be, I Have DRUGS In My LUGGAGE. PLEASE Ask Me To Come Into Your Office!

Das Ganze unterstrich er zweimal.

Er hob vor dem Schalterbeamten seinen Pass hoch, zwinkerte ihm mit dem rechten Auge zu und schob den Pass mit der ausgefüllten Immigration Card und dann die Karte mit dem Warnhinweis oben drauf durch die Öffnung in der dunklen Glasscheibe zu dem Mann hin.

Der Beamte stutzte, blickte auf die beiden Immigration-Cards, blätterte im Pass, betrachtete beide Cards noch einmal, sah den Deutschen offensichtlich interessiert, und danach durchdringend an, und dachte offensichtlich nach.

Dann stand er langsam auf, ging zur seitlichen Tür, streckte den Kopf heraus, und forderte Gerhard mit einer energischen Handbewegung auf, ins Office zu kommen. Erleichtert betrat er den kühlen Raum, und nahm zufrieden zur Kenntnis, dass man von aussen durch die dunkelbraun getönten Scheiben unmöglich ins innere des Raumes schauen konnte. Die Sicht von innen nach aussen war dagegen kaum beeinträchtigt.

Der Officer bot ihm im hinteren Teil des Büros einen Stuhl an; seinen Pass legte er vor sich auf dem Tisch und daneben die Immigration-Card mit dem Warnhinweis.

Er stellte sich in gebrochenem Englisch vor:

„Mein Name ist Mr.Tong. Mr.Frings, was wollen sie von mir?“

Gerhard hob seinen Koffer auf den Tisch, öffnete ihn und legte den Beutel mit dem Pulver neben den Koffer auf den Tisch zwischen sich und dem Officer.

„Ich denke, dies sind Drogen – jemand hat die offensichtlich in meinen Koffer getan, und will, dass ich für ihn das Pulver über die Grenze nach Thailand bringe. Ich denke, dass ich seit heute morgen beschattet werde, und zwar von zwei Leuten. Von den beiden da drüben".

Er zeigte mit dem Zeigefinger auf den Dicken und den Dünnen mit dem Blumenhemd, die auf der anderen Strassenseite standen und sich unterhielten.

Die Beiden müssen direkt nach mir über die Grenze gekommen sein; wie, ist mir schleierhaft, denn wir sind jetzt immerhin schon in Thailand.

„Die Beiden sind mir gefolgt, seit ich mein Hotel in Koh Kong verlassen habe; und wenn ich in ihre Richtung geschaut habe, haben sie sich immer weggedreht."

Gerhard sah dem Officer voll ins Gesicht. „Ich will zurück nach Ko Chang. Wenn mir nachher Polizisten in Zivilkleidung folgen würden, könnten sie die Gangster in Thailand schnappen, sobald die an meinen Koffer wollen, um an ihr Rauschgift zu kommen. Was halten Sie davon?"

Der Officer steckte seinen Zeigefinger in die Tüte und lutschte daran.

Eine Zeit lang herrschte Stille, er sah Gerhard nachdenklich an.

Er dachte offensichtlich weiter nach, legte seinen Kopf zur Seite. Und bemerkte wohl, dass Gerhards Finger zitterten.

Schliesslich sagte er: „Interessant. Okay, wir werden uns darum kümmern. Lassen Sie sich Zeit, nach Trat zu kommen. Machen Sie sich keine Sorgen. Wir kümmern uns um diese Sache. Nehmen Sie nicht den nächsten Bus, sondern nehmen Sie den übernächsten Minibus. Dann können wir alles Nötige arrangieren. Don't worry, don't worry."
Er legte den Beutel in Gerhards Koffer zurück, liess die Schnappriegel zuschnappen und stellte den Koffer neben dem Tisch auf den Boden.

Dann ging er zurück an seinen Fensterplatz, stempelte die Immigration-Card ab, machte die üblichen Eintragungen in den Pass, und gab ihn zurück.

Mit einem nochmaligen "Don't worry, don't worry" lächelte er Gerhard nun an, schüttelte seine Hand, und deutete zur Tür.

Gerhard wollte noch nach den Einzelheiten der kommenden Polizeiaktion fragen, aber der Officer schüttelte heftig den Kopf, und wies noch mal zur Tür. Klar, er hatte jetzt einiges zu arrangieren, und ausserdem war es sicher nicht gut, wenn Gerhard übermässig lange hier im Büro blieb. Die Überwacher sollten keine Lunte riechen.

So nahm Gerhard seinen Koffer und den kleinen Rucksack, nickte ihm freundlich zu und ging nach draussen ins gleissende Sonnenlicht. Er schaute noch einmal zurück, aber da hatte der Officer schon einen Telefonhörer in der einen Hand und drehte mit der anderen an der Wählscheibe. Noch ein kurzes Nicken, und die Tür schloss sich.

„Auch gut so", sagte sich Gerhard. Das Ganze hatte höchstens fünf Minuten gedauert, und jetzt lief die Sache…

Die beiden Typen, die ihn wahrscheinlich überwachten, waren nicht mehr zu sehen.

Zurück nach Trat

Gerhard überquerte die Strasse. Dort befanden sich etliche kleine Restaurants, und dort fuhren auch die Minibusse nach Trat los, sobald der Fahrer zehn Fahrgäste zusammen hatte.

Er setzte sich vor dem zweiten Restaurant an einen schattigen Tisch, bestellte ein kleines Singha-Bier und die Speisekarte. Jetzt war genug Zeit, genug Zeit um die Situation zu überdenken. Das Bier leerte er in zwei Zügen. Er merkte, wie die Anspannung langsam von ihm abfiel.

„Alles im grünen Bereich", sagte er sich, und bestellte ein zweites Bier und eine Reissuppe.

Inzwischen war der erste Minibus voll und fuhr los. „Der nächste ist meiner".

Er bezahlte Bier und Reissuppe, die er nun ruhig und gemütlich ass.

Beim Essen linste er über den oberen Brillenrand, ob sich schon was täte, aber er konnte nichts Auffälliges entdecken, auch nicht mehr seine beiden „Schatten".

Wir wollen die Gangster ja nicht warnen und verscheuchen.

Mit diesem Gedanken stand er auf und schlenderte zum vordersten Minibus, bezahlte beim Fahrer 130 Baht und stieg ein.

Er setzte sich auf die zweite Sitzbank, seinen Koffer zwischen den Beinen. Die letzte Sitzbank war mit zwei Thailänderinnen und mit zwei Kindern besetzt. Nur wenige Minuten später war der Bus voll. Der Fahrer stieg ein, hupte kurz, und ab ging die Fahrt: von der Grenze nach Haad Lek, über Kon Jai, und dann nach Trat.

Mal sehen, wie sich das entwickelt, und wo wollen die bösen Jungs wohl an ihr Pulver ran? Vielleicht in Trat im Busbahnhof, wo ab und zu reges Gedränge herrscht? Oder danach im Sammeltaxi zur Fähre, oder auf der Fähre, oder danach im Sammeltaxi zum Hotel, oder im Hotel?

Er tippte auf den Busbahnhof in Trat, da waren schliesslich die meisten Leute. Aber, ist ja auch egal – Auf jeden Fall cool bleiben!

Kommen die Polizisten in Uniform oder Zivil, wenn sie zugreifen? Viele offene Fragen, aber: Time will show, relax, man, coool down, würden jetzt Neger sagen, wenn welche da wären.

***

Auf jeden Fall ist es interessant und spannend! Vielleicht komme ich ja in die Zeitung, oder so etwas ähnliches!

Er sah sich die weiteren Mitreisenden genauer an. Neben ihm sassen zwei Touristen, und auf der ersten Sitzbank ein weiterer Tourist und zwei etwa 30jährige Thailänder.

Sind das jetzt Polizisten, oder etwa der Typ auf dem Beifahrersitz, der schon ein paar Mal zurückgeschaut hat? Der ist in der letzten Minute noch eingestiegen. Oder alle Drei? Na ja, kann mir ja auch im Moment egal sein!

Er sagte sich, dass er im Busbahnhof von Trat, wenn sich bis dann noch nichts getan hätte, auf jeden Fall nicht auf die Toilette gehen würde. Nicht dort noch einen Überfall oder etwas ähnliches riskieren!

Ausserdem: Ausserdem waren da ja auch noch die Kontrollpunkte. Auf der 80 km langen Strecke von Trat zur Grenze waren letztes Mal drei Kontrollposten eingerichtet, ob von Polizei oder Militär, wusste er nicht.

Dort wurden alle Fahrzeuge, insbesondere die Busse, oft angehalten. Die thailändischen Reisenden mussten sich ausweisen, wahrscheinlich, um illegale Kambodschaner vor dem Erreichen von Trat aufzugreifen, bevor sie später dort untertauchen könnten.

Der erste Kontrollpunkt lag schon zehn Minuten hinter ihnen; er war nicht besetzt gewesen. An den beiden anderen, die besetzt waren, wurde der Bus durchgewunken.

Er merkte, Anspannung und Nervosität kamen wieder zurück. Er schaute auf die Uhr. Es waren noch etwa zehn Minuten bis Trat.

Da erreichten sie auch schon die ersten Vororte von Trat, und gleich würde der Busbahnhof folgen.

Mal sehen, was jetzt kommt! Ob hier was passiert? Und was?

Am Busbahnhof angekommen, hielt der Bus in einer Haltebucht, über der das Schild mit den Aufschriften: ‚Haad-Lek' und ‚Bus to Kambodscha' angebracht war.

Er stand auf, griff seinen Koffer, und stieg, als die Reihe an ihm war, aus. Als sechster. Er schaute sich um. Drüben standen die Sammeltaxis, die zur Fähre fuhren.

***

Er schlenderte langsam in diese Richtung. Ein Polizist steuerte auf ihn zu. "Mister Frengs?"

Er schaute ihm ins Gesicht. Der Deutsche lächelte kurz und dachte: „Mann, wo bleiben denn nun die Diebe"

Er sagte:„Yes". "Po pa sa Thai?"

Das hiess, soviel Gerhard wusste:„Sprechen sie die thailändische Sprache?"

Gerhard schüttelte den Kopf. Dann fragte der Polizist noch einmal: „You speak Thai? No Thai? Please follow me."

Gerhard fragte zurück: „ Do you have the Gangsters?"

Der Polizist lächelte kurz. Er verstand den Deutschen offensichtlich nicht.

Na ja, keine Ahnung, wie das mit den bösen Jungs gelaufen war oder wie sie es jetzt noch hinkriegen würden. Offensichtlich konnte er es mir auf Englisch nicht erklären. Aber vielleicht haben die sie ja schon?

Gerhard blickte nicht mehr durch.

Lass dich überraschen, Junge, irgendwann wirst du's schon erfahren.

Er folgte dem Polizisten in das Verkaufsbüro von ‚Cheerd Chai Tours', wo man die Tickets für die Busse nach Bangkok bekommt. Der Polizist schloss die Tür ab und zog, nanu, den Schlüssel ab. Er wollte wohl ungestört sein.

Er sah sich um. Was sollte das? Ticketverkäuferinnen waren keine hier drin zu sehen.

Langsam wurde das Ganze mysteriös.

Der Polizist stellte sich vor als Herr Bam. Er wies auf einen kleinen Tisch im hinteren Teil das Raumes und forderte Gerhard mit einer Handbewegung auf, Platz zu nehmen. Er setzte sich gegenüber. Den Koffer stellte er mitten auf den Tisch und öffnete ihn. Zielsicher entnahm er den Plastikbeutel mit dem Pulver und sagte: „White Drugs“

Gerhard nickte. Er wusste also Bescheid.

Dann stand der Uniformierte auf und trat hinter Gerhard. Er zog seinen rechten Arm nach hinten.

Was soll das denn?

Er spürte am rechten Handgelenk einen ringähnlichen Gegenstand und hörte ein metallisches Klicken.

Gerhard wunderte sich und schüttelte den Kopf. Er murmelte: „What you do?“

Statt irgendetwas zu antworten, zog der Polizist auch seinen linken Arm nach hinten, noch mal ein Klicken und er hatte Handschellen an.

Mann, das gibt's doch nicht. Der spinnt!

Der Polizist packte den Deutschen fest am rechten Arm und zog ihn hoch. Er schloss den Koffer und sagte grinsend:

„White Suitcase.“

Darauf nahm er Rucksack und Koffer in seine freie Rechte und dirigierte Gerhard zur Tür.

Er schloss sie auf, und sie verliessen das Gebäude durch einen Ausgang an der Rückseite des Gebäudes. Vor der Tür stand ein rot-weisser Pick Up, wie ihn die Polizei benutzt.

Gerhard musste sich auf die Rückbank quetschen. Er protestierte:

“Error, Error, I must speak with your Boss – I am not a Gangster, I did show the drugs at the Immigration Office“.

Der Polizist verstand nichts mehr. Wie zur Bekräftigung grunzte er etwas vor sich hin, lächelte wieder und knallte die Wagentür zu. Dann stieg er selbst ein, legte Koffer und Rucksack auf den Beifahrersitz und los ging die Fahrt.

Ab und zu beobachtete er Gerhard im Rückspiegel, sagte aber nichts. Wieder das ewige Grinsen!

„Na ja, das wird sich ja alles aufklären,“ sagte sich Gerhard, merkte aber auch, dass er mehr und mehr aufgeregt war.

„So'ne Scheisse…I must go Toilet“.

Keine Reaktion erfolgte.

Nach weiteren zehn Minuten hielt der Wagen vor einem dreistöckigen Gebäude mit zwei Fahnen neben der Einfahrt: Eine war die Thailändische, die andere gelb mit einem Emblem in der Mitte.

„Das also ist das Polizeigebäude“, sage er sich.

Der Polizist stieg aus, bugsierte Gerhard aus dem Wagen und packte ihn am Ellenbogen. Er führte ihn die breite Eingangstreppe hinauf in einen grossen Vorraum. Dann rief er einem anderen Polizisten etwas zu und acht oder zehn Köpfe uniformierter Polizisten schauen die Beiden an. Hinter einer Pendeltür war das Treppenhaus. Sie gingen ein Stockwerk höher, und durch einen langen Gang.

Gerhard sah sich ungläubig um.

Teufel noch mal, da links sind lauter Zellen.

Sie waren an den Seiten und nach vorn durch zwei Zentimeter dicke Eisenstangen abgetrennt. Die Türen waren aus dem gleichen Material, und hatten in Augenhöhe eine kleine, verriegelte Klappe.

Also so läuft es jetzt.

Gerhard verstand nichts mehr. In jeder Zelle, an der sie vorbeikamen, sassen mehrere Männer auf jeweils einer einzigen Pritsche oder auf dem Betonfussboden. In einer Ecke stand jeweils ein Plastikeimer – offenbar die Toiletten.

Im Gefängnis

Es stank unheimlich nach Fäkalien und Schweiss.

Die letzte Zelle des Ganges war leer. Inzwischen war ihnen ein zweiter Polizist entgegen gekommen, der in der rechten Hand einen riesigen Schlüsselbund trug. Mit einem dieser Monsterschlüssel sperrte er die Zellentür auf, und schubste Gerhard hinein, um sie gleich wieder von dem zweiten Polizisten verschliessen zu lassen. Die Zelle war nicht mehr leer!

Gerhard hielt seine gefesselten Hände durch die Gitterstäbe und sagte:" Please open".

Der Polizist, der ihn hergebracht hatte, öffnete die Handschellen, nahm sie ab und steckte sie in seine Hosentasche.

Der Deutsche setzte sich auf die Pritsche, stand aber gleich wieder auf, um in den Plastikeimer zu pinkeln. Die Zelle hatte ein kleines, ebenfalls vergittertes Oberlicht, durch das ein paar Sonnenstrahlen hereinfielen, die ein rechteckiges Muster auf den Boden warfen.

Er setzte sich wieder auf die Pritsche.

In den Zellen links von seiner, die alle gut besetzt waren, standen viele Insassen auf, um ihn zu beäugen. Einige grinsten, einige sagten etwas, einige winkten ihm fröhlich zu.

Die Stimmung hier scheint ja gar nicht so schlecht zu sein!

Gerhard legte sich flach auf die harte Pritsche, verschränkte die Arme unter seinem Kopf und versuchte sich zu entspannen.

Auf jeden Fall: Irgendwas ist hier gewaltig schief gelaufen!

Der tatsächliche Hergang

Am Immigration Checkpoint an der Grenze Kambodscha-Thailand hatte sich am Morgen folgendes zugetragen:

Kaum hatte Gerhard das Immigration-Office an der Grenze verlassen, hatte Herr Tong, der seinen kranken Kollegen Herrn Aee an diesem Tag vertrat, also der Schalterbeamte, der von Gerhard auf das

Pulver hingewiesen worden war, seinen Freund Rung im Polizeirevier in Trat angerufen.

„Hier Tong, es gibt eine ganz heisse Sache für uns. Hier war eben ein Ausländer mit einem weissen Koffer. Da ist eine Tüte Heroin drin, mit mindestens einem Pfund. Die hat ihm angeblich jemand untergeschoben. Er hatte den Beutel angeblich gerade entdeckt. Er meinte, er solle den Stoff für jemanden, den er gar nicht kennt, über die Grenze nach Trat bringen. Ich habe ihm gesagt, er soll ruhig nach Trat fahren, die Polizei würde sich schon drum kümmern.

Er kommt in zwei Stunden mit dem Minibus von der Grenze hier am Busbahnhof in Trat an. Du musst ihn verhaften, und den Stoff beschlagnahmen. Dann bekommen wir wieder die Prämie. Wenn ich das Zeug hier beschlagnahmt hätte, hätte es keine Prämie gegeben, höchstens eine Belobigung. Aber dafür kann man sich nichts kaufen. Alles klar soweit? Hast du alles verstanden?"

Herr Rung hatte geantwortet: „Ja, schon, nur bist du dir ganz sicher. Und noch eine Frage: wie hast du denn das Zeug gefunden? Das Gepäck von Ausländern wird doch nie kontrolliert!"

Tong hatte erwidert: „Der Ausländer hat mir einen Zettel gegeben, auf dem er alles aufgeschrieben hatte. Er hat das Zeug selbst in seinem Koffer gefunden, sagte er."

Herr Rung wusste, dass die Englischkenntnisse von Herrn Tong sehr dürftig waren. Deshalb war er auch nie zur Immigration Polizei gekommen, obwohl er sich mehrmals dafür beworben hatte, besonders wegen der Nebeneinkünfte.

Rung wandte ein: „Wenn du Dich irrst, bin ich der Blamierte! Da mache ich nicht mit; stell dir mal die Schande vor – alle würden über mich lachen und der Chef schimpft mich zusammen, und die Beförderung nächstes Jahr könnte ich auch vergessen. Nein, nein."

***

Herr Tong hatte kurz nachgedacht, und dann gesagt: „Ich habe noch den Zettel von dem Ausländer, den kann ich dir zufaxen, und dann kannst du dich selbst überzeugen. Es geht um viel Geld, denk daran!"
Herr Rung hatte geantwortet: "Du weisst genau, dass ich auch kaum

Englisch kann, und Geschriebenes lesen erst recht nicht!“ Herr Tong hatte geantwortet: „Geh doch zu deinem Schwager, Herrn Koy, der ist doch Englischlehrer, der kann dir das übersetzen. Versprich ihm 500 Baht dafür! Ich schicke dir sofort das Fax.“

Das war ein Weg, ja! So eilte Herr Rung nach oben, wo das Faxgerät stand und starrte auf den Auswurfschlitz. Er musste hier stehen bleiben, bis das Fax kam, das sollte kein anderer sehen.

Es dauerte kaum eine Minute, und er hatte den Ausdruck in der Hand. Er hastete nach unten zur Strasse, schwang sich auf sein Moped und fuhr, so schnell es ging, zur Schule, wo er mitten in die Unterrichtsstunde seines Schwagers Koy hereinplatzte. Mit einer unmissverständlichen Geste forderte er ihn auf, herauszukommen, und wartete vor der Tür auf ihn.

Als der Schwager vor ihm stand, hielt er diesem den Faxausdruck vor die Nase und drängte ihn: „Übersetze das bitte mal“.

Der Lehrer nahm den Faxausdruck und las: “ATTENTION, PLEASE, CAUTION I Must Speak With You Inside Your OFFICE, May Be, I Have DRUGS In My LUGGAGE. PLEASE Ask Me To Come Into Your Office!’

Er übersetzte: „Achtung, bitte, Achtung, ich muss mit ihnen sprechen, in ihrem Büro, Vielleicht habe ich Drogen in meinem Gepäck. Fordern sie mich bitte auf, in ihr Büro zu kommen“.

Kaum hatte Herr Rung das gehört, drehte er sich auf dem Absatz um und rannte davon, den verdutzten Lehrer auf dem Gang zurücklassend, der den Zettel einsteckte und, verständnislos den Kopf schüttelnd, zu seiner Schulklasse zurückkehrte.

„Ein verrückter Kerl ist das, und nicht mal bezahlt hat er mich für meinen Dienst, der alte Geizkragen.“ Er mochte Herrn Rung nicht, denn der hatte schon mehrmals seine Übersetzerdienste in Anspruch genommen, ihm immer wieder Geld versprochen, aber nie einen Baht bezahlt.

„Na, der soll mir noch mal kommen“

Inzwischen hetzte Herr Rung zurück zum Polizeihauptquartier, wo er sich von dem Cousin seines Kollegen Bam aus der Asservatenkammer zwei Kilogramm Heroin ‚auslieh’.

Er verstaute die Ware in seinem Spind.

„Wenn schon, denn schon“, murmelte er dabei.

Dann fuhr er schnurstracks zum Busbahnhof, um den Fremden in Empfang zu nehmen. Hoffentlich war es noch nicht zu spät!

Komplikationen im Gefängnis

Es war nicht zu spät gewesen. Jetzt sass Gerhard also im Knast! In Thailand! Zum ersten Mal in seinem Leben! Wenn man von dem einem Tag im Knast bei der Bundeswehr absieht, den er für zwei Tage Fehlen beim OA-Vorlehrgang erhalten hatte.

Wie war damals noch der Spruch seines Zellenkameraden, Charles Hees, der mit ihm eingefahren war, gewesen: „Ein Mann ohne Knast ist wie ein Baum ohne Ast!“

Aber dies hier war was anderes, und zum Lachen war ihm nun wirklich nicht zu Mute.

Wie konnte ich nur in diesen Schlamassel geraten? Mein Plan war doch so gut! Oder doch nicht?

Er hing seinen Gedanken nach.

Wie konnte das nur derart schief laufen?

Es war gewaltig schief gelaufen.

Und es stank erbärmlich hier. Obwohl das Oberlicht geöffnet war.

Es war der Eimer in der Ecke. Er stank wie die Pest.

Hoffentlich werde ich nicht wahnsinnig. Aber von Gestank ist wohl noch keiner wahnsinnig geworden. Vielleicht werde ich mich noch daran gewöhnen.

Gerhard stellte den Eimer in die gegenüberliegende Ecke, so weit weg wie möglich vom Kopfende der Pritsche.

Jetzt ist es tatsächlich etwas besser! Oder bilde ich mir das nur ein?

Er legte sich wieder auf die Pritsche und versuchte, nachzudenken. Es war jetzt kurz vor zwölf.

Nur von der Uhrzeit her oder auch für mich?

Von rechts her kamen Geräusche, ab und zu ein Quietschen. Das Stimmengemurmel wurde lauter. Ein etwas anderer Geruch.

Das könnte das Mittagessen sein.

Tatsächlich – nach ein Paar Minuten tauchte ein hinkender Mann in grauer Jacke und Hose mit einem Wagen aus Blech auf, den er vor sich herschob. Das war also das Quietschen!

Auf dem Wagen standen oben drei grosse Eimer, auf der unteren Blechablage grüne Plastiktöpfchen und ein kleiner Kasten mit Löffeln. Nun hielt er vor der Tür und öffnete die Klappe.

Er sagte etwas unverständliches. Dann zeigte er auf seinen linken Arm. Gerhard schaute ebenfalls auf seinen Arm, und fragte sich, was das wohl solle.

Da war nur die Armbanduhr.

Meine Armbanduhr! Die wollte er wohl haben!

Er grinste. Gerhard schüttelte den Kopf. Das Grinsen verschwand und er murmelte wieder etwas.

Soll er murmeln, soviel er will, die Uhr brauchte ich. Der spinnt wohl.

Er stellte drei seiner Plastiktöpfchen auf die obere Ablage seines Gefährts. Mit einer Plastikkelle füllte er eines davon mit grauem Reis, eines halb voll mit einer grün-bräunlichen Masse, und eines mit einer gelblich-braunen Flüssigkeit. Er reichte Gerhard ein Schüsselchen nach dem anderen, aber als er ihm das Letzte mit der Flüssigkeit reichte und er die Hand danach ausstreckte, kippte er es halb um, so dass dem Deutschen der Inhalt des Schälchens über die Hand floss.

Das hat er absichtlich getan, wohl weil ich ihm die Uhr nicht gegeben hatte.

Er grinste wieder und reichte Gerhard einen Löffel, den er, bevor Gerhard ihn greifen konnte, auf den Boden fallen liess.

Gerhard hob ihn auf, und er grinste wieder.

Der Schweinehund.

Das fängt ja gut an hier.

Gerhard stellte die drei Schüsselchen auf die Pritsche und setzte sich daneben.

Der Geräuschpegel aus den anderen Zellen war gewaltig angestiegen. Manche schrien, und es hörte sich an, als ob auch einige Leute weinten. Deprimierend!

Gerhard roch an der Reisschüssel – Er roch nichts. OK, Reis hatte keinen starken Eigengeruch. Die grün-bräunliche Masse roch leicht süss-sauer, das war wohl Gemüse: und der Rest, die gelb-braune Flüssigkeit, war wohl Suppe, die penetrant nach Fischsauce roch.

Fischsauce, die in jedem Thai-Restaurant auf dem Tisch steht, und die er noch nie gemocht hatte!

***

Wenn nur nicht dieser Fäkaliengestank wäre.

Er erinnerte sich: bei der Bundeswehr gab es einige auf der Bude, die hatten extrem stinkende Käsefüsse, aber verglichen mit dem bestialischen Gestank hier war das damals reines Eau de Cologne!

Der Reis schmeckte, wie er roch, nämlich nach gar nichts, das Gemüse, so es solches war, etwas süsslich, und die Suppe oder Brühe nach Salz und Fischsauce.

Den Reis ass er gänzlich auf, das ‚Gemüse' zur Hälfte und vom Rest der Suppe einen halben Löffel.

Sicher, er hatte mal gehört, Fischsauce beuge Schilddrüsenerkrankungen vor, aber was sind eigentlich Schilddrüsen, welche Funktion haben sie und wo im Körper sitzen die überhaupt?

Seltsame Gedanken kommen einem im Knast!

Später kam ‚Herr Hinkebein' mit seinem Quietschewagen wieder vorbeigeschlurft, sammelte die Schüsselchen und den Löffel wieder ein.

Und er hielt einen mittelgrossen Eimer durch die Türöffnung.

Gerhard verstand nichts, roch nur, dass dieser Eimer ebenfalls furchtbar stank. Hinkebein zeigte auf den Klo-Eimer in der Zelle, und bedeutete dem Deutschen, er solle diesen in seinen Eimer leeren. Gerhard tat wie geheissen und der ‚Kalfaktor' leerte seinen Eimer in einen der grossen Eimer, in denen er vorhin das Essen gebracht hatte. Gerhard versuchte ihm durch Gesten klar zu machen, dass er seinen Eimer wegen des Gestankes gerne ausspülen würde, aber Hinkebein murmelte wieder etwas und schlurfte hinkend und grinsend von dannen.

Allmählich wurde es im Zellentrakt wieder leiser – einige Insassen machten wohl ein Nickerchen.

Gerhard lag auf der Pritsche und nickte auch ein.

Untersuchung

Plötzlich schreckte Gerhard hoch – der Polizist mit den Schlüsseln stand mit einem anderen Polizisten vor der Zellentür. Er bedeutete ihm, er solle seine Arme durch das Gitter stecken. Er legte ihm wieder Handschellen an, und dann ging quietschend die Zellentür auf.

Er wurde ins nächsthöhere Stockwerk geführt, an vielen geschlossenen Türen vorbei. Ganz am Ende des langen Korridors stand eine Tür offen. Dort ging es hinein.

Hier wurde der Deutsche erkennungsdienstlich behandelt.

Zuerst nahm man Fingerabdrücke, von allen zehn Fingern. Dann wurde er vor einer Wand neben einer Grössenskala fotografiert: 1,66 Meter!

War ich inzwischen zusammengeschrumpft? Ich war doch immer 1,69 Meter lang oder besser gesagt: kurz gewesen!

Aber jetzt habe ich es amtlich: 1,66 Meter.

Dann folgten Photos des Gesichts – aus allen Richtungen. Mindestens 20 Aufnahmen.

Draussen kosteten vier Passphotos 90 Baht. Noch vor sechs Wochen. Und hier kosteten die Photos nichts! Immerhin! Guter Service, könnte man beinahe sagen, wenn es nicht so makaber wäre.

Er musste an eine Meldung in der BANGKOK POST denken. Vor vier oder fünf Jahren war da folgendes zu lesen: Ein Polizist nahm drei Thailänder fest, wegen illegalem Kartenspiels um Geld. Das Geld beschlagnahmte er, nun wollte er sie auf das nächste Polizeirevier bringen. Er war aber mit einem Moped unterwegs, auf dem er die drei Festgenommenen unmöglich dorthin verfrachten konnte. Also rief er ein TUK TUK herbei, und liess sie damit zur Wache fahren.

Auf der Wache sollten diese nun den TUK TUK-Fahrer bezahlen. 200 Baht sollte das kosten. Das konnten sie nicht, weil ihr Geld konfisziert war. Deshalb bezogen sie eine Tracht Prügel, und mussten fünf Tage im Knast ausharren, bis ein Verwandter kam und die TUK TUK-Rechnung, die der Polizist vorgelegt hatte, beglich. Die Geldbusse für illegales Glücksspiel in Höhe von 100 Baht war ebenfalls fällig!

Für die Fotos hätte ich bestimmt nichts bezahlt – schliesslich war ich unschuldig!

Dann ging es ins Erdgeschoss, wo ihm ein Mann, der sich als Doktor Wongborn vorstellte, und einen furchtbaren Mundgeruch hatte, kurz, aber tief in die Augen schaute. Mit diesem einzigen Blick erkannter er, dass Gerhard kerngesund war.

Das war also wohl die Untersuchung, mit der man meine Haftfähigkeit feststellte. Ein wirklich kompetenter Mann – nur ein Blick in die Augen, und er sieht alles! Wenn es in Deutschland doch auch solche Ärzte gäbe, die eine Krankheit mit einem einzigen Blick in die Augen der Patienten erkennen - was könnte dadurch an Arzthonoraren eingespart werden!

Nur, was machen die eigentlich mit Blinden?

„Nun", dachte er sich, „nun werde ich hoffentlich verhört werden, da wird sich ja alles endlich aufklären."

Aber denkste, an diesem Tage tat sich nichts mehr. Bis auf das Abendessen, das identisch mit dem köstlichen Mittagessen war.

***

Als es dunkel geworden war, konnte er nicht einschlafen, und dachte daran, dass in drei Tagen seine Freundin Oy aus Maha Sarakam nach Ko Chang zu ihm in sein Hotel kommen wollte.

Und in fünf Tagen, also am 24. Januar kommt mein Neffe auch – er hat schon vor sechs Wochen im Voraus ein Zimmer gebucht. Na ja,- morgen werde ich ja hier raus sein.

Ob ich wohl Entschädigung für die Haft bekommen werde? Wohl eher nicht, aber mal sehen! Ich war halt noch nie im Knast in Thailand; vielleicht wollen sie ja auch noch Geld fürs Essen haben, ist ja immerhin Vollpension hier!

Mit diesen Gedanken schlief er dann doch ein, und schlief seltsamerweise erstaunlich gut durch, bis er um sechs Uhr am nächsten Morgen aufwachte.

Wieder der übliche Lärm auf dem Flur, nur unterbrochen von irgendwelchen Kommandos. Vielleicht Drill?

Na ja, jetzt beginnt also mein zweiter Tag im Knast in Thailand.

Da habe ich auf jeden Fall später mal was zu erzählen – obwohl man darauf wohl kaum stolz sein kann! Aber heute werde ich hier ja raus kommen, und dann etwas Krach schlagen: zuerst mal die Botschaft informieren und an eine deutsche Zeitung schreiben – vielleicht an die Blitz-Zeitung!

Zum Frühstück gab es etwas später wieder genau das gleiche, wie gestern Mittag und Abend: Reis, Gemüse und Brühe.

Wenn man da an die dickbäuchigen Damen und Herren aus Deutschland denkt! Denen könnte mal ein Monat hier – figurmässig – nicht schaden. Würde den meisten wohl gut tun!

Habe neulich im Internet von einem Deutschen gelesen, der in Afghanistan gekidnappt worden war. Der war übergewichtig – also sehr fett und litt, wohl auch deswegen unter starker Diabetes. Ärzte stellten per Ferndiagnose darob akute Lebensgefahr wegen fehlender Medikamente fest. Aber siehe da, er starb nicht, sondern als er nach fünf Wochen freikam, hatte er 30 kg abgenommen, war putzmunter, und Zucker hatte er auch nicht mehr!

So geht's manchmal zu im Leben!

Aber trotzdem: Aus Gesundheitsgründen vier Wochen Knast in Thailand verschrieben zu bekommen – das ginge dann doch etwas zu weit!

Verhör

Gegen zehn Uhr wurde er aus der Zelle geholt, mit Handschellen gefesselt wie am Vortag.

Im Erdgeschoss, in einem kleinen Büro, an einem Schreibtisch sassen zwei Leute: einer in zivilem Anzug und ein Polizist in Uniform.

Der Anzug stellte sich vor, er heisse Herr Sadawee und sei Dolmetscher. Er konnte kein deutsch, und englisch nicht viel besser. Aber immerhin: eine Unterhaltung, oder besser ein Verhör, kam dann doch zustande.:

„Mister Frengs“, begann er; Gerhard korrigierte ihn:„Mister Frings“ Trotzdem blieb er bei Mister Frengs.

„Also Mister Frengs, Sie haben gestern einen weissen Koffer über die Grenze von Kambodscha nach Thailand gebracht. Darin waren drei Kilogramm Heroin. Was sagen Sie dazu?“

„Erstens war das höchstens ein Pfund, und zweitens hat mir das gestern oder vorgestern jemand in den Koffer gelegt“.

Sobald der Dolmetscher das dem Polizisten übersetzt hatte, griff dieser unter sich und langte aus einem Rollfach des Schreibtisches eine grosse Plastik-Einkaufstüte hervor, die er vor Gerhard auf den Schreibtisch knallte.

“Ist das ein Pfund?“ fragte er ihn. Fassungslos starrte Gerhard die Tüte an – gestern noch war sie nicht mal ein Fünftel so gross, wie diese hier, und es stand auch 7/11 in grün und rot drauf.

„Und das soll in meinem Koffer gewesen sein?“ Gerhard lachte:

„Der Koffer wäre ja gar nicht zu gegangen“

Aber niemand lachte mit.

Der Polizist wiederholte: „Das war in ihrem Koffer, das ist eine schlimme Sache. Mehr als zwei Kilo Heroin bedeuten die Todesstrafe in Thailand. Wissen Sie das?“

„Woher sollte ich das wissen, ich hatte noch nie in meinem Leben mit Drogen zu tun gehabt. Das können Sie mir glauben!“

Jetzt überkam ihn ein mulmiges Gefühl.

Der Polizist fuhr fort: „Wenn man einen Drogenhändler schnappt, hat der noch nie was mit Drogen zu tun gehabt. Die sind immer unschuldig. Das sagt jeder…“

„Aber ich…“ Jetzt verschlug es ihm doch die Sprache. Er kam ins Stottern: „Sie können gerne mein Blut untersuchen lassen, dann wird sich ja rausstellen, dass ich noch nie Drogen genommen habe.“

Er hatte irgendwann mal gelesen, dass im Blut und im Haar noch Wochen, oder sogar Monate nach Drogenkonsum, sich dieser nachweisen lässt. Kokain jedenfalls, und auch Haschisch- vielleicht ja auch Heroin!

„Aber, “ übersetzte der Anzug weiter, „Mister Frengs“ wieder Frengs! „Frings“, korrigierte er ihn,

Er liess sich nicht beirren: „Mister Frengs, darum geht es ja gar nicht, ob Sie Drogen eingenommen haben, ist uns egal.

„Ihnen wird vorgeworfen, 3‘100 Gramm Heroin über die Grenze gebracht zu haben. Was sagen Sie dazu?“

Er war immer noch perplex. „Ich möchte jemanden von der deutschen Botschaft sprechen"

„Also sie sind aus Deutschland?"

„ Ja natürlich", schrie er. „Ihre Leute haben mir ja schliesslich meinen Pass abgenommen."

„Wer?"

„Der, der mich festgenommen hat!"

Es entstand eine Pause, und der Polizist ging nach draussen.

Nach etwa 15 Minuten kam er zurück und schwenkte Gerhards Pass.

Triumphierend hielt er ihn hoch.

„Ja ja, sie sind Deutscher!"

Er blätterte im Pass herum.

„Und in China waren sie auch schon; haben sie dort auch schon mal Drogen geschmuggelt?"

Er fuhr fort: „ihre Version stinkt zum Himmel. Sie wollen dem Immigration-Officer von der Grenze von ihrem Fund erzählt haben? Dann beschreiben sie ihn mal."

„Ungefähr so gross wie ich, schwarze Haare, ja, viel mehr kann ich Ihnen nicht sagen. Es waren ja nur ein paar Minuten, ja, und eine Brille trug er."

„Was für eine Brille?"

„Eine Brille halt"

„Aus welchem Material, welche Form?"

„Mein Gott, sie fragen mich Sachen. Das weiss ich nicht mehr."

„Aber Brillengläser waren drin, sicher?"

Er wollte Gerhard offenbar verscheissern

Jetzt reichte es mir – ich würde mit diesem blöden Hund kein Wort mehr reden.

„Ich will einen Anwalt und jemanden von der Botschaft. Ich sage gar nichts mehr", schrie Gerhard.

Der Polizist fuhr mit seinem „Verhör" unbeirrt fort, der Anzug übersetzte, aber von ihm gab es keine Antwort mehr. Auch keinen Kommentar.

Dieses einseitige Spiel ging noch ungefähr eine halbe Stunde weiter. Er schwieg einfach.

Plötzlich schrie der Polizist los – keine Ahnung, was und warum. Er wollte den Deutschen wohl einschüchtern.

Er fuchtelte ihm mit einem Lineal vor seiner Nase herum, und dann, mit einer unmissverständlichen Geste, an seiner Kehle vorbei, Hin und her, her und hin…

Gerhard zeigte ihm den Stinkefinger, das verstand er offensichtlich. Er lief rot an, sagte aber nichts mehr.

Er zeigte zur Tür.

„Das Verhör ist zu Ende“ sagte der Dolmetscher.

Gefängnisalltag

Gerhard wurde wieder in seine Zelle gebracht, gerade noch rechtzeitig genug, um nicht das Mittagessen zu verpassen.

Es gab wieder das Gleiche wie gestern und heute morgen: Reis, grünbraunes Gemüse und Brühe…

Gerhard war so zornig, dass er den Inhalt der drei Schüsselchen, die „Quietschmann-Hinkebein“ auf die waagerechte Ablage gestellt hatte, dem grinsenden, hinkenden Faktotum auf den grauen Anzug kippte.

„Friss deinen Scheiss allein!!!,” bellte Gerhard.

Darob war er wohl sehr erbost.

Er verschwand, um nach einer Minute mit zwei Polizisten zurück zu kehren. Sie hatten keine Pistolen umhängen, aber dafür jeweils einen Schlagstock in der rechten Hand.

Einer öffnete die Tür, und beide fingen wortlos an, auf Gerhard einzuschlagen.

Gerhard liess sich sofort zu Boden fallen. Das machte die Beiden offenbar noch wütender, weil sie sich nun bücken mussten, um ihn zu treffen.

„Vielleicht schlagen die mich jetzt tot“ dachte er. „Es wäre mal interessant, was die „BLITZ“ Zeitung daraus machen würde!

‚Todesterror in Thailand’… oder ‚Panik im Paradies’!

Dann musste Gerhard wohl die Besinnung verloren haben, jedenfalls wusste er nicht mehr, was sich danach noch ereignete.

Später wachte er auf seiner Pritsche auf.

Vier Uhr nachmittags!

Am ganzen Körper hatte er Schmerzen. Die Nase hatte geblutet, aber das Blut unter der Nase und das, welches er auf der Pritsche in Kopfhöhe sah, war inzwischen getrocknet. Mehrere Stunden musste er also so da gelegen haben.

Er bewegte vorsichtig seine Gliedmassen und den Kopf, alles tat weh, aber gebrochen war offensichtlich nichts.

Vielleicht schade, denn wenn erst einmal Kontakt zur Botschaft bestehen würde, gäbe es vielleicht einen richtigen Skandal! Und vielleicht würden auch die Prügelpolizisten zur Rechenschaft gezogen werden!

Gut, dass ich das Essen dem Hinkebein über den Kittel gekippt hatte!

Das war auch nicht die feine Art – aber sein ewiges, schadenfrohes Grinsen hatte derartig genervt!

Und Brandblasen vom heissen Essen kann er unmöglich bekommen haben, denn das Essen hier war maximal lauwarm. Klar, für die Qualität des Essens hier konnte er ja auch nichts.

Besuch von der Botschaft

Einen Tag später sass er immer noch im Knast!

Am Nachmittag des Vortages und heute bis Mittag hatte sich nichts mehr getan.

Nur Routine und der Hofgang. Aber am frühen Nachmittag dann war es soweit.

Es war der dritte Tag des „Urlaubs“ hier im Knast.

Dann kam endlich jemand von der Botschaft!

Er stellte sich als dritter Sekretär der Konsularabteilung, Karl Kellermann, von der deutschen Botschaft in Bangkok vor. Er blieb etwa drei Minuten, und sagte, am folgenden Morgen komme er wieder, dann habe er mehr Zeit!

Gerhard konnte ihm nicht einmal die blauen Flecken an seinem Oberkörper zeigen. Offensichtlich hatte er sich nur vergewissern wollen, dass er noch lebte.

Als er schon wieder dabei war zu Gehen, brachte Gerhard noch schnell eine sarkastische Bemerkung über das Essen an, worauf er lapidar antwortete: „Na ja, ein vier Sterne Hotel ist das hier nicht, aber ich habe mich vergewissert, dass sie regelmässig Essen bekommen."

Gerhard rief ihm hinterher: „Wenn für schlechtes Essen als negative Auszeichnung Kakerlaken, Kellerasseln oder Mülleimer verliehen würden, dann hat der Knast hier mindestens zehn davon verdient, von jeder Gattung.

Ob er das noch gehört hatte, wusste er nicht, denn seine Schritte verhallten draussen im Gang und der Schlüsselpolizist hatte die Zellentür zugeknallt.

Neuzugang: Rainer

Am nächsten Tag: Immer noch im Knast!

Also heute kommt der Botschaftsmensch wieder! Mal sehen, was er so sagen wird!

Auf jeden Fall wird sich nun was tun.

Das alles hier geht mir unwahrscheinlich auf den Keks.

Um halb neun hörte er Schritte.

Die beiden Prügelpolizisten!

Die bringen mich jetzt zu dem Herrn Kellermann.

Sie schlugen mit ihren Knüppeln an die Zellengitter.

Aber es kam kein Herr Kellermann. Statt dessen ein Neuzugang.

Vor der vergitterten Zellentür stand ein Weisser.

„Gut, vielleicht kann ich ja mit dem reden" schoss es ihm sofort durch den Kopf.

Der Neue sagte „Hallo", und Gerhard sagte das gleiche.

Er kam auf Gerhard zu, schüttelte dessen Hand, und grinste. „Welcome to the Paradise" Er stellte sich vor: "Rainer Kleidermann, from Switzerland."

Gerhard antwortete: "Gerhard Frings aus Deutschland".

Er war ein sympathischer Kerl mit Glatze und fing sofort an, seine Story in Kurzform zu erzählen.

Er sei wegen Missbrauchs eines neunjährigen Mädchens hier – alles sei erlogener Schwachsinn! Das Kind kenne er seit der Geburt; er kommt seit zwölf Jahren mit seiner Gattin dreimal pro Jahr einen Monat nach Thailand. Sie wohnten immer im Lucky MAC-Resort auf Ko Chang.

Das Kind sei die Tochter einer Putzfrau dort, die sie kennengelernt hatten, und seine Gattin und er haben sich seither um die Kleine gekümmert. Sie hätten immer das Geld für die Schuluniform, für den Schulbus, die Schulspeisung und das Lehrmaterial bezahlt und die Kleine ins Herz geschlossen. Sie hätten das Kind oft zu Ausflügen mitgenommen.

Eine bekloppte Engländerin hatte dann beobachtet, wie er mit der Kleinen an der Hand spazieren ging, um ihr eine Eis zu spendieren. Das Kind hatte ihn dafür umarmt. Eine ganz normale Sache eben.

Weil er mit der Kleinen alleine unterwegs war, und sie an der Hand führte, damit diese nicht auf die vielbefahrenen Hauptstrasse ausbüchste – seine Gattin war am Swimmingpool geblieben – hatte die Engländerin, die zusammen mit einer Freundin die Szene beobachtet hatte, vermutet, er sei ein Sittenstrolch und sie hatten die Polizei gerufen.

Als die Beiden mit zwei Polizisten zurückkamen, hatte er die Kleine im Huckepack zurückgetragen. Er wurde verhaftet, und man hatte ihn sofort hierher verfrachtet. Die Engländerinnen waren Mitglieder einer englischen Kinderschutzorganisation, und in Thailand auf der Jagd nach Kinderschändern.

Er sass jetzt seit einer Woche hier im Gefängnis, in einem anderen Trakt. Von der Schweizer Botschaft hatte sich hier noch niemand blicken lassen. Seine Frau wurde erst nach drei Tagen informiert, dass er hier im Gefängnis sass, nachdem sie die Polizisten täglich mehrfach mit Vermisstenmeldungen genervt hatte.

Seine Frau und er hatten vier Kinder grossgezogen, und jetzt hatten sie fünf Enkelkinder, die ihr ganzer Stolz waren. Niemand durfte ihn besuchen, und so wartete er hier so wie Gerhard.

Wie sollte er nun seine Unschuld beweisen?

Erschwerend kam hinzu, dass die Mutter des Kindes vor zwölf Jahren illegal aus Kambodscha herübergekommen war. Die fürchtet sich vor der Polizei, weil sie vermutete, dass man sie wohl abschieben würde. So würde sie wohl als Entlastungszeugin ausfallen.

Zeitvertreib

Die gemeinsame Zelle war 2,50 x 3 Meter gross; nach einer Stunde wurde eine zweite Pritsche gebracht. Es wurde eng.

Rainer tat Gerhard leid, nachdem er ihm seine Leidensgeschichte erzählt hatte, und Gerhard ihm die seinige.

Geteiltes Leid ist halbes Leid.

Den nächsten Tag verbrachten Beide damit, sich gegenseitig ausführlich ihre Lebensgeschichten zu erzählen. Das tat den zwei Insassen sehr gut, und beider Laune hellte sich merklich auf.

"Habe neulich in der NATION gelesen, die wollen hier in Thailand Frauen und Männergefängnisse zusammenlegen, ob du es glauben willst oder nicht. Wirklich! Dann wäre es bestimmt im Knast etwas lustiger!" sagte Gerhard.

Rainer nickte zustimmend.

Dann fuhr er fort: "Obwohl, wenn ich so zurück denke. Vor ungefähr 15 Jahren kam ich zum ersten Mal nach Thailand. Damals gab es hier keine dicken Frauen. Wirklich keine! Ob jetzt dicke Thailänderinnen ebenfalls Zellulitis haben wie die weissen dicken Frauen? Viele waren früher freundlicher und bescheidener. Schade, wirklich schade. Heute gibt es so viele fette Leute. ‚Mc. Donald's lässt grüssen'. Und dann der Quatsch mit den Fertiggerichten. In jedem 7-Eleven haben die das Zeugs. Machen sie mit einer Mikrowelle heiss. Hatte mal 'ne Freundin, die hatte auf dem Zeugs gestanden. Hat fast jeden Tag so was gegessen. Habe jedes Mal probiert, verschiedene Sorten. Immer der gleiche Geschmack. Hat sicher wohl auch jede Menge Kalorien. Und dann waren die Frauen früher auch viel schöner angezogen. Hatten immer lange Röcke an oder wunderschöne Kleider. Sieht man heute kaum noch".

Er nickte zustimmend und sagte: "Wenn ich früher mit Thai Airways geflogen bin, gab es auch immer beim Aussteigen in Don Muang eine Orchidee, deren Stiel in einem kleinen, geschlossenen Glasbehälter mit Wasser steckte. Das war eine rührende Willkommensgeste, und man wusste direkt, wo man war und fühlte sich wohl".

***

Dann fragte Rainer: „Weisst du auch, warum Frauen Männer brauchen? Na, weil Vibratoren nicht den Mülleimer nach unten schleppen können“; Gerhard stutzte und lachte lauthals los.

Gelacht hatte er schon tagelang nicht mehr! Die Spannung fiel plötzlich ab von ihm. Diese Situation der letzten Tage hatte ihn doch ganz schön fertig gemacht. Irgendwie bekam er wieder Mut. Kein Wunder! Tagelang in einer Zelle und nur grübeln!

Nun kam von ihm die Gegenfrage: „Warum haben Männer keine Zellulitis? Rate!.“ Er gab die Antwort selbst: „ Na ja, weil es scheisse aussieht…“

Jetzt war Rainer mit dem Lachen dran. Und er kriegte sich kaum noch ein und fuhr dann fort: „ Klein Fritzchen wird an seinem 16ten Geburtstag von seinem Vater beiseite genommen: Ich gebe dir hier fünf Fränkli – da am Ende unserer Strasse ist ein Etablissement: ‚ZUR SCHWARZEN KATZ’. Dort gehst du zu einer Frau, die heisst ROSIE. Der gibst du dann die fünf Fränkli, und die macht dich dann zum Mann.

Fritzchen geht pfeifend los, und kommt am Haus seiner Grossmutter vorbei. Die fragt den Jungen, wo er hin geht. Er erklärt ihr das, und sie sagt: Gib mir das Geld, ich kann dir das auch zeigen. Gesagt, getan.

Danach wieder zu Hause: Papa fragt, na wie war’s?

Fritzchen antwortet: Ich war bei Oma, die hat gesagt, das kann sie auch machen.

Und ganz stolz: Ich bin jetzt ein Mann.

Da schreit Papa: Du kannst doch nicht meine Mutter vögeln.

Fritzchen antwortet: Du vögelst ja auch meine Mutter!“

Gerhard grinste. Dann erzählte er aus seiner Heimat.

„Ich bin in Westerstede in Ostfriesland geboren. Tatsache!

Da haben sie merkwürdige Sitten.

Im Sommer gibt es fast überall ‚Baumsitzwettbewerbe’.

Da werden auf dem Dorfplatz oder auch auf einem zentral gelegene Platz in Dörfern, aber auch den Städten, ungefähr vier Meter hohe Baumstämme eingegraben, sodass sie stabil stehen.

Dann werden sie von den Wettbewerbsteilnehmern mit Leitern

gleichzeitig bestiegen, und die Teilnehmer setzen sich drauf. Da bleiben sie dann sitzen. Tag und Nacht!

Sie dürfen jeden Tag viermal für jeweils eine Viertelstunde den Sitzplatz verlassen, fürs Toilettegehen und für ein Minimum an Körperhygiene. Verköstigt werden sie über angestellte Leitern.

Der Gewinner ist dann der, welcher es da oben sitzend am längsten aushält. Das ist jetzt die reine Wahrheit. Das kannst du mir glauben."

„Du, ich glaube dir das. In der Schweiz gibt es auch viele seltsame Sitten. Im Moment fällt mir zwar keine besondere Eigenart ein, aber sobald mir was einfällt, werde ich es dir erzählen."

„Übrigens, weisst du, woraus ein Ostfriesenfrühstück besteht?"

„Nein."

„Na ja, aus sieben Korn, zehn Doppelkorn, einer Flasche Jever Pils, einer Wurst und einem Hund"

„Schön und gut, nur was soll der Hund?"

„Na ja, einer muss die Wurst ja essen!"

So machte sich dann tatsächlich eine beinahe heitere Stimmung breit, die allerdings schon bald wieder umschlug. Sie waren immer noch in Thailand im Knast und doch ziemlich verbittert.

Depression

So verging die Zeit, alles blieb unverändert!

Den nächsten Vormittag waren beide sehr schweigsam.

Gerhard hatte den Eindruck, Rainer wäre in depressiver Stimmung.

Gerhard war es wohl auch, obwohl er sich das, sich selbst gegenüber, nicht eingestehen wollte. Die nächsten beiden Tage vergingen ereignislos, langweilig.

Die Zellen waren untereinander abgetrennt durch massive Gitterstäbe. Die Zelle der beiden Europäer war die letzte in der Reihe. Jede vierte Zelle hatte ein Fenster, oder besser gesagt, ein Oberlicht.

Die Zellen der Thailänder waren mit sechs bis neun Insassen belegt.

Pritschenbetten waren pro Zelle jeweils zwei vorhanden. Diese Pritschen waren immer nur von Dicken belegt, die auch während des Tages darauf sassen oder lagen. Die Dicken waren offensichtlich die

Zellenchefs. Die Dünnen schliefen auf dem Zellenboden, nur tagsüber gestattete einer der Dicken ab und zu einem Dünnen, eine Pritsche zeitweise zu benutzen. Doch das waren offensichtlich Ausnahmen.

Die Beseitigung der Fäkalien verlief in den anderen Zellen anders als bei den Europäern: das war für die Beiden ein zunächst undurchschaubares Mysterium.

Mehrmals täglich wurden die Eimer geleert, aber die Leerung erfolgte nicht, wie bei Gerhard und Rainer, in die leeren Essenseimer. Nein, wenn sie halbwegs voll waren, geschah Folgendes: In einer Zelle mit Oberlicht stellte sich ein Insasse vor das Oberlicht. Ein zweiter Insasse stellte sich auf dessen Schultern, sodass er hinausschauen konnte. Dann stellte sich ein dritter Mann, der in der Regel ein längerer Mensch war, daneben.

Dieser hob nun den zur Hälfte gefüllten Eimer auf seinen Kopf, und der Obenstehende schöpfte mit einem Blechschüsselchen den Eimer leer, indem er den Inhalt aus dem vergitterten Oberlicht kippte. So weit – so gut, also eine Hygienemassnahme.

„Sie wollen wohl nicht, dass die Scheisse stinkt", sagte sich Gerhard. Der Eimer der Weissen wurde vom Hinkebein geleert.

Gegen Nachmittag klopfte dann einer aus der Nachbarzelle an die Gitterstäbe: er bedeutete Gerhard und Renee, den gemeinsamen Eimer an die Gitterstäbe zu stellen. Er ging in die Knie, und begann mit einem Becher beider Eimer in den Eimer der Nachbarzelle umzufüllen.

„Nett", sagte sich Gerhard. Aber dann wurde dieser Eimer wiederum in den Eimer der Nachbarzelle umgefüllt, und von da aus gelangte die Gülle auf dem gleichen Wege durch die zweite Zelle nebenan zur dritten und zur vierten Zelle.

„Seltsam, seltsam", sagte Gerhard Rainer, der den Vorgang ebenfalls verwundert verfolgte, „da geht offenbar unsere Scheisse auf Wanderschaft"

Die Zelle, in der diese Wanderschaft endete, verfügte wie die der Europäer über ein Oberlicht. Aus diesem wurde die Scheisse, sowie sie dort angekommen war, sogleich nach draussen entsorgt.

Obsternte

Von nun an liess Gerhard diese Zelle nicht mehr aus den Augen. Und dann fiel der Groschen. Kurz darauf nämlich stellten sich wieder zwei Männer übereinander vor das Oberlicht; einer wiederum daneben. Der Obere griff mit der ganzen Länge seines Armes nach draussen, zuerst am rechten Rand vorbei. Er zog seinen Arm wieder herein und reichte dem danebenstehenden etwas in der Grösse eines Hühnereies.

Ein Ei war es aber nicht, denn es war grün. Diesen tastenden Greifvorgang an der Aussenwand wiederholte er noch mehrmals, bis er insgesamt acht der grünen Gegenstände in der Zelle abgeliefert hatte.

Nun versuchte Gerhard, einem Insassen aus der Nachbarzelle klar zu machen, dass er gerne wüsste, was man da reingeholt hatte. Dieser rief darauf etwas den Leuten in der viertnächsten Zelle zu. Nachdem der Dicke in dieser Zelle offenbar mit einer Handbewegung seine Erlaubnis signalisiert hatte, wanderte einer dieser Gegenstände durch die Gitter der Nachbarzellen bis zur gemeinsamen Zelle.

Es war eindeutig eine grüne Frucht. Beide rochen daran – nichts.

Dann ritzte Gerhard mit dem Daumennagel die Oberfläche an, und siehe da: den Geruch kannte er. Eindeutig Maracuja!

Da fiel ihm ein, dass vor Wochen auf einem Markt, als er dort die vielen fremden Früchte bewunderte, ihm eine besonders teure Fruchtsorte auffiel. Maracujas! Eine einzelne sollte 80 Baht kosten, mehr als eine grosse Flasche Singha-Bier.

Und er erinnerte sich an Maracuja Pflanzen, die er in Israel gesehen hatte. Das Zeugs rankte an Wänden hoch wie Efeu. Nun, hier musste es mindestens bis zum dritten Stock sechs Höhenmeter überwinden. Wegen der besonders effizienten Spezialdüngung war das Zeugs selbst in der Trockenzeit extrem ertragreich und konnte laufend abgeerntet werden. Die Früchte wurden regelmässig Besuchern mitgegeben, die sie dann wohl zu Geld machten und dafür gekochten Reis und Zigaretten zurückbrachten.

Der Extrareis wurde dann immer zuerst den Dicken gereicht, die allerdings nie alles aufassen, sondern auch immer etwas den Dünnen abgaben.

Interessant – Gerhard bewunderte den Einfallsreichtum der Leute hier in den Zellen.

Als er die Frucht zurückgegeben hatte, stieg er auf Rainers Schultern, und tastete an allen erreichbaren Stellen rund um das Oberlicht die Aussenwand ab.

Nichts zu finden. Schade, aber diese Zelle wurde wohl immer mit Ausländern belegt, die nie auf die Idee gekommen waren, ihre Scheisse aus dem Fenster zu kippen,

Als der gemeinsame Eimer das nächste Mal geleert wurde, wurde beiden, wohl als Honorar für die Scheisse, eine Zigarette auf dem Weg über die Nachbarzellen gereicht

So kann man tatsächlich aus Scheisse Geld machen, und zwar auf ehrliche Art und Weise, und das sogar im Knast!

Rainer wird entlassen

Das Essen blieb eintönig wie immer.

Gegen Abend wurde Rainer aus unserer Zelle geholt.

Etwa 30 Minuten vergingen, dann kam er strahlend zurück.

„Schluss für mich hier, ich werde entlassen! Es hat sich alles aufgeklärt!"

Seine resolute Gattin Hermine hatte sich nach vielem guten Zureden doch letztendlich die Mutter des kleinen Mädchens geschnappt, und diese, obwohl sie sich anfangs geweigert hatte, zur Polizeistation schleppen können. Dort haben beide Frauen zusammen ausgesagt, dass der Verdacht gegen Rainer absolut unbegründet war. Das Ehepaar habe sich lediglich liebevoll um die Kleine gekümmert.

Beide Frauen hatten darauf bestanden, dass Rainer unverzüglich freizulassen sei. Sie würden die Polizeistation nicht mehr verlassen.

Als Hermine auch noch gedroht hatte, den Schweizer Botschafter einzuschalten, hatten die Polizisten klein beigegeben.

„Solch eine resolute und tapfere Gattin könnte ich hier auch gebrauchen. Rainer. Auf die kannst du stolz sein! Ich beneide dich," sagte

Gerhard zu ihm.

Gerhard freute sich für Rainer, obwohl seine eigene Zukunft hier nach wie vor ungewiss war. Es machte ihn wehmütig, als er an die kommende Zeit hier, allein in der Zelle denken musste.

Bevor der Schweizer ging, versprach er dem Deutschen noch hoch und heilig, zum Chef des Hotels Cliff Palace Resort, dem Schweizer John Brenner, zu gehen.

Dort hatte er auf Ko Chang vor seinem Kambodscha-Trip gewohnt, und dort wollten sein Neffe Chris und seine Freundin Oy ihn treffen, sobald er zurück sei. Er würde dafür sorgen, dass John beide informieren würde, was mit ihm passiert war, und wo er zu finden sei.

Er versprach ihm auch, die deutsche Botschaft in Bangkok zu informieren, und parallel die deutschen Konsulate in Pattaya, Ko Samui und Chang Mai anzurufen und dringend um Hilfe zu bitten.

Rainer war nach einer heftigen Umarmung gegangen, kehrte aber nach kurzer Zeit mit seiner Gattin Hermine wieder zurück.

Sie war sehr freundlich, und nett, und wünschte viel Glück dabei, hier bald wieder herauszukommen. Gerhard hatte von ihr den Eindruck, dass sie, wenn nötig, sehr resolut und zielbestimmt, sein könnte. Sie war, wie gesagt sehr freundlich, doch wie er sie so betrachtete, dachte er sich, dass sie durchaus in der Lage sei, wenn nötig, selbst Polizisten die Hölle heiss zu machen zu können.

Eine solche Unterstützung brauchte ich draussen!

Nach einigen aufmunternden Worten machten sich die Beiden endgültig wieder auf den Weg nach draussen in die Freiheit, aber nicht, ohne ihm noch einmal versichert zu haben, sich draussen um seinen „Fall“ kümmern zu wollen.

Jetzt fühlte er sich so gut, wie schon seit Tagen nicht mehr, und er war absolut zuversichtlich, dass sein „Fall“ in besten Händen sei. Doppelt genäht hält besser!

Aber kaum waren die Beiden gegangen, machte sich in ihm wieder die gähnende Leere breit.

Der Tiefpunkt

Jetzt war er tatsächlich richtig depressiv geworden!

Nach zwei weiteren Tagen war seine Stimmung auf dem absoluten Tiefpunkt angelangt. Er zweifelte, ob er das Gefängnis noch viel länger aushalten könnte.

Seine ganze Hoffnung ruhte nun auf dem Schweizer Ehepaar. Ob sich Hermine Kleidermann tatsächlich so für ihn einsetzen würde, wie sie es bei ihrem Gatten Rainer praktiziert hatte, oder ob sie, wie Reiner an einem der ersten gemeinsamen Tage hier angedeutet hatte, den ersten Flug zurück in die Heimat nehmen würden. Nase für immer voll von Thailand? Vielleicht waren die Beiden ja schon fort! Das wäre die endgültige Katastrophe!

Und selbst, wenn die noch da waren, könnte es noch Tage dauern. So schwankte er zwischen Hoffen und Verzweifeln.

Aber sein Neffe Christian war tatsächlich informiert worden, ebenso seine Freundin Oy, und zwar direkt von den Kleidermanns. Nachdem das Ehepaar John Brenner vom Cliff Palace Resort von seinem derzeitigen Aufenthaltsort berichtet hatte, hatte dieser den beiden seine Freundin und den Neffen vorgestellt.

Beide waren noch am selben Tag nach Trat ins Gefängnis gekommen, und hatten um einen Besuchstermin gebeten.

Der wurde ihnen verweigert, weil Insassen nur einmal pro Woche Besuch empfangen dürften, und er noch keine volle Woche hier sei.

Daraufhin hatte sein Neffe bei der Botschaft in Bangkok angerufen, und auch mit Herrn Kellermann geredet, der Gerhard am 22. Januar kurz im Gefängnis besucht hatte.

Der hatte ihm erklärt, ein Schweizer Ehepaar habe ihn auch schon angerufen, und dass das vereinbarte Treffen am nächsten Tag nach seinem Besuch am Vortag nicht möglich gewesen sei. Es habe geheissen, Herr Frings sei verlegt worden, aber wohin genau, könne man ihm erst am nächsten Tage mitteilen. Nun sei er höchst aufgebracht. Er würde sich noch intensiver um diesen Fall kümmern, den Botschafter selbst informieren und ihn bitten, sich mit einer offiziellen Demarche an das thailändische Aussenministerium zu wenden. Das Ganze sei eine Impertinenz ohnegleichen; er sei höchst aufgebracht! Und er würde sich auch persönlich um einen Gesprächstermin für den Neffen und die Freundin kümmern.

Man solle sich keine Sorge wegen der Regelung, die nur einen Privatbesuch pro Woche vorsehe, machen – die gelte nicht für Botschaftsangehörige und Anwälte der Gefangenen.

Besuche im Gefängnis

Der nächste Tag brachte gleich zwei Besuche. Vormittags, um zehn Uhr, kam der Botschaftsangestellte, Herr Kellermann.

Er erklärte Gerhard, welche Probleme er gehabt habe, ihn doch wieder hier im Gefängnis zu finden. Aber nun habe es endlich geklappt, und er habe auch mehr Zeit mitgebracht.

Er überreichte Gerhard das 'Survival Kit', wie er es nannte.

Es enthielt eine Zahnbürste und Zahnpasta, zwei Stück Seife, ein Handtuch, eine Bibel, fünf Päckchen Marlboro, einen Taschenkalender und einen Filzschreiber. Gerhard war angenehm überrascht; Kellermann erklärte, das stehe jedem Deutschen in einem thailändischen Gefängnis zu.

Dann wurde er ernst: „Eine ganz üble Sache, in die sie da hineingeschlittert sind. Selbst wenn ich ihnen ihre Story abnehme, tut das nichts zur Sache. Bei Drogenvergehen ist hier immer die Hölle los, und bei der Menge, die bei ihnen beschlagnahmt wurde, ist die Todesstrafe zwangsweise vorgeschrieben. Aber ganz so schlimm wird es nicht werden: in Thailand ist noch kein Europäer wegen Drogenvergehens hingerichtet worden. Nach acht Jahren werden Deutsche in der Regel nach Deutschland abgeschoben."

Gerhard lachte bitter. „Ein schwacher Trost. So lange würde ich hier nicht überleben"

„Ach Herr Frings, wissen sie, da haben schon ganz andere überlebt. Nun werden sie erst einmal einen Rechtsanwalt und einen Dolmetscher erhalten. Die Honorare legen wir vor, wenn sie oder ihre Familie nicht bezahlen können. Sie haben doch Familie?"

„Niemanden, der für mich bezahlen würde."

„Na, das sollte jetzt ihre geringste Sorge sein. Gut wäre natürlich, wenn man ihre Unschuld beweisen könnte! Aber darüber sollten sie mit dem Anwalt reden. Und bis zur Verhandlung werden sie weiterhin eine Einzelzelle behalten dürfen, oder höchstens noch einen Weissen als Zellengenossen bekommen. Ihre Vorzugsbehandlung wird ihnen auch weiterhin gewährt werden"

„Welche Vorzugsbehandlung?, wollte Gerhard wissen.

„Zum Beispiel das Survival Kit, regelmässiges Essen und wöchentliche Besuche. Sie sollten natürlich versuchen, sich mit den Wärtern gut zu stellen, dann kann ihnen zusätzlich Verpflegung gebracht werden. Allerdings wird davon in der Regel die Hälfte vom Gefängnispersonal selbst gegessen."

Nach einer knappen Stunde stand er auf und verabschiedete sich. „Wir werden sie im Auge behalten. Allerdings sind sie nicht der einzige Deutsche, der in Thailand in Gewahrsam gehalten wird. Im Durchschnitt betreuen wir bis zu 200 Gefangene, und unsere zuständige Konsularabteilung umfasst nur fünf Planstellen. Seit Jahren bitten wir um mehr Mitarbeiter, aber es wird überall an den 170 Auslandsvertretungen eher gespart. Übrigens, wollen sie geistlichen Beistand, Herr Frings?"

„Selbstverständlich. Jede Abwechselung ist mir willkommen!".

„Wir tun, was wir können" sagte er im Hinausgehen.

Da sass er nun wieder alleine. Er starrte die Decke an.

Jetzt wird sich hoffentlich bald was tun!

***

Inzwischen hatte Gerhard den Überblick über die Wochentage völlig verloren, nur seine Uhr ging noch. Aber die zeigte leider keinen Tag an.

Gegen 14 Uhr kamen gleichzeitig zwei Besucher

Der erste stellte sich vor als Herr Kittysak, Anwalt aus Trat. Freundlich, aber mit stechendem Blick.

Der zweite, Herr Lung, meinte direkt: "Welcome to Thailand!"

Ob das als Scherz gemeint ist?

Er rümpfte die Nase.

Gerhard hatte immer noch seine Privatklamotten an, und die stanken. Einmal durfte er bisher duschen, aber ohne Seife – er hatte ja noch keine! Kein Wunder, hier war keine Waschmöglichkeit, und Seife hatte er erst durch Herrn Kellermann bekommen.

Aber, ob ich tatsächlich schlimmer stinke als der Grundgeruch hier im Gebäude?

Aber das war im Moment auch nebensächlich, hier stanken alle irgendwie.

Mit Hilfe des Dolmetschers begann der Anwalt die erste Unterredung.: „Hier habe ich das Protokoll ihres Verhörs. Eine schlimme Sache“

Er zog ein DIN A4 Blatt aus einem Köfferchen.

„An sich ist alles klar – sie hatten das Rauschgift in ihrem Weissen Koffer, und da hat es die Polizei gefunden. Sie kamen aus Kambodscha, das erschwert die ganze Sache ungemein. Es gibt keine Zusammenarbeit mit der Polizei dort – die Verhältnisse zwischen unseren beiden Ländern sind sehr schlecht. Nicht mal ich darf über die Grenze und dort Leute befragen.

In ihrem Fall Entlastungsmaterial aus Kambodscha zu besorgen, ist für mich unmöglich. Am besten geben sie alles zu, sagen, dass sie nicht zurechnungsfähig waren und dass sie ihr Verbrechen bereuen. Waren sie früher schon mal wegen Drogen in Schwierigkeiten? Herr Kellermann kann uns Bescheinigungen von ihrer deutschen Polizei besorgen, hat er uns gesagt, aber nur, wenn sie wirklich noch nie etwas mit Drogen zu tun hatten. Allerdings dürfen sie wirklich noch nie…“

Gerhard unterbrach ihn: „Ich habe noch nie etwas damit zu tun gehabt, auch nicht als Jugendlicher. Nicht mal Haschisch geraucht! Bier hat mir immer gereicht“

„Sind sie sonst irgendwann mal bestraft worden? Wegen etwas anderem?“

„Nein, nicht mal wegen einem Verkehrsvergehen“

„Das ist gut, dann wird man sie vielleicht doch nicht zur Höchststrafe verurteilen, wenn der Richter gut gelaunt ist und ihnen glaubt. Herr Kellermann hat gesagt, bis solch ein Brief von der deutschen Polizei kommt, dauert es vier Wochen. Das wäre gut, solch ein Brief“.

Er meinte offenbar ein polizeiliches Führungszeugnis.

„Aber ich will keinen gutgelaunten Richter, ich war kein Drogenkurier. Das Zeug wurde mir untergeschoben. Und an der Grenze war es noch wenig, und dann, hier in Trat, ist es ganz viel geworden“.

„Aber wir können das nicht beweisen, und vor Gericht zählen auch hier in Thailand nur Beweise!“

„Aber es sind falsche Beweise“

„Wenn sie an der Grenze das Zeug der Polizei gegeben hätten, hätten sie keine Probleme bekommen. Aber jetzt…!“

„Ich habe das Zeug doch dem Immigration Mann an der Grenze gezeigt, und wollte nur, dass die Hintermänner in Thailand verhaftet werden. Der Immigration Mann hat gesagt, ich solle ruhig nach Trat fahren, die Polizei würde sich dort darum kümmern.

Dem habe ich das geglaubt, und dann bin ich verhaftet worden. Wer hat denn den Polizisten in Trat gesagt, dass ich das Rauschgift habe. Das müssen die vom Immigration Office gewesen sein. Der Officer dort hat das Zeug gesehen, weil ich es ihm gezeigt hatte.“

„Gut, ich werde nachfragen, aber der Richter wird den Polizisten eher glauben, als einem Fremden. Und die Fremden behaupten auch immer, dass sie unschuldig sind. Jetzt muss ich aber gehen; bald werde ich die Polizisten befragen, das verspreche ich ihnen!“

Dolmetscher und Anwalt standen auf, und verabschiedeten sich mit einem Kopfnicken.

Offensichtlich wollten sie möglichst schnell aus diesem Stinkerloch hier heraus.

Gerhard roch auch nicht gerade nach Eau de Cologne.

Die Beiden wechseln mit Sicherheit zuerst mal ihre Kleider!

Er liess das Gespräch in Gedanken Revue passieren.

Ich habe wohl tatsächlich schlechte Karten. Aber schuldig bekennen werde ich mich nie. Das steht fest. Und wenn ich hier kaputt gehe!

Jetzt mischte sich sein Frust wieder mit ungeheurem Zorn.

Hätte ich das Zeug, als ich es noch vor der Grenze gefunden hatte, einfach weggeworfen! Und ich wollte der Polizei helfen, ich Dussel, Blödmann, Schwachkopf; wie kann man nur so beschissen doof sein!

***

Zwei oder drei Tage später: Freude! Nachmittags gegen 16 Uhr: Der Neffe Christoph erschien!

Er grinste, als er seinen Onkel sah.

“Jeder Wackenberger fährt mal ein. Gehört zum guten Ton!”

Er reichte ihm die Hand.

„Tach Onkel“

Aber dann blickte er ihn nachdenklich an.

“Du hast schon mal besser ausgesehen“

Das bezog sich sicher nicht auf den Haarschnitt, den man Gerhard verpasst hatte. Es war auch kaum Haarschnitt zu nennen, man hatte ihn einfach kahl geschoren.

„Schlank bist du geworden!“

„Scherzkeks! Aber vielen Dank für deine Mühe! Dass du gekommen bist! Vorhin war ein Anwalt da, und davor einer von der Botschaft.

Die meinten alle, ich sitze ganz schön in der Klemme. Wie geht es dir denn eigentlich? “

„Ich nehme mal an, besser als dir.“

„Dazu gehört nicht viel“

„Ich habe auch das Schweizer Ehepaar getroffen, und deine Freundin. John vom Hotel, auch die Schweizer und deine Freundin lassen dir schöne Grüsse ausrichten. Du sollst nur durchhalten, so schlimm kann es nicht werden, sagen sie alle“

„Sie haben alle Glück, dass sie nicht in meiner Haut stecken. Aber es sieht wirklich beschissen aus“.

Gerhard erzählte noch mal so genau wie möglich die Story – zum wievielten Mal eigentlich?

„Besonders schlimm ist, dass der Anwalt und eventuell die Polizei von hier nicht nach Kambodscha dürfen. Dort liesse sich ja schon mit etwas gutem Willen vielleicht fast alles aufklären. Denn da hat der Schlamassel begonnen, mit der abgezockten zahnlosen Fuckoma in der Bar.“

„Warum können die denn nicht die Leute in Kambodscha verhören?“

„Die Beziehungen zwischen beiden Ländern sind zerrüttet. Sie hatten vor zwei Monaten sogar einen kleinen Krieg, wegen irgend so eines alten Trümmertempels. Der Grenzverlauf ist dort umstritten, und vor zwei Jahren hatten sie auch beinahe einen richtigen Krieg, weil irgendeine thailändische Schauspielerin behauptet hat, Angkor Wat, der Riesentempel im Dschungel, sei von Thailändern gebaut worden – so ein Quatsch, wegen so etwas einen Krieg anzufangen.

Die spinnen hier alle!“

***

Darauf meinte der Neffe: „Na ja, dann gehe ich halt selbst mal nach Kambodscha, mal sehen, ob man da was machen kann – vielleicht mit Kohle; die sollen ja alle sehr arm sein, diese Cambos.“

Er versuchte Gerhard zu beruhigen.

„Der von der Botschaft hat gesagt, hier in Thailand ist noch kein Weisser hingerichtet worden“

„Na toll, nur in diesem Rattenloch würde ich auch nicht überleben.“

„Jetzt bleib mal cool“, sagte Christoph, „Gene Banig, Baul“.

Er wollte seinen Onkel aufheitern.

„Ich hole dich schon hier raus, irgendwie, und wenn ich diesen ganzen Knast hier in die Luft sprenge!

Ich fahre auf jeden Fall nicht zurück, solange du noch hier drin bist, und wenn du hier raus bist, dann gehen wir einen ziehen wie in alten Zeiten!“

Gerhard erklärte ihm, was in seinen Augen das Sinnvollste sein könnte: Man müsste zu der Dame von der Bar in Ko Kong gehen, und sie zum Reden bringen. Nur die Thailänder dürfen nicht rüber!

Chris allerdings, war noch nie in Kambodscha gewesen.

Aber er war mutig, und das machte Gerhard wiederum etwas Mut. Und er hatte Kohle, mehr als er. Nur hatte er weniger Zeit, denn er arbeitete in einem Verlag als Geschäftsführer. Wenn die zweieinhalb Wochen, die er hier sein wollte, vorüber waren, musste er zurück zu seinem Job. Da war er unabkömmlich.

Als hätte Chris die Gedanken seines Onkels erraten, sagte er: „Wenn ich zurück müsste, und du bist noch hier drin, dann bleibe ich halt hier. Ich fahre nur mit dir zusammen zurück nach Deutschland, darauf gebe ich dir mein Wort. Und wenn die mich feuern, dann sollen' se halt. Alle oder keiner!"

Gerhard war gerührt, sagte aber: „Lass mal, irgendwie geht immer!"

Ich will nicht, dass er auch noch wegen mir Probleme bekommt, und gute Jobs sind zu Hause schwer zu finden.

Er verabschiedete sich, da der Wärter energisch an die Gitter schlug, umarmte ihn, und murmelte: „Halt' durch, Onkel!"

Gerhard drehte sich schnell um, damit Chris nicht die Tränen sehen konnte, die ihm in den Augen standen.

Von aussen rief Chris noch einmal ganz laut: „Halt' durch, Onkel!"

Er dachte den ganzen Abend nach, auch später, als er auf des Onkels Wohl ein paar Bierchen zog...

Und dann, am nächsten Tag, tat er das wahrscheinlich Vernünftigste in dieser verfahrenen Situation.

Chris geht nach Kambodscha

Chris setzte mit der ersten Fähre zum Festland über, nahm eines der Taxis und liess sich zum Flughafen nach Trat fahren. Dort nahm er die nächste Maschine nach Bangkok. Gegen Mittag bekam er einen Flug nach Phnom Penh, wo er gegen 14.00 Uhr landete.

Dort quartierte er sich in einem Hotel in der Nähe der deutschen Botschaft ein.

Pünktlich zur Öffnungszeit, um neun Uhr am nächsten Morgen, betrat er die Botschaft. Am Empfang sagte er, er müsse in einer dringenden Familienangelegenheit mit jemandem sprechen.

Kurz darauf sass er einem älteren Herrn gegenüber, der sich als dritter Botschaftssekretär, Paul Naumann, vorstellte. Der hörte interessiert zu, was Chris ihm zu sagen hatte. Dann meinte er, Chris solle doch Kontakt zur Botschaft in Bangkok aufnehmen, weil sein Onkel in Thailand im Gefängnis sitze; die zuständigen Behörden in Thailand seien zuständig. MMMmmm

Chris warf ein: „Sehr geehrter Herr Neumann, bitte hören sie einen Augenblick zu."

Und er erzählte von der ‚Hallo Bar' in Ko Kong, und dass er mit der Bardame Wu dort reden wolle, die in seinen Augen der Schlüssel zu einer Lösung sei. Mitglieder der Botschaft in Bangkok dürften allerdings nicht in Kambodscha ermitteln. Deshalb sei er auf die Zusammenarbeit der Botschaftsmitglieder von Pnom Penh angewiesen. Er wüsste gerne, ob er bei seiner Aktion, wenn nötig, Hilfe von der Botschaft hier erhalten könne.

Herr Naumann fragte freundlich „Wie soll ich mir das vorstellen?"

Chris antwortete: "Wenn ich Hilfe von der Polizei zum Beispiel brauche. Wenn ich von der Dame die Aussage schriftlich hätte, dass die meinem Onkel das Zeugs ohne sein Wissen in den Koffer bugsiert hat, und wie viel es war, könnte ich damit in Thailand viel anfangen, denke ich mir."

Unerwartete Hilfe

Herr Naumann kam ins Grübeln.

„Unten im Süden haben wir keine Einflussmöglichkeiten, schon gar nicht auf die Polizei! Aber halt, ich habe da eine Idee – vielleicht gibt es doch einen Weg, wie ich Ihnen helfen kann. Da schuldet mir noch jemand was!"

Er griff zum Telefon, und führte ein kurzes Telefonat. Zufrieden lächelnd legte er den Hörer wieder auf. „Scheint zu klappen."

Chris horchte auf.

„Sie müssen wissen: ich fing hier während der Katastrophe mit Pol Pot an. Es war eine schlimme Zeit. Ich weiss nicht, was ihnen darüber bekannt ist. Seine Bande wollte aus dem Land einen steinzeitlichen Bauernstaat machen. Alle Intellektuellen, die sie fassen konnten, haben sie eingesperrt und die meisten hingerichtet. Als Intellektueller galt man schon, wenn man nur eine Brille trug. Kurz, sie haben alles, was für sie als irgendwie „Gebildet" galt, auszurotten versucht. Auch Akademiker halt. Und auch die Stadtbewohner, die noch nicht geflohen waren. Man nimmt an, über zwei Millionen, und das bei einer geschätzten Bevölkerung von damals von acht Millionen. Um Patronen zu sparen, sind sie nach einiger Zeit dazu übergegangen, die Leute mit Knüppeln oder Macheten zu erschlagen. Phnom Penh hier war wie eine Geisterstadt. Und irgendwann in dieser Zeit, etwa 1977, kam ein Lehrer, den ich flüchtig gekannt hatte, nachts durch ein Loch, das er in den Zaun der Botschaft geschnitten hatte, geflüchtet, mit einem kleinen Säugling im Rucksack.

Seine Frau, ebenfalls Lehrerin, hatte man am Abend vorher erschlagen. Ich war an diesem Abend zum Telefonnotdienst eingeteilt. Obwohl strikte Anweisung bestand, keine Flüchtlinge aufzunehmen, habe ich ihn aus Mitleid im Keller versteckt. Dass ich damit meine Karriere ruinieren würde, wenn das bekannt würde, war mir egal.

Dieser Herr Mon Ban hat dann dort, von mir notdürftig versorgt, mit seinem Kleinen unbemerkt gehaust.

Als dann nach fünf Monaten die Vietnamesen einmarschiert sind, haben sie die Pol Pot Bande in den Dschungel vertrieben. Ich konnte ihn, ebenfalls heimlich, nachts nach draussen lassen. Seitdem haben wir uns oft getroffen, aber ein Jahr später ist er gestorben.

Ich habe mich in der Folgezeit, so gut es ging, um seinen Sohn gekümmert. Er ist jetzt 33 Jahre alt und Polizeileutnant.

Den treffen wir nachher zum Essen – wir wollen mal sehen, was der meint.“

Chris war verwundert – mit einem so freundlichen, hilfsbereiten Menschen hatte er hier, am Arsch der Welt, nun wirklich nicht gerechnet.

Überfall auf Herrn Prem

Herr Prem sass vor dem Fernseher; er hörte es läuten.

Es klingelte schon wieder.

Er schrie „Dummes, faules Weib, mach endlich auf“.

Es klingelte noch einmal. Offenbar war sie weggegangen.

Wahrscheinlich war sie wieder bei der Nachbarin zum Quatschen und Tratschen. Ärgerlich erhob er sich vom Sofa. Jemand schlug mit der Faust gegen die Tür.

„Was soll das?“, dachte er ärgerlich und erhob sich.

Im gleichen Moment, in dem er den Riegel öffnete, flog ihm die Tür entgegen, genau gegen seine Stirn.

Zwei Fremde traten ein, einer war dick, der andere sehr lang.

Herr Prem hielt die Rechte an seine Stirn; sie blutete.

Er starrte die Beiden an. Der Dicke stiess Herrn Prem mit seinem rechten Knie in den Unterleib.

Herr Prem krümmte sich zusammen – ihm blieb die Luft weg.

Er fiel auf seine Knie. Der Dünne zog ihn an den Haaren wieder in die Senkrechte. Ein Stöhnen kroch Herrn Prem aus der Kehle.

Der Dicke drückte mit seinem Zeigefinger in Prems Auge. Er drückte immer tiefer.

Herr Prem war halb besinnungslos vor Schmerzen. Der Dicke zog seinen Zeigefinger zurück, der Dünne liess Prems Haare los.

Herr Prem klappte zusammen.

Der Dünne beugte sich über den auf dem Boden Liegenden, und sagte mit höhnischem Grinsen: „Das war der erste Besuch. Das nächste Mal drücke ich mit dem Finger tiefer, bis dein Augapfel ausläuft. Der Chef Fu Man lässt dir ausrichten, dass es ihn nicht interessiert, wer das Pulver hat. Er gibt dir vier Wochen Zeit, das verlorene Pulver zu ersetzen. Es sind genau 5‘000 $.

Wenn das Geld bis dahin nicht da ist, bist du tot. Der Chef lässt nicht mit sich spassen. Nächste Woche kommen wir wieder. Versuche nicht, abzuhauen. Wir überwachen dich. Im Moment, indem du versuchst, die Stadt zu verlassen, wirst du erschossen.“

Dann trat der Dicke noch einmal in den zusammengekrümmten Körper, und sagte lachend: „Bis zum nächsten Mal! Du weisst jetzt, was los ist“

Damit polterten die Beiden die Treppe hinunter.

Wing Ban taucht auf

Herr Naumann und Christian verliessen beide die Botschaft und fuhren mit einem Botschaftswagen zu einem direkt am Mekong gelegenen Restaurant.

Er zeigte auf den Eingang

„Das ‚Riverside‘ gehört einem Deutschen. Er betreibt es seit acht Jahren“.

Einige Tische standen im Freien. Das Restaurant bot einen wunderbaren Blick auf den gemächlich dahinfliessenden Fluss, auf dem einige Flussfischer ihrer Arbeit nachgingen. Es war eine gemütliche Gegend. Ab und zu kamen grössere Lastkähne vorbei, flussaufwärts und flussabwärts.

Herr Naumann begann wieder „Ja, ein friedliches, idyllisches Bild, aber wenn ich an das Grauen damals zurückdenke, wird mir immer noch schlecht. Überall im Fluss trieben Leichen. Es war schlimm! Ach, da ist ja unser Herr Wing Ban."

Auf sie kam ein schlanker Polizist zu, in schicker Uniform mit mehreren Ordensspangen auf der Brust.

Er hob seine Uniformmütze und begrüsste sehr herzlich Herrn Naumann und den Neffen in gutem Englisch. „Freunde von Mr. Naumann sind auch meine Freunde". Er nickte.

Die Drei setzten sich, bestellten Essen, und Herr Wing Ban fragte: „Sie haben Probleme? Erzählen sie bitte!"

Christian schilderte genau und in allen Einzelheiten den Fall seines Onkels, angefangen von der Bar in Ko Kong bis hin zum Gefängnis in Trat.

***

Herr Prem brauchte eine viertel Stunde, bis er sich zurück ins Wohnzimmer schleppen konnte. Mit schmerzverzerrtem Gesicht lag er da. Was sollte er nur machen?

Die Situation war zum Verzweifeln. Dass die thailändische Polizei den Kurier in Trat verhaftet und das Pulver beschlagnahmt hatte, interessierte den ‚Chef' offenbar nicht sonderlich. Er wollte Geld sehen. Herr Prem wusste, so viel konnte er nie beschaffen. Aber was sollte er tun? Er wusste keinen Ausweg.

***

Wing Ban dachte kurz nach und sagte dann, zu Christoph: „Mr. Frings, ich versuche ihnen zu helfen. Ich komme mit ihnen nach Ko Kong, und werde etwas auf sie aufpassen. Kambodscha kann sehr gefährlich sein, vor allem für Leute, die sich hier nicht auskennen."

Am selben Nachmittag fuhren sie im Polizeiwagen von Wing Ban nach Süden. Während der fünfstündigen Fahrt besprachen sie ihre Vorgehensweise. Seine eigene traurige Vergangenheit erwähnte Wing Ban mit keiner Silbe, und Chris wollte auch nicht davon beginnen, obwohl die Sache ihn schon interessiert hätte.

Einen Häuserblock vor dem ‚Neptuns' Hotel hielt der Polizist an.

„Das Hotel ist eine Strasse weiter, ich lasse sie hier 'raus. Die besagte Bar ist links am Ende dieser Strasse."

Verabredungsgemäss quartierte sich Chris im ‚Neptuns' Hotel ein, während sein Begleiter zu der örtlichen Polizeikaserne fahren wollte.

„Ich will ein paar Freunde besuchen, und ausserdem ist es nicht gut, wenn wir jetzt zusammen gesehen werden. Auch morgen früh werde ich sie nicht im Hotel abholen. Wir können uns morgen im ‚Ban Pekmai' treffen, um neun Uhr. Nehmen sie ein Taxi. Dieses Restaurant kennt hier jeder. Da bekommt man, als Vermächtnis der Franzosen, erstklassigen Kaffee! Besorgen sie sich unbedingt eine hiesige Telefonkarte, und rufen sie mich später nach dem Barbesuch dann mit ihrem Handy an, nicht über das Festnetz in der Hotelrezeption!"

Er kritzelte eine Telefonnummer auf einen Zettel, nickte dem Neffen kurz zu, und sagte: „See you later".

Chris auf heisser Spur

In einem Supermarkt erwarb Chris eine kambodschanische Telefonkarte, und betrat, wie mit Herrn Wing Ban besprochen, die ‚Hello-Bar'.

Es waren ausser ihm noch keine Gäste da, aber vier Damen lümmelten sich im Hintergrund herum und schminkten sich. Drei schätzte er auf 20 Jahre, das Alter der Vierten war schlecht einzuschätzen, aber sie war erheblich älter. Die jungen Damen schloss Chris aus. Sein Onkel war schon 60 Jahre, und die Jungen waren ihm zu anstrengend, wie er immer sagte. Also tippte er auf die Ältere.

Er grinste sie an, worauf sie sich sofort zu ihm gesellte. Sie setzten sich an ein kleines Tischchen. Chris lud die Dame zu einem Lady-Drink ein. Sie stellte sich als Frau Wu vor.

„Bingo“, dachte er, und trank das erste Bier auf „ex“. Er bestellte nacheinander vier weitere kleine Flaschen, die er, allerdings nun langsamer, konsumierte.

Die Dame hielt gut mit, in ihrem Konsum an Lady-Drinks; sie war offenbar auf Grund jahrelanger Bararbeit ziemlich trinkfest.

Sie sprach relativ gut Englisch. Ihre Stimme klang kratzend, wie ein Reibeisen.

Die Schönste ist sie auch nicht. Ich bin mal gespannt, ob sie es war, die den Onkel neulich begleitet hat.

Sie erzählte leutselig von ihrer schönen Heimat und ihrem traurigen Leben hier.

Immer wieder dachte sie währenddessen an ihre Probleme. Und sie hatte wahrhaftig grosse Probleme!

Nachdem die Sendung mit dem weissen Pulver verschwunden war, war Herr Prem zu ihr gekommen. Er hatte sie bedroht- er werde sie persönlich umbringen, wenn sie das Geld für die verlorene Ware ihm nicht umgehend besorgte. Er wolle 6‘000 Dollar, und gebe ihr zwei Wochen Zeit. Sie hatte schon überlegt, ganz von hier zu verschwinden, aber wenn sie in ihr Heimatdorf im Norden zurückkehrte, nur mit ihren kleinen Ersparnissen, also fast ohne Geld? Man würde sie auslachen.

Und mit Herrn Prem war offenbar nicht zu spassen.

Herr Prem hatte selbst ebenfalls Todesangst. Denn nach dem Besuch der beiden Handlanger von Herrn Fu Man hatte er sich kaum noch aus dem Haus getraut.

Er fürchtete um sein Leben und hatte sich zuerst aus Verzweiflung volllaufen lassen, allerdings im Hof bei den Hahnenställen, und seiner Frau hatte er eingeschärft, falls jemand käme, solle sie sagen, er sei weggefahren – er sei nicht da, besonders in Hinblick auf die Schläger und die Nachbarbrüder, von denen auch keine Hilfe zu erwarten war.

Wenn er in letzter Zeit das Haus verlassen hatte, fühlte er sich unsicher und verfolgt.

Sogar seine besten Freunde sahen ihn seltsam an, und mieden seine Gesellschaft. Seine Cousine Dang hatte ihn zweimal abgewiesen, als er bei ihr für einen Tee vorbeischauen wollte.

***

Er hatte immer wieder nachgedacht, wie er sein Problem lösen könne. Aber so sehr er sich angestrengt hatte, es war ihm keine Lösung eingefallen.

Seine Kampfhähne waren nicht mal 100 Dollar wert, und wenn er sein Häuschen verkaufen würde, wären auch bestimmt nicht mehr als 900 Dollar zu erzielen. Gut, er könnte versuchen, seine Frau zu überreden, in der Bar zu arbeiten. Aber dazu war sie zu grottenhässlich.

Früher war ihm das ganz recht gewesen, damals, ja, weil er sich benehmen konnte, wie er wollte. Trotzdem brauchte er wirklich nie zu befürchten, dass sie fremd gehen oder ihn gar verlassen würde, denn für sie interessierte sich tatsächlich nie ein anderer Mann, auch nicht nach Genuss einer ordentlichen Portion Alkohol. Jetzt dachte er, wie nützlich es wäre, wenn sie etwas hübscher wäre.

Er war ratlos, genauso ratlos wie Frau Wu, als sie nun Christian gegenüber sass.

Aber es gelang ihr, die düsteren Gedanken vorerst beiseite zu schieben und sich auf die Gegenwart des Ausländers ihr gegenüber zu konzentrieren.

Es war für sie schon erfreulich, dass dieser sympathische, junge Mann sie offenbar ihren drei jüngeren Kolleginnen vorzog.

Vielleicht könnte man den ja melken? Verwunderlich war das ja schon etwas, denn er war bestimmt nicht älter als 40 Jahre. Aber vielleicht war er ja auch pervers – nur in ihrem Alter musste sie für jeden Kunden dankbar sein, und sah sich auch schon öfter mal gezwungen, ‚seltsame Spiele' mitzumachen.

Wenn ich dafür extra bezahlt werde

Was tut man nicht alles für‘s Überleben!

So sass sie hier, lächelte den Neffen an und nach mehreren Drinks, die er spendiert hatte, wurde sie noch redseliger.

***

Sie erzählte ihm weiter von dem einzigartigen Fluss dort am Tonle Sap, der jedes Jahr bei Einsetzen der Regenzeit und nach deren

Ende seine Fliessrichtung änderte, was immer mit grossen Festen gefeiert wird, und von den wunderbaren Tempeln dort.

Den Neffen interessierte das weniger.

„Ein Freund von mir war neulich hier, der hat mir sie empfohlen" sagte er, und beugte sich zu ihr hin.

„Er hat sie gelobt."

Das freute sie, und sie nahm erneut einen grossen Schluck aus ihrem Glas.

Als Christian seinen Onkel näher beschrieb, wurde sie plötzlich still.

„Und er ist mein Onkel", fuhr er fort. „ Er sitzt jetzt in Thailand im Gefängnis, weil ihm jemand Drogen ins Gepäck gelegt hat. Und diese Person waren sie," sagte er ihr ins Gesicht.

Ihr rutschte das Herz in die Hose. Der wusste offensichtlich alles! Sie schwieg betroffen.

„Aber wenn sie mir bestätigen würden, dass sie es waren, würde ich nicht zur Polizei gehen, und sie bekommen auch noch Geld von mir."

Sie spitzte die Ohren und dachte scharf nach: „Dann könnte ich weg von hier, in mein Dorf am Tonle Sap, und wäre gerettet. Dort würde meine grosse Familie mich auch vor dem schlimmen Herrn Prem beschützen."

„Was würden sie denn bezahlen?", fragte sie mutig.

„500 Dollar" sagte er.

Sie erwiderte: "Das ist viel zu wenig – ich müsste von hier verschwinden. Ich müsste woanders neu anfangen. Wie wäre es mit 5'000 Dollar?"

„Darüber muss ich erst nachdenken," sagte der Neffe und bestellte ein weiteres Bier.

Sie grübelte und schaute auf ihre Uhr. „Und ich muss mal für zehn Minuten nach Hause, nach meiner Mutter sehen, die ist sehr krank. Ich bin gleich wieder zurück, dann reden wir weiter. O.K.?"

Der Neffe nickte. Es war jetzt zehn Uhr. Frau Wu lächelte, stand auf und verliess die Bar.

Ihr war da ein Gedanke gekommen…

Missglückte Entführung

Draussen verschwand sie in der nächsten Toreinfahrt, nahm ihr Handy und wählte die Nummer von Herrn Prem.

„Passen sie auf, Herr Prem, was ich ihnen jetzt sage. Wir haben doch beide das Geldproblem. Hier in der Bar sitzt ein reicher Ausländer, ein Deutscher.

Haben sie neulich von dem deutschen Mann gelesen, der in Afghanistan gefangen wurde, und für den dann eine halbe Million Dollar bezahlt wurde. Wenn wir ihn auch entführten, sind wir alle unsere Sorgen los. Die Leute von dort sind alle reich. Besorgen sie sich ein paar Freunde und schnappen sie ihn sich, wenn er aus der Bar kommt. Ich halte ihn hin, so lange es geht. Haben sie das verstanden, Herr Prem? Dann sind wir beide reich! Aber es muss schnell gehen. Noch heute Nacht, denn morgen will er wieder zurück nach Thailand"

Herr Prem dachte nicht lange nach. In seiner jetzigen Situation war ihm sowieso alles recht, was irgendwie Geld brachte.

„Ich besorge ein paar Freunde. Dann schnappen wir uns den reichen Ausländer, Frau Wu."

Frau Wu gab ihm noch eine kurze Beschreibung des Gastes, und beendete das Gespräch.

***

Als sie wieder die Bar betrat, sass Chris immer noch an seinem Tisch.

Zu ihm hatte sich eines der anderen Mädchen gesellt, Frau Li, die bei jedem Kunden, der sie mitnehmen wollte, von sich behauptete, sie sei noch Jungfrau. Wenn sie ihre Periode hatte, stöhnte sie und stiess kurze Schreie aus. Die Kunden glaubten ihr und bezahlten mehr als die normalen 500 Baht.

Frau Wu lächelte, setzte sich zu den beiden und sagte freundlich zu Frau Li auf kambodschanisch: „Hau ab, du stinkendes Huhn, das ist mein Kunde!"

Die junge Frau Li, die Angst vor Frau Wu hatte, lächelte, stand auf und ging hinüber zu den anderen beiden Frauen.

Frau Wu hatte vor Wochen in einer ähnlichen Situation ihr einmal eine leere Bierflasche über den Schädel geschlagen. Als Frau Li sich bei der Chefin der Bar deswegen beschweren wollte, hatte sie auch noch von dieser eine schallende Ohrfeige obendrein bekommen.

„Lassen sie uns wieder übers Geschäft reden“ sagte sie ohne Hast zu dem Neffen.„Ich will 5‘000 Dollar haben, und keine Polizei.“

Christian zögerte. Dann sagte er: „Gut, aber sie müssen mit mir nach Phnom Penh zur deutschen Botschaft fahren. Dort müssen sie ihre Aussage vor dem deutschen Botschafter machen, und zwar schriftlich. Haben sie einen Pass, um sich auszuweisen. Das ist notwendig, um sich auszuweisen. Der deutsche Botschafter muss das dann beglaubigen, verstehen sie das alles?“

Frau Wu war einen Augenblick lang unentschlossen, aber nur einen Augenblick lang. Wenn sie vorhin nur nicht mit Herrn Prem telefoniert hätte… Aber eine Hälfte von einer halben Million sind viel mehr als 5‘000 Dollar – dann wäre sie richtig reich.

Wenn sie jetzt dagegen einen Rückzieher machen würde, wäre Herr Prem sicher ganz, ganz wütend. Sicherlich warteten er und seine Freunde auch nachher vor der Bar.

„Nein, wir machen das wie besprochen“, dachte sie bei sich.

„Ausserdem ist nicht sicher, ob die Langnase wirklich die 5‘000 Dollar bezahlen und die Polizei aus dem Spiel lassen würde“

Sie plauderte drauflos, jetzt hiess es Zeit schinden, so viel wie möglich.

Sie fragte ihn: „Was arbeiten sie denn? Haben sie eine Familie? Haben sie Kinder?“

Der Neffe war ebenfalls leutselig geworden. Zum einen: die Biere hatten ihn in Hochstimmung gebracht. Ausserdem war er insgeheim sehr zufrieden. Gleich der erste Abend war ein voller Erfolg.

Sie schleimte: „Ihr Onkel ist ein toller Typ, so athletisch gebaut, so starke Muskeln. Und er war auch sehr höflich und freundlich! An sich hat es mir ja leid getan, ihm das Pulver in den Koffer zu tun, aber ein Bekannter hat mich gezwungen, das zu tun. Er ist ein schlechter Mensch und hat kein gutes Herz.

Aber er hat einen Freund bei der Polizei, und er hat mir gedroht, mich anzuzeigen, weil ich von einem Freund von ihm für meine Tochter einmal einen gefälschten Pass mit einem Arbeitsvisum für Thailand gekauft habe, damit die nach Thailand zum Arbeiten gehen kann.

Jetzt will er jeden Monat, den meine Tochter dort arbeitet, von mir Geld haben. Und der Schuft nennt mich immer: ‚Alte Kratzbürste'. So ein schlechter Mensch ist der!"

Christian sah sie lange nachdenklich an.

Er fragte sie: „Können sie morgen mit mir nach Phnom Penh fahren?"

„Nein, noch nicht, zuerst muss ich hier noch ein paar Sachen verkaufen. Danach werde ich nicht mehr hierher zurückkommen. Mein Bekannter, der mich zu dieser Sache gezwungen hat, bringt mich um, wenn er 'rausbekommt, dass ich ihnen das Ganze erzählt habe. Ich will dann von Phnom Penh aus direkt in mein Heimatdorf im Norden zurück. Aber übermorgen geht es gut. Ich muss auch an meine Mutter denken."

„Treffen wir uns also morgen Abend wieder hier", schlug Christoph vor."

„Ja, ja, ab sieben Uhr bin ich hier", antwortete sie.

Christian sah auf die Uhr. Inzwischen war es kurz nach Mitternacht. „Allmählich Zeit, ins Hotel zu gehen"

Der Neffe verabschiedete sich bei der Dame, bezahlte die Rechnung, die ihm erstaunlich hoch vorkam, und begab sich nach draussen.

Missglückter Überfall

Christoph Frings schlenderte durch die nun menschenleere, kaum beleuchtete Strasse, in Richtung Hotel. Es war an der Zeit, nach Hause zu gehen – er wollte morgen fit sein! Es war knapp halb eins.

Da passierte es. Fünf Meter vor ihm hielten ein viersitziger Pick Up und ein Moped. Aus dem Auto sprangen zwei Männer, und vom Moped stiegen zwei ab.

Sie kamen auf ihn zu. Er erkannte , dass sie alle Macheten in der einen und Messer in der anderen Hand trugen. Blitzschnell hatten sie ihn umringt. Einer von Ihnen redete für ihn unverständliches Kauderwelsch und zeigte auf den Wagen.

Was soll das? Ist das ein Überfall, oder will man mich entführen.

Geplant war wohl das Letztere. Einer hielt die Wagentür auf und zeigte in das Wageninnere. Die anderen Männer hatten die Macheten erhoben und griffen an.

Einer schlug mit der Machete nach dem Arm des Neffen. Diesem Schlag konnte er gerade noch ausweichen.

Christoph wurde ärgerlich. Er trat dem Angreifer mit voller Wucht in die Hoden.

Der Gangster stiess einen Schrei aus, liess Machete und Messer fallen, krümmte sich zusammen und ging zu Boden.

Der Neffe trat blitzschnell auf ihn zu, bückte sich und ergriff die am Boden liegende Machete.

Die anderen Angreifer waren so verblüfft über den Gegenangriff des Ausländers, dass sie diesen Moment, als der Neffe sich bückte, nicht zu ihrem Vorteil ausnutzten. Eine solche Gegenwehr hatten sie nicht erwartet. Sie hatten eher mit einem stark Angeheiterten, mit dem sie leichtes Spiel haben würden, gerechnet. Aber Christian galt auch zu Hause als sehr trinkfest. Man merkte ihm die Biere nicht an; er machte einen Satz zur Seite, und stand mit dem Rücken zur Wand.

Er stand wie ein Revolverheld im Wilden Westen, immer die Hauswand als Deckung für den Rücken nutzend. Von da konnte keiner an ihn mehr herankommen.

Die drei anderen kamen von vorne bedrohlich näher…

Christoph wollte sich auf keinen Fall entführen lassen – er hatte in den nächsten Tagen wichtige Dinge zu erledigen.

Mit seiner Körpergrösse von 1,90 Metern überragte er die Angreifer um Kopfeslänge, und Arme und Beine waren erheblich länger.

Ausserdem betrieb er regelmässig Bodybuilding und hatte vor einigen Jahren einen schwarzen Gürtel in Karate erlangt.

Wenn die keine Knarre dabei haben, sind meine Chancen gut.

Er hieb dem zweiten Angreifen mit seiner Machete gegen den Arm. Dem gelang es zwar vorher noch, einen Schritt zurück zu treten, seine Machete zu erheben, um den Schlag zu parieren, aber es war wegen seines kürzeren Armes und der grösseren Kraft des Neffen ein ungleicher Schlagabtausch.

Klirrend sauste auch diese Machete zu Boden.

Jetzt waren nur noch zwei Angreifer einsatzfähig, aber sie bekamen Verstärkung durch den Fahrer des Wagens, der ausgestiegen war.

Der Fahrer war bedeutend grösser und korpulenter als die anderen Angreifer. Besonders übel ins Gewicht fiel, dass er ein Gewehr in der rechten Hand hielt, das er auf den Neffen richtete. Er gab den anderen ein kurzes Kommando, die darauf einen Schritt zurücktraten.

„Verdammt," entfuhr es dem Neffen.

Sein Adrenalinpegel hatte seinen absoluten Höchststand erreicht.

***

In diesem Moment fielen in rascher Folge vier Schüsse aus Richtung Bar, und der mit dem Gewehr Bewaffnete und einer der beiden verbliebenen Angreifer stürzten zu Boden. Der bewaffnete andere Angreifer war Herr Prem, der die versuchte Entführung in aller Schnelle organisiert hatte.

Jetzt gaben die unverletzt gebliebenen zwei Männer Fersengeld, und rannten Hals über Kopf über die Strasse, wo sie in einer dunklen Toreinfahrt verschwanden.

Um die Oberkörper der beiden reglos auf dem Boden Liegenden hatten sich inzwischen dunkle Blutlachen gebildet.

Von links eilte ein dunkel gekleideter Mann auf Chris zu, mit einer Pistole in der Hand, die er, während er näher kam, ständig auf die am Boden Liegenden gerichtet hielt.

Als er neben Christian stand, grinste er ihm zu und trat mit seinem linken Fuss gegen die beiden Getroffenen. Sie gaben keinerlei Lebenszeichen mehr von sich.

Er grinste wieder, und sagte zu Chris in gebrochenem Englisch: „U O.K.? Go Hotel", und zeigte in Richtung Hotel.

Dann griff er in seine linke Hosentasche und zog eine zweite Pistole heraus.

Diese steckte er dem Neffen in dessen rechte Jackentasche. Er grinste wieder: „Good for u"

Chris nickte dankbar und verwundert, lehnte die Machete an die Hauswand und ging zögernd los. Als er drei Meter zurückgelegt hatte, blickte er kurz zurück und sah, dass der Mann in Schwarz gerade das Gewehr, die beiden verbliebenen Macheten und die am Boden verstreuten Messer eingesammelt hatte, und nun gemächlich in entgegengesetzter Richtung davon trottete.

Am Boden lagen immer noch die beiden Körper, aber um die sollte sich kümmern, wer wollte. „Aber jetzt zurück ins Hotel!“

***

„Ob ich nachts wohl schlafen kann?“ Nach 200 Metern erreichte er das Hotel. Der Nachtportier stand im Eingang und sah dem späten Gast entgegen, aber dieser zuckte nur gleichgültig mit den Schultern.

„My key“ raunzte er den Portier an, der ihm verdattert den Schlüssel vom Schlüsselbrett reichte. „Haben sie eine Flasche Whisky, und Wasser?“

„Ja ja, selbstverständlich. Bezahlen können sie morgen früh!“ kam die hastige Antwort.“

Der Portier bückte sich und stellte eine Flasche Schnaps und zwei Flaschen Wasser auf die Theke. Der Neffe hatte sich inzwischen wieder soweit gefangen, dass er zwischen seinen Zähnen zerrissene Akkorde eines vergessenen Pfadfinderliedes seiner Heimat vor sich hinpfiff, während er mit den Erfrischungen in Richtung seines Zimmer verschwand.

Der Portier sah ihm noch lange kopfschüttelnd nach…

Im Zimmer angekommen, schaltete er das Licht an, verschloss die Zimmertür und schob vorsichtshalber den Kleiderschrank davor.

Dann stellte er sich seitlich an das Fenster, und versuchte die Nachtschwärze zu durchdringen. Keine Menschenseele war auf der Strasse. Er überprüfte die Fensterriegel, setzte die Klimaanlage in Gang und liess sich auf das Bett fallen.

Er öffnete in Zeitlupe die Whiskyflasche und nahm mehrere tiefe Züge direkt aus der Flasche. Die Flüssigkeit frass sich höllisch heiss durch seinen Schlund, und als das Zeugs durch Kehle und Speiseröhre in den Magen gluckerte, realisierte er seine Situation. „Wirklich Schwein gehabt, aber die Jungs hatten verdammt schlechte Karten“ sagte er sich.

Er nahm sein Telefon zur Hand und überlegte, ob er jetzt noch Wing

Ban anrufen sollte.

„Warum nicht?“ fragte er sich, „Es ist zwar jetzt schon ein Uhr. Aber dieser Polizist hatte schliesslich ausdrücklich gesagt, er wolle nach dem Barbesuch angerufen werden.“

***

Er wählte dessen Nummer, und gleich beim ersten Läuten meldete er sich. Offensichtlich hatte er noch nicht geschlafen.

„Na, alles in Ordnung bei Ihnen? Das mit dem Entführungsversuch überraschte mich, aber sie haben ja alles gut überstanden.”

„Ja, es kam überraschend.“

„Und alle Achtung. Sie haben gekämpft wie ein Löwe. Mein Mitarbeiter war fast überflüssig. Also dann bis morgen!“

„Ja, vielen Dank für die Hilfe!“

„Kein Problem, ich habe doch gesagt, dass ich etwas auf sie aufpasse. Ich hätte ihnen gleich eine Pistole geben sollen. Mein Fehler. Entschuldigen sie. Aber denken sie daran, die Pistole mir zurückzugeben, wenn sie das Land verlassen. Gute Nacht“

Ja, die Pistole hatte er ganz vergessen. Er nahm sie vorsichtig aus der Jackentasche: Eine Heckler und Koch, wie neu. Geladen und gesichert. Er roch daran. Frisch geölt! Wenn das kein Service ist!

Er nahm noch einen ausgiebigen Whisky zu sich, den er aber zur Hälfte mit Wasser verdünnte. Dann duschte er ausgiebig, legte sich ins Bett und schloss die Augen. Er wollte schnellstens einschlafen, da er morgen früh um neun Uhr mit Wing Ban verabredet war.

Er hätte vorhin um eine Verschiebung des Termins bitten sollen, aber um ihn noch einmal anzurufen, dazu fehlte ihm jetzt die Energie. Und überhaupt – jetzt merkte er wieder, dass der Überfall ihn doch erheblich angekratzt hatte. Mit der Freude über sein gutes Karma fiel er ins Koma.

Begegnung mit dem Ruhrgebiet

Am Morgen wachte er gegen sieben Uhr auf, und brauchte erst einige Minuten, um seine Gedanken zu ordnen.

Hatte sich der Entführungsversuch gestern Abend wirklich ereignet?

Wenn ja, dann hatte er wirklich Dusel gehabt.

Er sah auf dem Nachttisch die schimmernde Pistole liegen, nahm sie in die Hand, und spürte das Gewicht: ja sicher, gewiss, das war kein Traum gewesen! Damit war er wieder in der Realität angekommen.

Er duschte, zog sich an und ging nach unten, Kaffee trinken.

„Hello, this place is free?"

Chris schaute über seine rechte Schulter.

Da stand eine Dame an seinem Tisch, blond, Europäerin, etwa 60 Jahre alt und zeigte auf den ihm gegenüber stehenden Stuhl.

Er nickte. Ein strenger Blick traf ihn, fragend.

Die hat auch schon mal besser ausgesehen!

An sich stehe ich auf blond, aber nicht älter als 40.

Na ja, die guten Zeiten sind vorbei.

Er sah sie an. „Yes, please, sure!"

„I am from Germany, Wanne Eickel, do you know?"

Die Frage zerschnitt die Ruhe des Morgens

„Ja, ja, ich bin auch aus Deutschland, bitte schön", war seine Antwort, und er zeigte auf den Stuhl, auf dem sie schon sass.

„Aus Deutschland, ach soso, na ja, auch gut," meinte sie. „Gehen sie denn auch zum Wat Khun Chhang Khun Phaen-Tempel?"

Er schüttelte den Kopf.

„Leider nein, ich will heute noch zurück nach Thailand. Aber sonst mag ich Tempel auch sehr…"

„Schade, dann sind sie also auch Kulturreisender?"

Bevor er antworten konnte, fuhr sie fort:

"Also, wir sind jetzt zum vierten Mal in Thailand, mein Mann und ich. Mein Mann heisst Edi, und ist auch Lehrer, wie ich. Im Vorruhestand. Wie ich. Wir haben nur noch zehn Wochenstunden, jede Woche und zwei Monate Sabbaturlaub jedes Jahr! Die brauchen uns halt. Die

Schüler sind ja so was von frech, heutzutage! Neulich hat mal einer zu mir gesagt: "Sie schluckte kurz, dachte nach, und wechselte das Thema.

„Und die Tempel hier. Der hier ist über eintausendvierhundert Jahre alt. Oder auch älter. Steht im Reiseführer!"

Sie schaute den Neffen prüfend an.

„Und sie sind auch Kulturreisender, wirklich?"

Der Neffe nickte verdattert.

„Ja, ich war mal in Jerusalem. Dort liegt ein Barthaar vom Propheten Mohammed. Und da haben sie auch einen Tempel gebaut"

Unbeirrt fuhr sie fort: „Ja, von wegen Barthaar. Das ist ein ganzer Buddha dort, und der Buddha soll auf seinem Weg von Indien hierher dort gerastet haben. Heisst Siddharta Gauthama. Glaube ich. Oder es ist ein ganz alter Waldtempel. Eines von beiden. Aber auf jeden Fall ganz alt. Nein, ich glaube doch, es ist ein liegender Buddha – 18 Meter lang! Und ganz von Gold!"

Der Neffe überschlug kurz: „18 Meter lang, zwei Meter breit, vielleicht ein Meter hoch, das wären 36 Kubikmeter Gold. Richtig viel!!"

Sie fuhr fort: „Und wo die nur das Geld dafür hergenommen haben! Da brauche ich unbedingt ein paar Fotos von! Ich habe schon 1058 Fotos gemacht! Oder 1085?

Na ja, auf jeden Fall, so viele Tempel hier. 142 Stück. Oder 124? Wir fotografieren nämlich beide, mein Mann, der Edi, und ich. Ach so, ja, ich habe mich noch gar nicht vorgestellt. Katchinski, Hermine, geborene Kawumski, alter Ruhrgebietsadel, ha ha ha!

Unsere Nachbarin, die Frau Dr. Klaasen schaut immer unsere Bilder an. Der ihr Mann ist auch Kulturreisender. Aber der fährt immer allein nach Pattaya! Die Frau Klaasen bleibt immer zu Hause. Hat Flugangst. Ihr Mann erzählt ihr dann immer, wenn er nach Hause kommt, von den Tempeln, die er besucht hat!

Das hier sind Khmer Tempel! Wussten sie das? Eine ganz andere Kultur als die Tempel in Thailand. Ja, eine andere Kultur! Die gefallen auch meinem Mann besser. Deshalb ist er auch in Pattaya geblieben. Die meisten Tempel sind nämlich in Pattaya. Und in Bangkok!"

Der Neffe nickte, hielt die Luft an und schaute auf die Uhr. „Halbneun. Ich will jetzt los".

„Ja, ja, dann gehe ich jetzt auch. Vor dem Hotel steht immer ein Taxi. Sind ja ganz freundliche Leute, die Leute hier. Nur das Rechnen fällt ihnen schwer – die verzählen sich oft. Die sollten mal in Deutschland zur Schule gehen“

Während sie nach draussen gingen, erzählte sie weiter. Nämlich dass ihre beste Freundin, die Frau Mueller-Nachfelder, an sich gar nicht so hiesse, aber das klinge besser. Sie hiesse an sich nur Mueller. Aber mit ue, nicht mit ü.

Der Neffe winkte dem Taxi zu.

Sie sagte schnell: “Ja, ja, dann nix wie los zum Wat Khun Chhang Kkhun Phaen. Auf Wiedersehen, sie können ja dann das nächste nehmen.“

Damit bestieg sie das Taxi.

***

Christian winkte dem nächsten Taxi. Da hatte auf der anderen Strassenseite Wing Ban entdeckt, dieses Mal in Zivil.

„Guten Morgen“, grüsste er schon von weitem.

Er überquerte die Strasse, und klopfte Chris auf die Schulter.

„Gut geschlafen, nach der Aufregung heute Nacht?“.

Ein ernster Blick musterte ihn.

Der Neffe antwortete: „Am Anfang hatte ich Probleme, einzuschlafen, aber dann ging es doch ganz gut. Ich habe viel wirres Zeug geträumt. Aber am Abend habe die Frau Wu getroffen. Sie will 5‘000 Dollar haben für ihre entlastende Aussage. Wir sind für heute Abend verabredet.

Nur verstehe ich nicht, was die Sache mit der Entführung sollte. Vielleicht wollte sie damit noch erheblich mehr rausschlagen“.

Der Polizist erwiderte: „Wir müssen auf jeden Fall vorsichtiger sein. Ich habe hier unten wenig Kompetenzen. Aber ich habe heute morgen mit dem örtlichen Polizeichef telefoniert. Er ist ein Freund von mir, den ich auf der Polizeiakademie kennen gelernt habe. Die beiden Toten von heute Nacht sind kleine Gangster aus dem Barmilieu dieser Gegend hier; der Polizeichef hat vorgeschlagen, Frau Wu festzunehmen. Sie ist ja offensichtlich tatsächlich in die Sache mit ihrem

Onkel verwickelt, wenn sie nicht gar die Drahtzieherin ist.

Ein ‚nachdrückliches' Verhör sollte reichen, sie zum Reden zu bringen. Vielleicht bekommen wir auch Einzelheiten über den Entführungsversuch heraus. Denn dass sich dieser rein zufällig im Anschluss an ihren Besuch bei Frau Wu ereignet hat, glaube ich nicht so ganz. Es fällt mir immer schwer, an Zufälle zu glauben. Ich denke, dass die Sachen irgendwie zusammenhängen.

Wenn wir das Geständnis von dieser Frau Wu haben, können sie damit in Thailand die Sache wieder in Bewegung bringen. Was die Angelegenheit dort kompliziert, ist, dass anscheinend wirklich Beamte der Polizei in Trat in die Angelegenheit verwickelt sind. Und Polizisten halten bekanntlich zusammen. Polizisten etwas nachzuweisen, ist immer eine schwierige Sache. Auf der ganzen Welt ist es so, und ich denke auch in ihrem Land"

Der Neffe nickte zustimmend.

„Und was machen wir nun?", fragte er.

„Wir kümmern uns zuerst um die saubere Frau Wu."

Frau Wu wird verhört und packt aus

Er zeigte auf die gegenüberliegende Strassenseite. „Da sollte jetzt bald ein Polizeiwagen mit zwei Beamten erscheinen".

Der Neffe sah hinüber: es rollte tatsächlich auf der anderen Strassenseite ein Polizei-Streifenwagen aus.

Wing Ban winkte kurz in diese Richtung. Der Wagen setzte sich in Bewegung, überquerte die Strasse, und kam vor den beiden zum Stehen.

Der Neffe und Wing Ban stiegen hinten ein, und ab ging es in Richtung Ortsmitte.

Dort hielt der Wagen vor einer strohgedeckten, kleinen Hütte. Beide Polizisten stiegen aus. Einer klopfte, die Tür ging auf und beide verschwanden im Haus. Zwei Minuten später kamen sie zurück mit einer Frau zwischen sich, die Handschellen trug.

„Das soll Frau Wu sein? Die hat ja kaum noch Zähne im Mund!" Der Neffe beobachtete die Szene belustigt.

Die Dame wurde unter Zetern ins Polizeiauto verfrachtet.
Hassvolle Blicke streiften ihn.

Als sie dann auf der Rückbank des Wagens zwischen Wing Ban und dem Neffen sass, beäugte dieser sie näher. Er versuchte sich vorzustellen, wie sie mit komplettem Gebiss aussähe. Doch! Je länger er sie anschaute: Sie konnte tatsächlich die Frau von gestern Abend sein, wenn man sie sich geschminkt, im Dämmerlicht einer Bar, vorstellte.

Nach zwei weiteren, genaueren Blicken in ihr zerknittertes, ungeschminktes, altes Gesicht war er ziemlich sicher, dass sie es war.

Wie sie auch erschrocken zusammengezuckt war, als sie ins Auto geschoben wurde – doch, sie hatte auch ihn wiedererkannt.

Als die Frau später Wing Ban auf eine Frage antwortete, erkannte Chris auch die kratzende Stimme wieder.

Jetzt war er sich ganz sicher, dass sie es war.

Wie ein Häufchen Elend sass sie da, zwischen den beiden Fremden und starrte nur noch auf ihre Füsse.

So tat sie dem Neffen sogar ein wenig leid.

Aber wenn sie tatsächlich in die Sache verwickelt war – und sie hatte das ja gestern Abend ihm gegenüber zugegeben, und wenn wegen ihr sein Onkel jetzt im Knast sass, dann war Mitleid fehl am Platz! Auch wenn sie kaum noch Zähne hatte.

Schluss mit den Sentimentalitäten!

Nach etwa zwanzigminütiger Fahrt erreichte der Wagen das Polizeihauptquartier.

Frau Wu jammerte immer hysterischer. „Ich möchte mich beschweren. Man hat mir nicht mal Zeit gelassen, meine teuren, neuen Zähne einzusetzen. Hier sind soviel Männer. Viele davon kenne ich aus der Bar. Alles Kunden. Wenn die mich jetzt hier sehen, ohne Zähne! Die kommen nie mehr zu mir. Das ist Geschäftsschädigung!“

Einer der Polizisten antwortete: „Da würde ich mir keine grossen Sorgen machen. Erstens würde keiner ihrer Kunden sie je wieder erkennen, ungeschminkt und ohne Zähne. Und bevor sie hier wieder herauskommen, vergehen mindestens zehn Jahre.Welcher Kunde würde zu einer „Dame“ gehen, die aussieht, als ob sie neunzig Jahre alt wäre. Also, regen sie sich ab!“

Dann wurde sie heulend in eine Zelle geführt.

Sie war verzweifelt. „Was soll nur werden? Wenn ich nicht meine Zähne bekomme, kann ich nichts mehr essen. Ich werde verhungern."

***

Eine Stunde später wurde sie in den Verhörraum gebracht.
„Ich sage gar nichts, solange ich nicht meine Zähne habe, Ich werde verhungern!" schrie sie wieder.

„Dann werden sie verhungern. Das wäre nicht so schlecht; wir haben sowieso zu wenige Zellen hier", war die Antwort.

Frau Wu brach kurz danach zusammen.

Als man ihr zusagte, dass, wenn sie ein Geständnis ablegte, sie umgehend ihre Zähne erhalten werde, dachte sie nicht lange nach. Jetzt war ihr sowieso alles egal.

„Zuerst meine Zähne, dann sage ich Ihnen alles! Und ich habe Angst vor dem Herrn Prem, der ist ein böser Mensch".

„Vor dem brauchen sie keine Angst mehr zu haben, der ist gestern Nacht erschossen worden"

Ein Polizeiwagen fuhr zu ihrem Häuschen. Ein Polizist fand die Zähne am beschriebenen Platz, und kehrte zum Hauptquartier zurück.

Im Vernehmungsraum legte der Polizist die Zähne ans andere Ende des Vernehmungstisches.

Frau Wu, die sich beruhigt hatte, sah diese liegen, aber mit ihren kurzen Armen konnte sie sie nicht ergreifen. Sie wollte aufstehen, um sie zu holen, aber einer der Polizisten drückte sie unsanft auf ihren Stuhl zurück.

„Also erzählen sie uns nun, was mit dem weissen Pulver war, dann bekommen sie auch sofort ihre Zähne wieder. Und wie gesagt, vor dem Herrn Prem brauchen sie keine Angst mehr zu haben!"

„So eine Gemeinheit", jammerte sie wieder. Aber alles Jammern half ihr nicht.

Ihre Zähne lagen da vor ihren Augen, aber für sie unerreichbar. Jetzt begann sie zu gestehen.

Sie erzählte alles über das Pulver von Beginn an. Sie belastete Herrn Prem, der sie erpresst hätte. Der habe ihr das Pulver gegeben. Er habe sie gezwungen, das Pulver im Koffer zu platzieren. Ihre Aussage war recht umfassend.

„Und jetzt meine Zähne,“ forderte sie.

Die einzelnen Zähne lagen immer noch am anderen Ende des Vernehmungstisches. Der vernehmende Polizist reichte ihr zehn einzelne Zähne über den Tisch.

„Auch die anderen Zähne“, schrie sie.

„Langsam, langsam, zuerst müssen wir uns noch über gestern Abend unterhalten. Auf ihrem Handy haben wir gesehen, dass sie um 22 Uhr 35 Herrn Prem angerufen hatten. Was haben sie mit ihm besprochen?“

Frau Wu war so deprimiert, dass sie „ihre“ Wahrheit über den gestrigen Abend erzählte.

“Herr Prem hat von mir verlangt, ihn anzurufen, wenn ein Ausländer in die Bar kommen würde. Weil das Pulver, das in Thailand verkauft werden sollte, ja verschwunden war, und die Lieferanten den Verlust ersetzt haben wollten, musste viel Geld her. Der Ausländer sollte entführt werden. Wu‘s Freunde sind rücksichtslose Berufsverbrecher, die auch vor Mord nicht zurückschrecken. Er hatte Angst vor den Pulverlieferanten, und der böse Mensch hat mir auch Angst gemacht. Die würden mich auch töten, wenn wir kein Geld beschafften. Aber das mit der Entführung war seine Idee gewesen, nur seine“.

Wenn Herr Prem tot war, konnte er nichts mehr abstreiten.

Über dessen Tod war sie auch nicht so unfroh, denn vor dem hatte sie wirklich manchmal Angst gehabt.

Als dieser zweite Teil des Verhöres beendet war, und sie auch diese Aussage unterschrieben hatte, bekam sie auch ihre restlichen Zähne zurück.

Jetzt war sie nicht mehr so traurig – schliesslich war sie ja gläubige Buddhistin, und Buddha würde sich schon etwas einfallen lassen. Schliesslich hatte sie seit ihrer Jugend meist jeden Tag zu ihm gebetet!

Herr Naumann bekommt zu tun

Nachdem die unterschriebenen Aussagen Wing Ban vorgelegt worden waren, rief dieser Herrn Naumann in der Botschaft in Pnom Penh an. „Hier ist alles soweit geklärt. Die Aussagen liegen uns unterschrieben vor. Wir kommen morgen mit der ersten Maschine nach Phnom Penh. Einverstanden?"

„Nein, lassen sie mal, bleiben sie in Ko Kong, ich werde morgen Vormittag runter kommen. Es ist besser, wenn ich die Echtheit der Dokumente vor Ort überprüfe. Auch muss diese Dame noch mal in meinem Beisein ihre Aussage bestätigen. Sie wissen ja, wie schlecht die Beziehungen zwischen Thailand und Kambodscha sind. Ob die Thailänder die Aussagen vor der kambodschanischen Polizei so einfach akzeptieren, glaube ich nicht. Wir nehmen besser den umständlicheren, aber sichereren Weg. Dann ist es auch niet- und nagelfest; von der deutschen Botschaft in Phnom Penh beglaubigt, für Thailand erstellt", fügte Herr Naumann hinzu.

Am nächsten Mittag liess sich Herr Naumann im Polizeihauptquartier die Authentizität der Aussage von Frau Wu persönlich bestätigen.

Danach ging es mit Polizeibegleitung ins Hotel ‚Neptune', wo der hinbestellte Nachtportier schriftlich bestätigte, dass Christians Onkel, den er an Hand einer Fotografie erkannte, die Nacht von 22. zum 23 Januar zusammen mit der Dame Wu in seinem Hotel verbracht hatte. Der entsprechende Meldezettel wurde kopiert.

Mit diesen drei Dokumenten flogen Herr Naumann und Christian noch am selben Tag nach Phnom Penh zurück, nicht ohne sich vorher bei Herrn Wing Ban herzlichst bedankt zu haben, der sich mit seinem Polizeiwagen auf den Rückweg machte.

Vorher hatte der Neffe ihm noch die Pistole zurückgegeben. Da die Flüge der beiden, wie Herr Naumann sich ausdrückte, für den Erhalt des Ansehens der Bundesrepublik Deutschlands notwendig seien, wurden die Flugkosten nach kurzer Rücksprache von der Botschaft übernommen.

„Flüge auf Staatskosten", dachte der Neffe bei sich, „Fein, wer kann das schon von sich erzählen."

***

Am nächsten Morgen, dem vierten März,erschien Chris wieder pünktlich um 9.00 Uhr, wie mit Herrn Naumann verabredet, in der Botschaft in Phnom Penh.

Dort übergab Herr Naumann Christian alle drei Dokumente, deren Echtheit auf Papier mit dem offiziellen Briefkopf der deutschen Botschaft vom Botschafter persönlich mit Dienstsiegel und Unterschrift beglaubigt worden war.

„Das wird ihnen in Thailand hoffentlich ausreichen, um die Angelegenheit ihres Onkels wieder in Gang zu bringen“

Nachdem sich Christian für die unbürokratische und wirkungsvolle Hilfe bei Herrn Naumann bedankt hatte, brachte dieser ihn zum Flughafen.

Mit der nächsten Maschine flog er zurück nach Bangkok.

Bis jetzt ist es besser gelaufen, als gedacht. Vor allem, dass man mir an der Botschaft in Phnom Penh so freundlich geholfen hat!

Mit diesem Gedanken, und ohne die hübsche Stewardess anzuhimmeln, wie es sonst seine Art war, lehnte er sich in seinem Sitz zurück und nickte sofort ein.

Chris als Kurier

Am nächsten Morgen fühlte sich Christian ausgesprochen wohl. Bangkok gefiel ihm deutlich besser als Phnom Penh.

Phnom Penh ist zwar auch im Zentrum eine moderne Grossstadt, aber man merkte doch noch überall den schrecklichen Aderlass, den die Herrschaft der Roten Khmer bewirkt hatte. Vor allem, sobald man die Hauptstadt verlässt, fällt die ungeheure Armut breiter Bevölkerungsschichten ins Auge.

Er war zurück in der gewohnten Zivilisation!

So kam es ihm jedenfalls vor, als er im Taxi mit Ziel Deutsche Botschaft sass.

Er hatte sich gestern im Woraburi Hotel in der Nana Road eingemietet.

Vor dem Zubettgehen gönnte er sich noch eine Massage bei der

Hotelmasseuse. Er war erstaunt gewesen. Das Woraburi ist ein seriöses Mittelklassehotel, aber die Masseuse war nicht besonders seriös gewesen und sehr schnell zur Sache gekommen.

Entspannend war es auf jeden Fall gewesen!

Dafür war die Massage auch ungewöhnlich teuer geworden. Neunhundert Baht hatte die Artistin verlangt.

„Man soll auch mal an sich selbst denken."

***

In der Botschaft bekam er sofort einen Termin bei Herrn Kellermann.

„Guten Tag, Herr Frings, ich habe sie schon erwartet.

Kollege Naumann aus Phnom Penh hat mich vorhin angerufen und über den Stand der Dinge ins Bild gesetzt. Es sieht ganz gut aus, würde ich sagen, obwohl die Löwenarbeit noch vor uns liegt. Zeigen sie mir bitte die Dokumente"

Er blätterte die einzelnen Seiten durch.

„Fein, sie sind auch schon ins Englische übersetzt. Ich werde die Papiere jetzt ins Thailändische übersetzen lassen. Dann wird der Botschafter alles beglaubigen. Ich habe heute Morgen eine Besprechung mit ihm gehabt. Seine Exzellenz wird behilflich sein, soweit er kann. Er wird noch heute im Innenministerium anrufen. Er kennt dort den Staatssekretär für Polizeiangelegenheiten. Mal sehen, was dabei 'rauskommt!"

Bei Staatssekretär Lupini

Schon am Nachmittag dieses Tages fuhr Christian zusammen mit Herrn Kellermann in einem Wagen der Fahrbereitschaft der Botschaft zum Innenministerium.

Dort wurden sie nach kurzem Warten von besagtem Staatssekretär, einem Herrn Lupini, empfangen. Dieser begrüsste die Beiden herzlich und bestellte Tee.

Sowie seine Sekretärin das Zimmer verlassen hatte, kam er zum Thema: „Zunächst muss ich sie auf folgendes hinweisen: Diese Unterredung ist, wie sie noch verstehen werden, streng vertraulich".

Er bat Herrn Kellermann: „Kann ich die Dokumente aus Kambodscha haben?"

Er blätterte sie aufmerksam durch und nickte nachdenklich mit dem Kopf in Richtung Christians. „Herr Naumann hat mir von ihrem Onkel berichtet. Wenn die Angaben ihres Onkels stimmen, und wenn ich mir die Aussagen hier anschaue – es passt zusammen – also wenn die Anschuldigungen gegen die Polizeibeamten begründet sind, haben wir es mit einer sehr ernsten Angelegenheit zu tun.

Dann haben die Polizisten und der Immigration Officer nicht nur gegen das Recht verstossen – nein, sie haben auch dem Ansehen Thailands im Ausland, der königlichen Polizei und damit dem Königshaus grossen Schaden zugefügt."

***

Er nahm einen Schluck Tee und fuhr fort: „Wir haben ab und zu mit solchen Anschuldigungen zu tun, aber bisher war es unmöglich, einen solchen Fall völlig aufzudecken, die Schuldigen zu entlarven, und ihrer gerechten Strafe zuzuführen. Wir werden eine Sondergruppe formieren und einsetzen. Auf keinen Fall sollte jemand aus der Provinz Trat beteiligt sein, obwohl ich mir absolut sicher bin, dass der Provinzgouverneur dort und der dortige Polizeipräsident damit nichts zu tun haben. Die Beiden kenne ich persönlich, und würde meine Hand für sie ins Feuer legen. Ich muss sie aber noch einmal bitten, über diese Sache kein Wort zu verlieren. Nicht mal meine Sekretärin wird etwas erfahren – nur die Leute von der Ermittlergruppe. Und ich möchte sie, Herr Frings, ebenfalls bitten, ihrem Onkel kein Wort mitzuteilen, wenn sie ihn sehen. Sagen sie ihm bitte nichts von dieser Unterredung, kein Wort; sagen sie ihm nur, dass die Sache in guten Händen ist. Er solle sich nicht zu viele Sorgen machen."

Christian äusserte Zweifel: „Herr Staatssekretär, nach jetzt etwas mehr als zwei Wochen Haftzeit als Unschuldiger, leidet mein Onkel unter schweren Depressionen. Es geht ihm schlecht!"

„Wenn wir diese Ermittlungen nicht gefährden wollen, wären Geduld und Wohlverhalten seinerseits von unschätzbarem Wert. Bitte haben sie

Verständnis! Ich werde seine Überführung ins Nonchiburi Gefängnis hier in Bangkok veranlassen. Dort sind die Haftbedingungen für Ausländer besser, und es sind auch mehr Ausländer dort; immer so um die 50 Leute, natürlich alle unschuldig, wenn man sie vernimmt; aber die meisten sitzen wegen Drogenvergehen dort ein. Also bitte noch einmal: kein Wort zu niemandem. Ich möchte ihnen nochmals ausdrücklich danken für ihre Bemühungen. Seien sie versichert, dass wir alles menschenmögliche tun werden, um die Sache schnellstens aufzudecken – es liegt, wie gesagt, im Interesse Thailands, und wir sind interessiert daran, unseren Polizeiapparat sauber zu halten. Ich kann ihnen versichern, dass 99% der Polizisten hier rechtschaffene und integere Leute sind, die brav ihren aufopferungsvollen Dienst tun. Aber wenn es wirklich schwarze Schafe gibt, werden wir versuchen, sie zu entlarven. In deren Haut möchte ich wirklich nicht stecken, wenn die Anschuldigungen stimmen, und wir sie auch beweisen können. Also noch mal: vielen Dank für ihre Mitarbeit!"

Er stand auf und reichte Christian die Hand. „Herrn Kellermann persönlich werde ich auf dem Laufenden halten"

Zu Herrn Kellermann gewandt, sagte er: „Wie wäre es, wenn wir uns alle drei Tage abends zum Essen treffen. Das dürfte am unverfänglichsten sein, vertraulicher jedenfalls als regelmässige Treffen hier im Hause. Einverstanden? Wir telefonieren dann, und verabreden uns für die Abende. Ich möchte verhindern, dass hier im Hause irgendetwas den Argwohn von nicht eingeweihten Mitarbeitern erregt. Nur zur Sicherheit des Herrn Frings und zur Sicherheit der Ermittlungen. Aber jetzt muss ich sie bitten, mich zu entschuldigen. Auf Wiedersehen, meine Herren"

Damit verliessen die beiden Deutschen den Raum.

***

„Gar nicht so schlecht", meinte Herr Kellermann auf dem Gang draussen, „ich denke, dass der Lupini es ernst meint – mal sehen!
Aber, Herr Frings, ich muss mich nun leider auch verabschieden. Habe gestern einen neuen ‚Fall' bekommen. Da ist ein Deutscher verstorben. Hier im ‚Crown' Hotel. Normalerweise ist das die Angelegenheit

von meinem Kollegen Wetzel, aber der ist auf Heimaturlaub. Dieser Tourist hat bei seiner letzten Liebesnacht vor dem Abflug, der für heute gebucht war, einen Herzanfall erlitten,und ist dann im Krankenhaus verstorben.

Seine Begleiterin hat angegeben, er hätte Medikamente genommen. Wohl wieder zu viel Viagra und Alkohol! Solche Fälle haben wir hier jeden Monat zwei bis drei Mal. Ist immer mit wahnsinnig viel Papierkram und Telefonaten verbunden. Hängt einem manchmal ganz schön zum Hals raus. Was haben sie nun vor?"

„Wann wird der Onkel ins neue Gefängnis verlegt werden? Ich habe ganz vergessen, vorhin zu fragen."

„Das dürfte mindestens eine Woche dauern, oder auch zwei. In Deutschland dauert so was schon lange, und hier geht es auch bestimmt nicht schneller."

„Nun, ich denke, das Beste ist, ich fahre dann nach Trat, den Onkel besuchen, und dann nach Ko Chang auf die Insel.

Bangkok ist gut für ein, zwei Tage. Aber da unten ist Meer! Und an sich bin ich ja hergekommen, um Urlaub zu machen. Ja, das ist wahrscheinlich das Beste. Und wenn er nach Bangkok verlegt wird, komme ich auch wieder hierher. Ich habe ja ihre Telefonnummer, und sie meine – so bleiben wir in Kontakt. Können wir uns darauf einigen, dass wir täglich um 18.00 Uhr miteinander telefonieren?"

Herr Naumann nickte: „So können wir es halten. Alles klar, jetzt muss ich aber los, Ich bringe sie noch in ihr Hotel, das liegt auf dem Weg zum ‚Crown'. Ich muss mich jetzt um den Verstorbenen kümmern."

Sie verabschiedeten sich vor dem Woraburi Hotel.

Noch eine Nacht verbrachte der Neffe in Bangkok.

Am Rande

Am Abend setzte er sich in eines der Strassencafes in der Soi 4, nicht weit vom Hotel. Nette Bedienungen und kühle Biere entschädigten ihn für den Stress der vergangenen Tage.

Ab und zu kamen Elefanten vorbei, deren Mahouts und Gehilfen an Einheimische und Touristen Bananen verkauften, die sie dann an die Elefanten verfüttern durften. Dabei liessen sich dann die Touristen gerne fotografieren.

Den Elefanten hatte man blinkende, rote Rücklichter am Schwanz festgebunden, damit sie bei Dunkelheit von hinten leicht zu erkennen waren und nicht angefahren wurden.

Christian kaufte, als eines der jüngeren Tiere vorbeikam, drei Bananen. Der junge Elefant nahm zwei davon nacheinander hungrig mit seinem Rüssel aus der Hand des Neffen entgegen, und führte sie mit einem eleganten Schwung in sein Maul. Dann trompetete er hocherfreut.

Als er die dritte Banane essen wollte, verfehlte er sie – aber Chris hatte sie schon losgelassen: so fiel sie unter den kleinen Tisch.

Der Elefant kam einen Schritt näher, um die dort liegende Frucht zu ergreifen. Dabei stiess er aber mit dem dicken oberen Teil seines Rüssels gegen den Tisch, worauf dieser umkippte. Mit lautem Geschepper zerschellten die Flaschen und Gläser, die auf dem Tisch standen, auf dem Boden.

Der Elefant erschrak, trompetete laut, und stürmte auf die Strasse zurück. Dabei rammte er in Panik eines der vorbeifahrenden Autos, das mit einem dumpfen ‚Plopp' dem grossen Tier gegen sein dickes Vorderbein fuhr.

Der Elefant geriet völlig ausser Kontrolle. Mit einer wahnwitzigen Geschwindigkeit, die Chris ihm nie zugetraut hätte, galoppierte er die Strasse hinunter, bis zur nächsten Kreuzung.

Dort verursachte er einen weiteren Verkehrsunfall, als zwei Autos, die ihm auszuweichen versuchten, ineinander prallten. Der Elefant wich auf den Bürgersteig aus. Er hatte sich offensichtlich wieder beruhigt, und trottete langsam zum Café zurück, wo seine Begleiter ihn mit einem Wortschwall begrüssten.

Seltsamerweise war niemand ernstlich erbost wegen des Zwischenfalls, nein, alle lächelten.

Die Bedienung hatte inzwischen den Tisch wieder aufgestellt, die zerschellten Gläser entsorgt und Chris ein frisches Bier auf Kosten des Hauses hingestellt, nicht ohne sich vorher wortreich für dieses Missgeschick entschuldigt zu haben.

***

„Sind schon seltsam, diese Leute hier – in Deutschland wäre nach solch einem Zwischenfall die Hölle losgewesen, aber für einen durchgedrehten Elefanten haben offenbar alle hier Verständnis“ sagte der Neffe zu einem Tischnachbarn.

Er kaufte noch mal drei Bananen, die er, jetzt auch wieder beruhigt, an das Tier verfütterte.

Am Nachbartisch hatte ein anderer, älterer Weisser das Geschehen offenbar amüsiert verfolgt. An diesen gerichtet meinte nun Chris: „Aber das ist ja eigentlich eine Riesensauerei, einen Elefanten in einer Vierzehn-Millionenstadt herumzuführen. Und satt zu essen bekommen die Tiere wohl auch nie. Denn die Begleiter leben ja von den verkauften Bananen, und wenn der Elefant keine Bananen fressen würde, weil er satt ist, könnten sie auch keine verkaufen.“

Der Weisse vom Nebentisch erwiderte „Und die Thais betreiben das Füttern gerne, denn jeder gute Buddhist soll jeden Tag ein gutes Werk tun.

So kann man preiswert seine Verpflichtung erfüllen, indem man eine Banane kauft. Und das mit den guten Werken ist hier weitverbreitet. Sind ihnen die Leute mit den Vögeln schon aufgefallen?“ fragte er.

„Ja, da laufen oft Leute mit Vögeln in kleinen Käfigen rum und verkaufen sie. Ich habe schon gedacht, dass man da nicht von satt werden kann, aber in Italien essen die Leute ja auch Vögel. Oder sind das vielleicht Singvögel. Für zu Hause. Wie bei uns Kanarienvögel. Oder Wellensittiche. Also Vögel, die der Unterhaltung dienen wie Papageien?“

„Weit gefehlt, junger Freund. Mit den Vögeln hat es eine ähnliche Bewandtnis. Die Thais kaufen die Vögel. Entweder mit Käfig. Dann bringen sie die in der Regel nach Hause, wo sie von Familienangehörigen freigelassen werden. Oder sie lassen die Vögel an Ort und Stelle wieder frei. Gegen Gebühr, versteht sich. So wurde wieder eine gute Tat vollbracht, entsprechend den Regeln Buddhas.“

„Die Leute, die die Vögel fangen, sind das dann nicht schlechte Menschen?“

„Keinesfalls, das sind in der Regel Moslems, für die Vogelfangen nichts Verwerfliches darstellt. Es ist für sie eine Art des Broterwerbs, der von allen akzeptiert wird.“

Nachdenklich schwieg Chris und leerte sein Bier. „Es gibt schon seltsame Sachen auf der Erde,“ murmelte er nachdenklich. Nach diesen Einblicken in thailändisch – buddhistische Kultur trank er noch ein Bier, stand auf, bezahlte, verabschiedete sich von dem Fremden und der Kellnerin, und trollte sich in Richtung Hotel.

Lupini wird aktiv

Währenddessen hatte sich Staatssekretär Lupini ausführlich Gedanken gemacht, wie er den ungeheuerlichen Vorwürfen gegen Polizisten auf den Grund gehen könne.

Nach einem informellen Gespräch mit dem Polizeipräsidenten von Bangkok stand die Vorgehensweise in groben Umrissen fest.

Man hatte sich folgendermassen verständigt:

Es würde ein Sonderermittlungsteam aus drei jungen, integeren Polizisten gegründet. Diese Polizisten würden mit umfangreichen Sondervollmachten ausgestattet.

Sie sollten vor Ort in Trat den Vorwürfen nachgehen, wobei sie auf keinerlei alte Seilschaften oder Freundschaften Rücksicht nehmen sollten.

Um keinen Verdacht zu erregen, würden sie mit einer normalen Versetzungsorder dort erscheinen.

In Trat würde niemand, aber auch niemand, über ihren Auftrag informiert werden, um den Erfolg nicht zu gefährden.

Als Mitglieder wurden drei Polizisten ausgewählt, die gerade erfolgreich die Polizeiakademie absolviert hatten. Alle drei hatten davor fünf Jahre normalen Polizeidienst in Bangkok absolviert, sodass sie auch schon in der Praxis ihre Erfahrungen gesammelt hatten.

Am gleichen Abend wurde in einem Restaurant in der Nähe des Königspalastes ein Treffen zwischen dem Staatssekretär, dem Polizeipräsidenten und dem neu aufgestellten Team von Sonderermittlern, den Polizisten Taksini, Abhesat und Kasikorn vereinbart.

Sie wurden über alle Facetten ihres Sonderauftrages informiert.

Der nächste Tag wurde als Termin für die Versetzung anberaumt.

Alles ging sehr eilig vonstatten, aber Herr Lupini hatte auf schnellem Einsatz bestanden, da er der Meinung war, dass die besten Erfolgsaussichten nur bei absoluter Geheimhaltung gegeben waren. Durch lange Planungen und Vorbereitungszeiten sollten sie nicht wegen möglicher Undichtigkeiten im Polizeiapparat geschmälert werden.

***

Am Morgen des sechsten Februar hatte Christian vom Ekamai Bus Terminal den Bus nach Trat genommen. Er hatte die grosse Flasche kühlen Chang Bieres geöffnet, die er an einem der zahlreichen Verkaufsstände erworben hatte, und einen tiefen Zug getan. Er legte sich in seinen bequemen Halb-Liegesitz zurück und schaute aus dem Fenster auf den wilden Strassenverkehr.

Beim zweiten langen Zug war die hübsche, uniformierte Busbegleitern, die gerade auf ihrem Weg durch den langen Bus war, neben ihm stehen geblieben. Sie sah ihn streng an, und sagte: „No Whisky, no Whisky!“

Der Neffe setzte die Flasche ab und sagte grinsend zu ihr: „It’s no Whisky, only beer. You also go Ko Chang?“

Die Begleiterin sah ihn seltsam fragend an. Dann kramte sie in ihrer Umhängetasche.

Sie zog eine weisse Plastiktüte hervor, langte dann nach des Neffen Bierflasche, und steckte die Flasche in die Tüte. Dann gab sie dem Neffen die in der Tüte steckende Flasche wieder zurück, und meinte grinsend: „Now no whisky!“.

Der Neffe musste ebenfalls grinsen. Er bot der Dame einen Schluck aus der immer noch kühlen Flasche an, die aber dankend lächelnd ablehnte. „Me no Whisky“, sagte sie und setzte ihren Weg durch den Bus fort.

Im Trat Bus Terminal war er dann mit einem Sammeltaxi zur Fähre gefahren und hatte nach Ko Chang übergesetzt.

Er checkte wieder im Cliff Palace Resort bei John Brenner ein, und legte sich zuerst mal an den Pool.

Dort gesellte sich bald Gerhards Freundin Oy zu ihm. Sie fragte, was er erreicht habe. Er sagte: „Es sieht gut aus, ich war auch bei der Botschaft in Bangkok. Die werden helfen.“

Sie war sehr besorgt, und hatte für sich um einen Besuchstermin nachgesucht. Der war ihr verweigert worden.

Darauf rief der Neffe mit seinem Handy den Anwalt Kittisac an, und bat ihn, bald einen Besuchstermin für Oy und ihn selbst im Gefängnis zu beantragen.

Herr Kittisac rief nach einer Stunde zurück, und teilte ihm mit, dass er zwei Tage warten müsse. Aber dann gäbe es gleich zwei Termine – einen für ihn, und einen für Oy.

Nun war also Erholung angesagt. Bis Übermorgen!

Inkognito

Am Nachmittag trafen ebenfalls die Polizisten Taksini, Abhesat und Kasikorn in Trat ein. Sie bezogen Quartier in der örtlichen Polizeikaserne, wo sie von den wenigen, dort wohnenden Polizisten freundlich begrüsst wurden.

Am folgenden Tag traten sie ihren Dienst an.

Die Herren Taksini und Abhesat begannen bei der Polizei in Trat, Herr Kasikorn bei der Border-Control am 80 km entfernten Grenzübergang bei Haad Lek.

Im Prinzip begrüsste man die Neuzugänge. Besonders genehm wurde die Verstärkung im Polizeihauptquartier in Trat empfunden, da man unter akuter Personalnot litt.

Schon vor drei und zwei Jahren waren in Trat je ein Polizist aus dem aktiven Polizeidienst ausgeschieden. Im Innenministerium in Bangkok war umgehend Ersatz angefordert worden.

Aber neue Leute waren nie gekommen. Von der Immigration Station von Haad Lek war ebenfalls Verstärkung angefordert worden, da der Touristenzustrom aus Kambodscha laufend grösser wurde.

Die Schlangen der auf ihre Visumabfertigung Wartenden reichte in Stosszeiten bis an die kambodschanische Grenze zurück.

Die neuen Polizisten machten sich schnell bei den Kollegen bekannt und luden für den Folgeabend zu einem geselligen Einstandsabend ein.

Herr Taksini und Herr Abhesat hatten ihre 18 Kollegen aus Trat zu einem Hot-Pot Essen ins einzige chinesische Restaurant von Trat eingeladen. Zusätzlich luden sie auch die Leute von der Border Control ein, da zwischen beiden Posten enge Beziehungen bestanden.

Zusätzlich war ja auch am Vortage der Beamte Kasikorn neu eingetroffen, den die Beiden, wie sie immer wieder betonten, von ihrer Ausbildungszeit her bestens kannten. Nach dem Essen ging man gemeinsam ins ‚Blue-Flower Entertainment Center' von Trat, wo der Abend bei gemeinsamem Karaoke-Vergnügen mit Damenbegleitung gegen zwei Uhr morgens seinen feucht- fröhlichen Abschluss fand.

Es wurde viel erzählt und getrunken, wobei die drei Neuankömmlinge es geschickt verstanden, dann und wann in der schummerigen Atmosphäre von den gemeinsam zu trinkenden Schnäpsen etliche in den überall stehenden Blumenkübeln zu versenken.

Man war nicht zum Spass in die tiefe Provinz versetzt worden, sondern hatte einen Auftrag zu erfüllen, der nach den Andeutungen des Polizeipräsidenten einen entscheidenden Karrieresprung bedeuten konnte.

Beim gemeinsamen Pinkeln verabredeten sich die drei Ermittler Kasikorn, Taksini und Abhesat für den übernächsten Tag, einen Sonntag, auf der Insel Ko Chang im Chon Buri Resort um zehn Uhr morgens.

Angenehmes Ambiente

Es war eine herrliche Umgebung hier. Das Resort Chon Buri lag am White Sand Beach, dem grössten und schönsten Strand der Insel.

Die Herren Taksini und Abhesat waren schon am Vorabend angereist und hatten hier übernachtet, zu für seriöse thailändische Polizisten kaum bezahlbaren Preisen.

Aber hatte der Polizeipräsident nicht gesagt: „Sie haben freie Hand, auch beim Geldausgeben brauchen sie im Rahmen des Notwendigen keine Hemmungen haben. Schliesslich steht das Ansehen unseres Landes auf dem Spiel“

Es war sinnvoll, den Ort eines konspirativen Treffen vorher auszukundschaften. Nur Herr Kasikorn hatte wegen der Preise Hemmungen gehabt und war nach der Übernachtung in Trat mit der zweiten Morgenfähre auf die Insel gekommen.

So sassen sie nun beim Tee auf der weitläufigen Terrasse der Anlage und genossen den Blick aufs Meer, das sich im schönsten Pastellblau präsentierte.

Als erster brach Herr Taksini das bewundernde Schweigen.

“Leute, der Kollege Bam ist nicht richtig glücklich über die Entlastung durch uns. Als er gegen Ende des gemeinsamen Abends auf der Toilette war, meinte einer der Kollegen: „Der ist sauer, weil es jetzt auch einen Neuen beim Immigration-Checkpoint gibt. Dann wird er wohl nicht mehr als Aushilfe dort eingesetzt. Der hat sich immer ein dickes Zubrot dort verdient mit den Ausländern. Sein Chef, der dicke Herr Sanong, ist ebenfalls unzufrieden, weil er immer was von Bam abbekommen hatte.“

Ermittler Abhesat bestätigte: „Das stimmte tatsächlich. Herr Sanong wird sich jetzt selbst zum Schalterfenster begeben müssen, falls er zukünftig noch von den „Spenden oder Trinkgeldern“ der Ausländer profitieren wollte.“

„Dieses ist“, erwiderte Herr Kasikorn, „für die Provinz nichts ungewöhnliches. Wir wissen alle, wie mies Beamte bezahlt werden. Ein wenig Aufbesserung ist ja auch nichts Schlimmes!“

„Ich habe,“ meldete sich Herr Abhesat zu Wort: „mir mal den Papierkram im Hauptquartier angeschaut. Seltsam ist, dass die Anzahl der Ausbrüche aus den Zellen seit zwei Jahren stetig zugenommen hat. Ich war auch in ein paar Zellen: Die Schlösser sind zwar alt, aber alle schnappen wunderbar ein, wenn man die Türen zudrückt. Und diese sind auch noch richtig solide gebaut. Von innen kann man an die Schlösser gar nicht heran.

Ausserdem habe ich gesehen, dass der Polizist Tong einen neuen Pick Up, und seine Frau einen neuen Toyota fährt, obwohl sie nicht arbeitet. Der Familie scheint es ungewöhnlich gut zu gehen. Sie bewohnt einen Bungalow im teuersten Vorort von Trat. Unverständlich, wie die sich so was leisten können! Das sollte man auf jeden Fall im Auge behalten.“

Noch einmal meldete sich Herr Taksini zu Worte: „So ähnlich sieht es auch bei Herrn Rung aus. Er fährt zwei neuere Autos und ein ganz dickes Suzuki- Motorrad. Und der Sohn besucht ein teures Internat in Soukothai. Von einem normalen Polizistengehalt könnten sie sich das nie leisten“

„Das sind viele Anhaltspunkte, die viele Fragen aufwerfen“, sagte Herr Kasikorn. „Das alles weist auf Unregelmässigkeiten grossen Ausmasses hin. Das Problem in meinen Augen ist, dass wir nun als Kollegen hier bekannt sind. Wenn wie zu viele Fragen stellen, machen wir uns verdächtig. Wir brauchen mehr Beweise. Was haltet ihr davon, wenn ich den Staatssekretär Lupini anrufe, und ihm vorschlage, dass er zwei oder drei zusätzliche Leute, als Zivilisten getarnt, herschickt, die sich in die Ermittlungen einschalten, aber unbedingt undercover. Die beiden Anderen stimmten nach kurzer Beratung, ob man ihn überhaupt an einem Sonntag belästigen dürfe, zu.

Kurze Zeit später rief Herr Kasikorn den Staatssekreterär auf dessen privater Handy-Telefonnummer an.

Der hohe Beamte hatte ausdrücklich angeordnet, ihn nicht auf dem Festnetz seiner Dienststelle anzurufen, aber privat jederzeit, wenn es ihrer Meinung nach wichtig wäre ...

***

„Guten Tag Herr Staatssekretär“ begann Herr Kasikorn, “ich möchte ihnen kurz Bericht erstatten.“

Der Staatssekretär, der gerade beim Golfspielen war, entschuldigte sich bei seinen Mitspielern, suchte sich einen stillen Platz, und hörte sich den kurzen Bericht des Polizisten an.

„Interessant, interessant, gute Arbeit, da sollte man nachhaken.

Besser noch als zwei Polizisten in Zivil dürften zwei Mitarbeiter des Inlandsgeheimdienstes sein. Sie haben leichter Zugang zu allen Personalunterlagen, auch zum Zentralregister der Polizei, zur Einwohnermeldekartei, halt zu allem. Sie sind geübt, die unmöglichsten Sachen herauszufinden. Sobald ich das in die Wege geleitet habe, hören sie von mir.”

Als Herr Kasikorn das seinen Kollegen berichtetet hatte, hatten die Polizisten ein sehr gutes Gefühl. Die Angelegenheit wurde tatsächlich wirklich sehr wichtig genommen und ganz hoch angesiedelt. Und sie waren dabei. Das erfüllte sie mit grossem Stolz, und Herr Kasikorn bestellte eine Flasche echten Champagner, mit dem sie auf den Staatssekretär anstiessen. Danach gingen sie hinunter an das Meer, und genehmigten sich für den Rest des Tages Erholung an einem schattigen Plätzchen am weitläufigen Sandstrand.

Der Inlandsgeheimdienst greift ein

Am Vormittag des zwölften Februar trafen in Trat zwei unauffällige Herren ein.

Es waren die Herren Muang und Soy vom Inlandsgeheimdienst SWAT. Sie waren am Vortag vom Innenstaatssekretär Lupini persönlich gebrieft worden.

Er hatte sie mehrmals auf die absolute Vertraulichkeit hingewiesen. Auf dem Flug hatten sie sich nochmals das Vernehmungsprotokoll der Untersuchung gegen den Deutschen im Gefängnis durchgelesen und sich alle Einzelheiten eingeprägt.

Am Abend trafen sie ausserhalb von Trat mit den Herren Abhasat, Taksini und Kasikorn zusammen und liessen sich über deren neueste Erkenntnisse informieren.

Herr Muang meinte: „Also gut. Der dicke Leiter der Border Control, Herr Sanong, fällt zunächst aus dem Kreis der Verdächtigen weg. Vielleicht hat er ein paar Nebeneinnahmen, aber das ist ja nicht unbedingt ein Verbrechen. Wir wissen alle, wie niedrig die Gehälter hier sind. Damit kann man sich später befassen. Er hat die Anzahl der Mitarbeiter nicht absichtlich klein gehalten, um den Polizisten Tong öfter anfordern zu können, um dann an dessen Trinkgeldern zu partizipieren. Er hat tatsächlich schon vor zwei Jahren einen Antrag auf Personalverstärkung beim Gouverneur gestellt. Dieser hat diesen Antrag dann auch ordnungsgemäss nach Bangkok weitergeleitet. Wie so oft ist dieser Antrag dann wohl in irgendeiner Schreibtischschublade liegengeblieben.

Was die sprunghafte Zunahme der Ausbrüche aus dem Gefängnis angeht, auch da ist der Polizeipräsident von Trat aus dem Schneider. Er hat tatsächlich Gelder für neue Schlösser beantragt. Warum daraus nichts geworden ist, sollte in Bangkok geklärt werden. Ich denke, man sollte wieder eine Innenrevision in diversen Amtsstuben in Bangkok durchführen, damit die Schlampereien eingeschränkt werden. Ganz wird sich das wohl nie ausmerzen lassen. Ich werde das in meinem Abschlussbericht erwähnen. Aber das betrifft nicht unseren aktuellen Fall.

Dass Erfolgsprämien ausgelobt wurden für die Ergreifung von Entlaufenen und für das Auffinden von Rauschgift, ist sogar positiv zu bewerten.

Es fallen aber zunächst vier seltsame Dinge auf.

Erstens: zum beschlagnahmten Rauschgift. Herr Frings hat angegeben, er habe ein kleines Päckchen mitgebracht. Daraus sind dann drei Kilogramm geworden. Wenn die Aussage des Deutschen stimmt, und davon sollen wir ja nun ausgehen, stellen sich die Fragen: Wo kam die Übermenge her? Wer steckt dahinter? Zweitens: Herr Taksini hat sich im Gefängnis die Schlösser angeschaut. Sie sind alt, aber sie funktionieren. Wenn die Schlösser zugeschnappt und abgesperrt sind, können die Türen unmöglich von innen geöffnet werden. Wie konnten also die Gefangenen entweichen – von aufgesägten oder herausgerissenen Fenstergitterstäben ist nichts bekannt."

Er sah zu Taksini. „Richtig?"

Der nickte zustimmend.

„Die Anzahl der Entflohenen und seltsamerweise wieder kurz darauf Gefassten hat seit Einführung des Prämiensystems sprunghaft zugenommen."

„Zum dritten Punkt: Herr Frings hat bei seinem Verhör angegeben, der Immigration Officer, dem er sich offenbart habe, habe eine Brille getragen. Die sonstige Beschreibung war unbrauchbar, aber das wissen wir ja, dass Ausländer Probleme haben, von uns Asiaten genaue Beschreibungen zu erstellen. Aber er bestand auf der Brille. Und Kollege Kasikorn, der zur Border Control versetzt wurde, hat keinen Brillenträger dort gesehen. Es gibt dort keinen. Aber der Polizist Tong hier in Trat, der manchmal aushilfsweise bei der Border Control beschäftigt ist, trägt ab und zu eine Brille."

Herr Muang liess die Worte seines Berichtes wirken. Er sah sich triumphierend im Kreis um. Viertens: wie kam der Polizist Rung, der Herrn Frings im Busbahnhof in Trat verhaftet hat, darauf, dass dieser ein Schmuggler ist. Von wem hat er einen Tip bekommen? Aus Kambodscha? Unmöglich! An Intuition glaube ich nicht!

Wir sollten uns die Herren Tong und Rung etwas genauer unter die Lupe nehmen."

Nun übernahm Herr Soy das Wort und sagte, zu den drei Polizisten gewandt: Ich würde vorschlagen, Sie drei halten weiterhin Augen und Ohren offen. Wir sollten uns jeden Abend treffen, und uns gegenseitig über den neuesten Stand unterrichten. Wir beleuchten etwas das Umfeld der Herren Tong und Rung und.."

Herr Taksini unterbrach ihn: „Noch etwas, vielleicht wichtiges: Uns ist aufgefallen, dass einige der Polizisten einen sehr grossspurigen Lebensstil führen. Grosse neue Autos, einer hat sogar zwei, einer fährt zusätzlich ein schweres Motorrad – zwei wohnen in Einfamilienhäusern in der teuersten Gegend von Trat. Mit dem normalen Polizistengehalt kann sich niemand das leisten. Es sind die Beiden, von denen eben die Rede war, und auch der Polizist Bam. Die leben alle über ihre Verhältnisse. Die drei sind bestens befreundet, gehen mittags zusammen zum Mittagessen und treffen sich auch laufend privat zum Karaoke. Wenn sie schon Leute überprüfen, sollten sie auch an Bam denken."

Herr Soy machte sich kurz Notizen; dann verabschiedete man sich.

Gefängnisroutine

Er sass immer noch im Gefängnis. Manchmal dachte er, er hätte sich an den Trott gewöhnt. Er hatte seinen festen Rhythmus gefunden.

Allerdings verlor er immer wieder den Überblick über das Datum. Wenn Besuch kam, war seine erste Frage immer die nach Wochentag und Datum.

Schon zweimal hatte er begonnen, Striche für die Tage zu machen, wie er es mal in einem Knastfilm gesehen hatte.

Aber immer wieder vergass er am dritten oder vierten Tag die nötigen Striche zu machen.

Glücklicherweise ging seine Uhr noch; Hinkebein hatte sie nicht bekommen, und das auch akzeptiert.

Seine Freundin Oy hatte ihm gekochte Maiskolben mitgebracht, die eine angenehme Abwechselung beim Essen waren.

Allerdings hatte er die Hälfte davon gegen Zigaretten getauscht, so dass er nun abends vor dem Schlafen immer eine Zigarette rauchen konnte.

Zusätzlich hatte sie einem Wärter Geld gegeben, so dass dieser ihm einen Tag später vier Bücher brachte. Er war bass erstaunt, obwohl eines davon die Bibel war und ein anderes ein russisches Buch mit kyrillischen Buchstaben. Er versuchte dem Wärter klar zu machen, dass er damit nichts anfangen könne – das scheiterte aber an Verständnisschwierigkeiten.

So las er abwechselnd, um den Lesegenuss zu strecken, je zehn Seiten in den beiden englischen Büchern. Eines davon war ein Biologie-Schulbuch, das andere war eine Malfibel mit Erläuterungen. Den Abschluss bildeten zehn Seiten in der Bibel.

Das Russenbuch hob er sorgfältig auf. Vielleicht würde es als Tauschobjekt zum Einsatz kommen.

Möglicherweise bekäme er ja irgendwann einen russischen Mitgefangenen. Wieder eine vage Hoffnung, an die er sich klammern konnte!

Nach ein paar Tagen hatte er wieder Besuch von Herrn Kellermann, der ihm stolz ein neues ‚Survival Kit' überreichte.

„Das habe ich für sie loseisen können. Machen sie sich nur keine allzu grossen Sorgen; wir arbeiten an ihrem Fall, und nicht nur wir.

Mehr kann ich ihnen nicht verraten, nur soviel, dass sie nicht vergessen sind. Sie werden auch bald nach Bangkok verlegt, allerdings kann ich nicht sagen, wann."

Damit verabschiedete er sich schon wieder.

***

Zwei oder drei Tage danach war ein neuer Anwalt gekommen, der ihm erklärte, dass er Herrn Kittisac vertrete, der verhindert sei. Seine Kanzlei würde sich eifrig auf den Prozess vorbereiten.

In wenigen Tagen würde zusätzlich ein christlicher Priester vorbeischauen. Das sei gut für die Seele.

Gerhard dankte ihm, und der Anwalt verliess ebenfalls wieder schnellstens die Zelle, wohl auch fürchtend, dass er eine Dose Deodorant verbrauchen musste, um den Gestank aus diesem Trakt wieder loszuwerden, den der Deutsche selbst kaum noch wahrnahm.

***

Die folgenden beiden Tage hatten die Herren Muang und Soy damit verbracht, verdeckt Informationen über die Polizisten Bam, Rung und Tong einzuholen. Sie durchforsteten alle Dateien, sowohl die öffentlich, als auch die nicht öffentlich zugänglichen Sammlungen.

Davon gibt es eine grosse Zahl in Thailand, wo die Sammelwut der Behörden, sämtlicher Institutionen, aber auch privater Organisationen und von Wirtschaftsunternehmen, ähnlich wie in anderen Staaten wuchert, und nicht von Datenschützern eingeschränkt ist.

So wussten nach zwei Tagen die Beiden alles, was jemals über die Verdächtigen irgendwo gespeichert worden war.

Bei den Herren Taksini, Abhesat und Kasikorn hatte sich währenddessen nichts wesentlich Neues ergeben; aber sie hielten weiterhin Augen und Ohren offen.

***

Nach zwei Tagen des Durchforstens von Dateien, waren die Herren Muang und Soy mit ihren Nachforschungen fertig.

Sie wussten alles, von Steuererklärungen, Versicherungen, Verwandtschaftsbeziehungen, bis hin zu persönlichen Daten wie Telefonrechnungen, Stromrechnungen, Krankenhausaufenthalten und dergleichen.

Sie wussten alles, was irgendwo irgendwann über die drei Polizisten gesammelt und gespeichert war.

Sie hatten sich darauf geeinigt, getrennt vorzugehen. Muang würde sich um das Umfeld von Herrn Rung kümmern, Soy würde das von Herrn Tong ausleuchten. Den dritten, Herrn Bam, knöpften sie sich gemeinsam vor.

In Phuket im Hafen

Im Fischerei- und Handelshafen von Phuket herrschte wie immer rund um die Uhr geschäftiges, aber trotzdem relaxes Treiben.

Im Nutten- und Barviertel direkt in der Hauptzufahrt sassen die Damen gelangweilt auf den Bänken neben den Eingangstüren. Die als Dächer dienenden rostigen Wellblechplatten waren bis zu einem Meter über die Vorderwände hinausgezogen und spendeten Schatten. Ab und zu leierten müde alte Ventilatoren und verwirbelten die heisse Luft mit den mannigfaltigen Gerüchen der vielen kleinen Geschäfte und Bars.

Es roch nach Urin, Gewürzen und fauligem Fisch. Ein heruntergekommener Hafen wie tausend andere eben, hier 1‘000 Kilometer nördlich des Äquators.

Manche der Damen schliefen im Sitzen; nur wenige hatten sich ins Innere der Hütten, wegen der hohen Temperaturen dort, zurückgezogen.

Überall auf den Strassen und Gehwegen lag Unrat; streunende Hunde durchwühlten den Müll nach irgendetwas Fressbarem.

Moped-Taxis, aber auch Fahrradrikschas und Tuk-Tuks beherrschten das Strassenbild. Die Armut hier war greifbar wie die Lethargie, im Gegensatz zu den nur vier Kilometer entfernten Hochhäusern am nördlich und südlich gelegenem Traumstrand.

Es war eine andere Welt!

Überwiegend Fischerboote, aber auch kleinere Küstenfrachter lagen an den Kais.

Im südlichen Teil lagen auf grossen freien Flächen hunderte von Fischernetzen mit Maschen aller Grössen, die von Frauen und Männern überprüft und geflickt wurden.

Möwen, Tauben und Raben sassen in grossen Scharen überall dazwischen, und balgten sich lautstark um in den Maschen verfangene Fischkadaver. Sie schafften es, unter lautstarkem Gekrächze und Einsatz ihrer kräftigen Schnäbel, die ebenfalls alles Fressbare suchenden Hunde und Katzen zu vertreiben. Dies war das Revier der Hafenvögel.

An der hochgelassenen Eingangsschranke zum inneren Hafenrevier standen zwei leere Plastikstühle. Die Kontrolleure waren überwiegend abwesend. Hier gab es so gut wie nichts zu kontrollieren, obwohl der hintere Teil der Piers zum Zollbereich gehörte.

***

Ganz anders ging es im nördlichen Teil des weitläufigen Hafens zu. Hier waren die internationalen Container- und Stückgutterminals angesiedelt.

Es war der südlichste Port of Entry Thailands. Er war streng von Zoll, Polizei und Militär überwacht. Hier kamen Schiffe jeder Grösse und Art an. Es waren Schiffe aus aller Herren Länder.

Die überwiegende Anzahl kam aus der VR-China. Riesige 44 Fuss Container mit Billigwaren chinesischen Ursprungs wurden entladen.

Gruppen von Seeleuten betraten und verliessen dieses Gelände, hier waren die Personenkontrollen schärfer.

Unter den Seeleuten, die das überwachte Areal verliessen, befand sich an diesem Tag eine Gruppe von vier Thailändern, die nach ihren Papieren Seeleute eines zypriotischen Containerfrachters namens SEA-SOFIA V waren. Keiner der Immigration Officers nahm sich die Zeit, die Pässe Seite für Seite durchzublättern, sonst wären vielleicht

Ein- und Ausreisestempel von Pakistan aufgefallen.

Aber bei stündlich etwa 1'000 Abfertigungen war das kein Wunder. Die vier Thailänder aus der Provinz Nara Thivat waren sechs Monate vorher in Pakistan eingereist, und von Mittelsmännern direkt nach Afghanistan weitergeschleust worden. Im afghanischen Hochland wurden sie in ein Ausbildungslager eingewiesen, wo sie in Terror- und Kampftechniken eingeführt wurden. Einer der vier Männer, der 19 Jährige Nob Wattaya, hatte sich von Anfang an geweigert, sich in Nahkampftechniken ausbilden zu lassen. Der schmächtige junge Mann war seit seiner frühen Kindheit allen Prügeleien und Rangeleien aus dem Wege gegangen. Er hasste körperliche Auseinandersetzungen.

Sein Interesse war anderer Art. Pyrotechnik hatte ihn immer fasziniert.

So war es für ihn eine grosse Ehre, dass er schon mit 17 Jahren von Leuten in Pattani mitgenommen wurde, die selbst kleine Bomben bauten und damit Polizeistationen und Banken angriffen. Allerdings war die Wirkung dieser amateurhaft gefertigten Sprengkörper sehr gering.

***

Sechs Monate lang wurde er im abgelegenen Ausbildungslager, seinen Interessen entsprechend, im Bombenbau ausgebildet.

Seine zweite Vorliebe galt kleinen Raketen. Er hatte selbst schon einige gebaut, aber nicht eine hatte sich auch nur ein wenig in die Luft erhoben.

Manche explodierten am Boden, andere zündeten überhaupt nicht. So war sein zweiter Ausbildungsschwerpunkt im Camp Raketenbau.

Desgleichen wurde immer wieder an Attrappen der Einsatz gegen Fahrzeuge und gegen niedrig fliegende Hubschrauber und Flugzeuge geübt. Beim Bombenbau und Mineneinsatz galt er bald als Spezialist, ebenso wie beim zielgenauen Abfeuern von Raketen, Panzerfäusten und Mörsergranaten.

Als Höhepunkt und Ausbildungsabschluss wurde er im Einsatz von Stinger Boden-Luft-Raketen ausgebildet, von denen sich nach Aussage eines Ausbilders schon etliche in Südthailand befanden, beziehungsweise auf dem Weg dahin waren.

Am Ende seiner Ausbildung wurde er angewiesen, Kontakt zur National Moro-Front aufzunehmen, die zu den grössten in Südthailand operierenden Widerstandsorganisationen gehörte, und hauptsächlich in der Provinz Nara Thivat operierte.

Ihm wurde eine Adresse und eine Telefonnummer in Tak Bai genannt, die er auswendig lernen musste. Desgleichen hatte er das Codewort Krue Sae erhalten, das zur Kontaktaufnahme mit den Leuten der NFA dienen würde.

Dieses Codewort würde er nie vergessen, denn es war der Name der heiligsten Moschee in Thailand.

Dieses uralte Gotteshaus war vor vier Jahren von Polizei und Militär gestürmt und beschädigt worden.

Diese Untat würden Thailands Muslime nie vergessen. Nob Wattaya, würde diese Schande rächen, auch wenn er dabei sein eigenes Leben verlöre. Er hatte nach PLO-Vorbild einen Kampfnamen angenommen. Er würde sich in Zukunft Abu Sia nennen.

Nach Beendigung ihrer Ausbildung hatten sich die vier wieder zurück auf den Weg nach Thailand gemacht.

Sie hatten in Karatschi auf besagtem zypriotischem Containerschiff, der SEA-SOFIA V, angeheuert, und waren in Phuket angekommen.

Dieses Containerschiff beförderte laut Frachtpapieren Textilien für Thailand. In Thailand war es schon seit einiger Zeit nicht mehr lohnend, billige Massenware wie T-Shirts, Hemden und Hosen herzustellen.

Herr Muang ermittelt: Volltreffer

Es klingelte. Es klingelte noch einmal.

Frau Wu Lo Koy seufzte. Sie stand auf, drehte den Fernseher leise, und ging zur Eingangstür der kleinen Wohnung.

Wahrscheinlich die Frau Sakorn vom Stockwerk oben drüber, die sich mal wieder etwas ausleihen wollte. Wahrscheinlich wieder Eier.

Sie wollte immer irgendwas leihen, und brachte es immer erst dann zurück, wenn Frau Wu Lo sie daran erinnerte. Frau Sakorn nahm an, Frau Wu Lo sei wohlhabend, weil ihr Mann Lehrer war und oft in seiner weissen Dienstuniform nach Hause kam.

Herr Sakorn, ihr Mann, war leider nur beim städtischen Reinigungsdienst beschäftigt, und sein Gehalt reichte hinten und vorne nicht aus.

Frau Wu Lo liess der Frau Sakorn gerne ihren Glauben, und fühlte sich überlegen, weil ihr Mann tatsächlich Lehrer war. Dass sein Lehrergehalt das Salär von Herrn Sakorn nur gering überstieg, verbitterte sie oft. Sie verschwieg es aber gegenüber Frau Sakorn.

Denn Frau Wu Lo verschaffte es jedes Mal etwas Genugtuung, wenn Frau Sakorn anmerkte, dass die Koys viel reicher seien als ihr Mann und sie. Sie liess sie gerne in diesem Glauben.

So ging sie zuerst in die kleine Küche, nahm zwei Eier in die rechte Hand und öffnete die Tür.

Aber da stand nicht, wie erwartet, Frau Sakorn, sondern ein fremder Herr in dunkelblauem Anzug, hellblauem Hemd und dunkelblauer Krawatte.

Er blickte sie freundlich an und sagte mit sympathischer Stimme: „Sind sie Frau Wu Lo Koy?" Er strahlte sie an.

Unwillkürlich fasste sich Frau Wu Lo an ihre Haare. Der letzte Friseurbesuch lag zwei Wochen zurück – sie sah sicher grässlich aus! Aber was soll's!

Sie antwortete mit fester Stimme: „Das steht doch unten an der Klingel"

Der Herr war bestimmt nicht älter als 35 Jahre und sah blendend aus; der Anzug war bestimmt auch nicht billig gewesen.

Unter den Arm hatte er eine Aktentasche geklemmt.

„Können sie mir ein paar Minuten ihrer kostbaren Zeit opfern?", fragte er.

Sie machte eine einladende Handbewegung und führte ihn in das kleine Wohnzimmer, wo der Fernseher noch lief. Sie bot ihm einen Sitzplatz auf dem Sofa an und legte die Eier, die sie immer noch in der Hand hielt, vor sich auf den Tisch.

„Darf ich mich vorstellen. Mein Name ist Singha, wie das Bier, ha, ha."

Nun lachte sie auch.

„Frau Wu Lo, ich komme in einer äusserst wichtigen und dringenden Angelegenheit. Ich habe festgestellt, dass sie und ihr Mann keinen zusätzlichen Versicherungsschutz haben. Das ist heute wichtiger denn je.

Ihr Vater hatte seine ganze Familie bei uns versichert – ich komme übrigens von der AIG-Versicherung – aber nachdem er ja leider vor 13 Jahren verstorben ist, geniessen sie und ihre Schwester keinen zusätzlichen Versicherungsschutz mehr.

Gewiss, ihr Mann ist Beamter, aber die Beamtenversicherung deckt nur die Mindestrisiken des täglichen Lebens ab. Stellen sie sich mal vor, sie fallen vom Moped und verlieren auch nur drei Zähne. Dafür kommt die Beamtenversicherung nicht auf.

Drei neue Zähne kosten heute über 8‘000 Baht, mehr als ein Monatsgehalt ihres Mannes. Wollen sie so aussehen?“

Er zog fünf Fotos aus seiner Aktentasche, auf denen fünf Frauen ohne Vorderzähne zu sehen waren.

„Sie sind doch noch jung und attraktiv! Die Versicherung, die ich ihnen jetzt hier anbieten möchte, kostet nur 600 Baht im Monat! Und sie würde ihnen die verlorenen Zähne komplett ersetzen, und sie sähen wieder genau so gut aus wie heute Und ihr Mann wäre auch genauso gut versichert, ein Komplettpaket sozusagen! Ha, Ha.“

Frau Wu Lo lächelte geschmeichelt.

Wenn nur solche Besucher öfter kommen würden!

Aber dann sagte sie mit trauriger Stimme: „Ja, das wäre toll, aber dafür würde das Gehalt meines Mannes nie ausreichen. Er ist zwar Lehrer, aber das Geld ist einfach zu knapp.“

Jetzt schüttete sie ihm ihr Herz aus. Er war ja auch so nett und gut aussehend!

„Er ist ein guter Mann, aber er ist überhaupt nicht geschäftstüchtig. Er kann sogar Englisch sprechen, lesen und schreiben, und er hilft seinen Freunden immer, wenn sie etwas übersetzt haben wollen. Aber meistens bekommt er nur ganz wenig Geld für seine Arbeit.

Am ärgerlichsten ist, wenn Leute mit viel Geld etwas übersetzen lassen. Die zahlen nämlich am wenigsten oder gar nichts! Wie zum Beispiel mein Bruder. Darf ich ihnen einen Tee anbieten. Sie sind bestimmt schon lange unterwegs.“

Ohne eine Antwort abzuwarten, stand sie auf und eilte in die Küche.

Vielleicht bleibt er noch etwas, obwohl ich ihm keine Versicherung abkaufen kann.

Sie kam mit Tee und zwei Teeschälchen zurück. Er sass tatsächlich noch auf dem Sofa.

***

Herr Muang musste innerlich grinsen. Das Auftreten als Versicherungsagent war seine Lieblingsrolle. Er wusste um sein Aussehen, das ihm vor allem bei Damen mittleren Alters fast immer Tür und Herz öffnete.

Mal gespannt, was die zu erzählen hat, sie ist ja immerhin die Schwester von dem Polizisten Rung.

Er begann dann: „Ihr Bruder ist also reich und zahlt nicht gerne. Das kenne ich aus meiner eigenen Familie. Mein ältester Bruder hat sich von meinem Vater dessen grosses Grundstück in Chantaburi überschreiben lassen, und diesem versprochen, dass es nach seinem Tode unter seinen drei Geschwistern und ihm zu gleichen Teilen aufgeteilt werden würde. Als unser Vater dann tot war, wusste mein Bruder nichts mehr von seinem Versprechen –er besitzt das ganze Grundstück heute noch allein. Was ist denn ihr Bruder von Beruf?“, fragte Herr Muang.

„Er ist Polizist. Aber er ist dumm, und hat immer die Schule geschwänzt. Immer, wenn er was Englisches zu übersetzen hat, kommt er damit zu meinem Mann. Erst letzte Woche hat mein Mann ihm wieder was übersetzt, aber mein Bruder hat ihm dafür wieder keinen Baht bezahlt; mein Mann ist so dumm. Und es war so dringend, dass mein Bruder meinen Mann extra aus seinem Unterricht geholt hat. Er hätte vorher kassieren sollen, und wenn es so dringend war, hätte mein Bruder auch sicher etwas mehr bezahlt. Aber mein Mann ist so dumm, was Geld angeht; und immer hilfsbereit. Wenn ich dann mit meinem Mann schimpfe, dass er zu gutmütig ist, sagt er immer: „Das ist Familie; innerhalb der Familie muss man sich helfen“ Aber etwas mehr Geld zusätzlich können wir wirklich brauchen.“

Mitfühlend sagte darauf Herr Muang: „Vielleicht kann ich Ihnen helfen weil ihr Bruder Polizist ist. Mein Onkel ist nämlich stellvertretender Polizeipräsident von Trat. Wenn der ihrem Bruder ins Gewissen reden würde… Mein Onkel ist Polizist mit Leib und Seele, und das Ansehen der Polizei liegt ihm ganz besonders am Herzen. Was war das denn für eine Übersetzung?“

„Das weiss ich nicht, ich kann kein englisch lesen, nur etwas englisch sprechen. Aber warten sie mal, vielleicht ist das Schreiben ja noch da. Denn als ich am Tag danach das Jackett meines Mannes aufgebügelt habe, war in der Tasche ein Schreiben in englischer Sprache – ich habe es aufgehoben, weil ich dachte, vielleicht braucht mein Mann es noch. Ich werfe nie was weg. Wenn es noch da ist, liegt es da, wo ich es hingetan habe, nämlich im Schreibtisch meines Mannes."

Sie stand auf, und ging zum Schreibtisch links in der Zimmerecke.

Sie kramte kurz in der obersten Schublade und rief: „Da ist es ja noch! Zeigen sie das ruhig ihrem Onkel, er soll meinem Bruder mal die Leviten lesen. Von wegen Familie…!"

Herr Muang hielt das Schreiben in den Händen und las es zweimal durch. Da stand es schwarz auf weiss: ‚ ATTENTION, PLEASE, CAUTION I Must Speak With You Inside Your OFFICE, May Be, I Have DRUGS In My LUGGAGE. PLEASE Ask Me To Come Into Your Office!'

Bingo, Volltreffer, und das beim ersten Gespräch! Also war die Aussage des Deutschen tatsächlich wahr!

„Frau Wu Lo, kann ich das mitnehmen, für meinen Onkel?"

„Von mir aus, wenn's hilft! Der soll meinem Bruder wirklich mal Benehmen beibringen."

Herr Muang, alias Singha, faltete das Papier zusammen. Er steckte es in seine Brusttasche, und sagte: „ Ich denke, dass mein Onkel mit ihrem Bruder reden wird, denn das Ansehen der Polizei liegt ihm wirklich am Herzen, und das ist ein ausgesprochen schäbiges Verhalten. Aber jetzt muss ich leider gehen – schade, dass sie keine Zusatzversicherung wollen. Mein Job ist schwierig, und ich muss mir lange die Hacken ablaufen, um einen neuen Vertrag unter Dach und Fach zu bekommen."

Frau Wo Lu nickte verständnisvoll, obwohl sie traurig war, dass der nette Herr Singha schon gehen musste. Sie geleitete ihn zur Tür, wo er sich freundlich verabschiedete. Kaum war sie wieder am Fernseher, klingelte es schon wieder. Erfreut eilte sie zur Tür.

Er kommt zurück!

Sie öffnete, und… draussen stand Frau Sakorn.

„Schönen guten Tag, Frau Nachbarin, können sie mir zufällig mit zwei Eiern aushelfen"?

„Nein", kreischte Frau Wu Lo, und knallte die Tür zu.

***

Die Soi 14 in der Sukhumvit Road in Trat gehört zu den besten Wohngegenden der Provinzhauptstadt.
Hier goss gegen Mittag desselben Tages Frau Ming ihre neugepflanzten Bougainvillea Sträucher. Es war in der letzten Zeit sehr trocken gewesen, und sie wollte unbedingt vermeiden, dass die Pflanzen, wie letztes Mal, wieder eingingen. Sie schaute zufällig auf die Strasse, und sah ein Auto mit Zulassungsnummer aus Bangkok im Schritt-Tempo vorbeifahren.

Da bekommt wohl jemand Besuch aus der Hauptstadt.

Nach fünf Minuten kam das Auto wieder zurück, wieder im Schritt-Tempo. Nach weiteren zehn Minuten, fuhr das Auto wieder im Schritt-Tempo vorbei. Sie schaute dem Wagen hinterher. Nach 200 Metern bremste das Auto, wendete und fuhr langsam wieder zurück in ihre Richtung.

Der sucht wohl jemanden.

Sie ging zum Eingangstor, um eventuell Auskunft zu geben. Sie wohnte schon lange hier, und kannte alle Leute in der Strasse.

Als sie gerade den Bürgersteig erreicht hatte, war das Auto in Höhe des Hauses. Am Steuer erkannte sie einen einzelnen Mann, dem sie freundlich zuwinkte, um ihm bei seiner offensichtlichen Suche behilflich zu sein.

Als er sie kommen sah, bremste er nicht, sondern schaute stur geradeaus. Er beschleunigte den Wagen und fuhr mit normaler Geschwindigkeit weiter.

Am Ausgang der Seitenstrasse setzte er den Blinker, bog in die Sukhumvit Road ein und verschwand.

Sie schaute ihm kopfschüttelnd hinterher. Dann ging sie wieder in den Vorgarten zurück, um mit dem Blumengiessen weiterzumachen.

Nach zehn Minuten ertönten draussen Schritte auf dem Pflaster. Frau Bam kam vom Einkaufen zurück.

„Hallo, Frau Nachbarin“, grüsste sie.

Frau Ming grüsste zurück, und ging auf das Eingangstor zu.

„Also Frau Bam, ich muss ihnen da was erzählen. Vorhin fuhr ein paar Mal ein Auto aus Bangkok hier an unseren Häusern vorbei – im

Schritt-Tempo. Als ob der Fahrer ein bestimmtes Haus suchte. Und als ich dann an die Strasse ging, um ihm bei der Suche zu helfen, hat er beschleunigt, und ist verschwunden. Ihr Mann ist doch Polizist, erzählen sie ihm mal davon. Ich habe neulich im Fernsehen in der Serie: ‚Die Polizei hilft' einen Beitrag über Einbrecher gesehen, und wie sie ihre Untaten vorbereiten. Sie fahren zuerst an den Häusern, wo sie einbrechen wollen, vorbei, und spähen die Häuser aus. Hier in der Gegend ist zwar schon lange nichts mehr passiert, aber der vorhin könnte so ein schlechter Mensch gewesen sein."

„Ein fremdes Auto aus Bangkok?"

„Ja, aus Bangkok. Das hier ist eine gute Wohngegend, und es würde sich wahrscheinlich schon lohnen, hier einzubrechen. Wenn ich nur an mein teures Chinesisches Porzellan denke. Auf jeden Fall werde ich in Zukunft abends immer überprüfen, ob alle Fenster und Türen abgeschlossen sind. Das würde ich ihnen auch raten, als Vorsichtsmassnahme, auch wenn ihr Mann bei der Polizei ist. Aber er ist ja auch nicht immer zu Hause."

„Nett, Frau Ming, dass sie mir das erzählen. Ja, wir sollten vielleicht mehr aufpassen. Und meinem Mann werde ich auf jeden Fall Bescheid sagen. Jetzt muss ich aber nach Hause, Essen kochen. Auf Wiedersehen!" sagte Frau Bam.

***

Als am späten Nachmittag ihr Mann müde nach Hause kam, sah seine Frau Koy ihn triumphierend an. Sie sagte: „Jetzt habe ich mich mal eingeschaltet."

Fragend sah er sie an. „Wo, und wie meinst du das überhaupt?", fragte er gelangweilt. „Na, ich habe dem Neffen vom stellvertretenden Polizeipräsidenten von deinem schlechten Bruder erzählt, der die Leute immer nur ausnutzt!

Der Herr Singha, das ist der Neffe, von der AIG Versicherung, wird seinem Onkel davon erzählen. Und er hat mir zugesichert, dass sein Onkel mit deinem sauberen Bruder mal Klartext reden wird. So benimmt man sich nicht, und dem Onkel vom Herrn Singha liegt das Ansehen der Polizei sehr am Herzen".

„Na ja, wenn du meinst, dass das was bringt, herzlichen Glückwunsch“

Mit diesen Worten zog er sich die Schuhe aus und ging ins Wohnzimmer, um sich vor den Fernseher zu legen. Er wollte jetzt zuerst mal seine Ruhe haben: die frechen Schüler hatten ihn heute wieder genervt.

Enttäuscht von der Reaktion, oder besser, der Nichtreaktion ihres Mannes, zog sich Frau Wu Lo in die Küche zurück. Aber dann nahm sie ihr Telefon in die Hand und wählte die Nummer ihres Bruders.

„Guten Tag, na, hat der Herr“ – sie kam ins Stocken, sie wusste nicht, wie der stellvertretende Polizeipräsident hiess.

„Na, hat dein stellvertretender Chef schon mit dir geredet?“

„Wer?“

„Na, der Onkel vom Herrn Singha.“

„Wovon redest du überhaupt?“.

„Na, dann mach’ dich mal auf was gefasst. Ich habe heute mit seinem Neffen, dem Herrn Singha, geredet, und er hat mir zugesichert, dass sein Onkel dir die Leviten lesen wird. Du Geizkragen!“

„Welcher Onkel, und von wem?“

„Ha, ha, du wirst schon sehen. Der Neffe vom stellvertretenden Polizeipräsidenten, der Herr Singha, war heute bei mir, und ich habe ihm erzählt, was für ein Mensch du bist. Und er wollte den Zettel sehen, den mein Mann für dich übersetzt hat – als du ihn neulich aus dem Unterricht gerufen hast – und du hast ihm wieder keinen Baht dafür gegeben.“

Triumphierend fügte sie hinzu: „In deiner Haut möchte ich nicht stecken, dann mach’ dich morgen mal auf was gefasst.“

„Wovon faselst du überhaupt, verrücktes Weib? Es gibt schon seit neun Jahren keinen stellvertretenden Polizeipräsidenten in Trat mehr, die haben damals die Stelle gestrichen.“

„Aber der Neffe war hier, und hat sich das Schreiben zeigen lassen, das neulich mein Mann für dich übersetzt hat. Er hat es mitgenommen, um es seinem Onkel zu zeigen.“

„Du spinnst“, schrie Herr Rung aufgebracht, und knallte den Telefonhörer auf die Gabel.

Er setzte sich wieder ins Wohnzimmer. Doch dann kam er ins Grübeln.

Was war denn da nun wieder los?

Ohne Grund hatte seine Schwester nicht angerufen. Er gab zwar keinen stellvertretenden Polizeipräsidenten in Trat. Und seine Schwester war eine dumme Kuh.

Aber irgendwer war offensichtlich bei ihr gewesen und hatte sich mit ihr über ihn unterhalten. Und sie hatte ihm das Schreiben gezeigt. Aber welches Schreiben?

Plötzlich lief es ihm eiskalt den Rücken herunter. Das Fax, das Kollege Tong ihm geschickt hatte. In der damaligen Eile hatte er es nicht mehr mitgenommen.

Da stand drauf, dass der Fremde den Drogenfund melden wollte. Wenn das in die falschen Hände gefallen war!

Panik machte sich in ihm breit. Seit letzte Woche wurde im Revier von internen Ermittlungen gemunkelt. Aber keiner wusste was Genaues. Wenn das damit zu tun hatte…?

Er nahm den Telefonhörer zur Hand und wählte die Nummer seines Freundes Bam.

Misstrauen breitet sich aus

Das Telefon klingelte. Herr Bam hob den Hörer ab. Es war Kollege Rung.

„Guten Tag, wie ist es? Ich muss dir etwas erzählen“, begann Herr Rung. „Es ist eine seltsame Sache.

Heute war ein Fremder bei meiner Schwester. Er sagte, er wäre von der AIG Versicherung, und der Neffe des Vize- Polizeipräsidenten von Trat“.

„So ein Quatsch, diese Stelle gibt es doch gar nicht mehr, schon lange nicht mehr.“

„Das ist es ja, und meine dumme Schwester hat ihm das Fax gegeben, das mein Schwager übersetzt hatte, Du weisst schon, das Schreiben, das der Fremde mir gegeben hat. Das, in dem er schreibt, dass er Drogen untergeschoben bekommen hat.“

„Wieso hast du es denn nicht vernichtet, du dummer Kerl! Wenn das in die falschen Hände kommt, sind wir geliefert, wir alle drei“.

„Ich war damals so in Eile, dass ich das Schreiben ganz vergessen habe“

„Hmm, Hmmm. Jetzt muss ich dir aber auch etwas Seltsames erzählen“, sagte Herr Bam. „Da hat heute vielleicht jemand unsere Häuser hier ausspioniert. Vielleicht war es ja wirklich Zufall, oder auch ein Einbrecher. Nur die Zulassungsnummer des Wagens war aus Bangkok. Und Einbrecher aus Bangkok verirren sich kaum in unsere Gegend.

Und dann die Sache mit dem Fax. Und die Gerüchte im Hauptquartier über eine Sonderermittlung! Das alles ist sehr seltsam, das macht mich nervös! Wir sollten uns heute Abend treffen, zusammen mit dem Tong und besprechen, was zu tun ist!“

„Einverstanden, ich rufe gleich den Kollegen Tong an – 20.00 Uhr wie immer?“ fragte Herr Rung.

„Ja, das geht in Ordnung.“ Er legte den Hörer auf.

Treffen der Ermittler

Am selben Abend, ebenfalls um 20.00 Uhr, fand noch ein zweites verschwiegenes Treffen statt.

Ausserhalb der Stadt, in einem kleinen Ort namens Ao Sapparot trafen sich die SWAT Männer Muang und Soy mit den Sondermittlern Abhesat, Taksini und Kasikorn.

Hier waren sie ungestört, hier kannte sie niemand.

Bei den drei Sonderermittlern hatte sich nicht viel getan, nur berichteten sie übereinstimmend, dass gerüchteweise darüber gesprochen werde, es seien Sonderermittlungen aufgenommen worden.

Wer das Gerücht in die Welt gesetzt hatte, wusste niemand, doch es hatte direkt und schnell die Runde gemacht. Vielleicht ein Leck?

Woher das Gerücht kam, konnten sie nicht sagen. Wenn es eine undichte Stelle gegeben hatte, hiess das, es sei nötig, die Ermittlungen zu beschleunigen. Das war allen klar.

Dann berichtete Herr Soy: „Das Haus von Herrn Bam müsstet ihr euch mal anschauen, das kann sich kein Polizist von seinem Gehalt leisten. Die beste Wohngegend von Tat und alles neu. Irgendetwas stimmt nicht mit dem“

Schliesslich sorgte Herr Muang für den Clou.

Er zog ein Schreiben aus seiner Brusttasche und las triumphierend laut vor: „Attention, please, caution. I must speak with you inside your office, May be, I have drugs in my luggage. Please ask me to come into your office!”

Dann liess er das Scheiben in der Runde zirkulieren. Als alle es gelesen hatten, und sie konnten alle Englisch lesen und schreiben, machte sich Gemurmel breit.

Herr Muang berichtete: „Das stammt von der Schwester von Herrn Rung, der hat es von seinem Schwager übersetzen lassen. Dieser Rung kann wohl kaum Englisch. Es beweist eindeutig, dass der Ausländer die Wahrheit gesagt hat.“

„Dann sollten wir das Trio verhaften!“, sagte Herr Kasikorn. „Langsam, langsam,“ sagte Herr Soy, der Bedächtigere von den Polizisten. „Bisher haben wir nur den Beweis gegen Herrn Rung, gegen die anderen beiden noch nichts. Natürlich können wir Herrn Rung verhaften und verhören, aber wenn er nicht auspackt und die Wahrheit über die beiden Anderen sagt, haben wir gegen die nichts in der Hand. Wir müssen uns auf die beiden Anderen konzentrieren“.

Das leuchtete allen ein.

„Aber wir müssen schnell sein. Denkt an die undichte Stelle“, bemerkte Herr Kasikorn.

Die Anderen stimmten zu. Dann verteilten sie unter sich die Ermittlungsschwerpunkte für die nächsten zwei Tage.

Die offene Tür

Heute Nachmittag hatte er das Biologiebuch an die Wand geworfen. Es war zum Verzweifeln. Jetzt war er sogar noch zum Spezialisten für Giraffen geworden. Ein ganzes Kapitel war Giraffen gewidmet, aber Giraffen interessieren ihn überhaupt nicht, leider.

Er fragte sich, ob er wohl jetzt langsam durchdrehen würde.

Und dann die Bibel. Seit einem Tage merkte er, dass er langsam wieder aggressiver wurde. Dabei hatte er gedacht, er habe sich inzwischen an den Trott im Knast gewöhnt!

Er lag auf seiner Pritsche und starrte die Decke an. Zählte die Moskitos dort. Er kam bis 27, dann brach er ab.

Wieder Schritte auf dem abendlichen Gang. Ein Polizist machte seinen abendlichen Rundgang. Er ging wie immer von Zelle zu Zelle, öffnete die Türe, schaute in die Zelle, zählte die Insassen, und trug die Anzahl in eine Liste ein.

Damit hatte man erst vor drei Tagen begonnen. Dann schnappte er die Tür wieder zu und schloss ab. Als er zu ihm kam, drehte er ihm nicht mal mehr den Kopf zu ihm, sondern überlegte, ob wohl eine Giraffe im Stehen schlief oder sich dazu hinlegte.

Darüber hatte im Buch bisher nichts gestanden. Wahrscheinlich im Stehen,vermutete er, weil es für so ein langes Viech wahrscheinlich sehr kompliziert ist, wieder aufzustehen.

Unwillkürlich musste er grinsen – solche Dinge gingen ihm hier durch den Kopf.

Es wurde langsam dunkel. Er musste noch mal pinkeln, und zündete sich seine Abendzigarette an.

***

„Stopp, was ist das?“

Er war plötzlich hellwach. Der Blick war über die Gitter zum Gang geschweift und bei der Gittertür hängengengeblieben.

Die Tür stand tatsächlich einen Spalt breit offen. Mit einem Ruck stand er auf und ging langsam zur Tür.

Sie war wirklich offen. Hatten die Wärter vergessen, sie einschnappen zu lassen, und nicht abgeschlossen?

Er griff ans Türgitter und drückte leicht dagegen – jetzt stand sie sperrangelweit offen.

Aus den Nachbarzellen sahen einige Insassen zu ihm herüber, aber keiner sagte etwas. Er trat auf den Gang hinaus. Am rechten Ende des Ganges war das Fenster angebracht. Zögerlich ging er dorthin, so leise wie möglich. Aus den Zellen, an denen er vorbeikam, kamen, wie auch vorhin, neugierige Blicke.

Aber kein Wort! Man beobachtete ihn. In der vorletzten Zelle, an der er vorbeikam, sass einer, der unmerklich den Kopf schüttelte. Er sah genauer hin – er sass wieder unbeweglich da wie vorher.

Wahrscheinlich hatte er sich ja getäuscht! Kein Wunder, bei diesem Zwielicht! Er erreichte die Stirnseite mit dem Fenster und sah hinaus. Zunächst ziemlich dunkel, aber nach etwa 20 Metern Strassenlaternen, die ein schwaches, gelbliches Licht von sich gaben. Er schaute zurück; auf dem Gang, hinter ihm, war niemand zu sehen. Er sah wieder aus dem Fenster; aussen waren keine Gitter angebracht. Vorsichtig legte er seine rechte Hand auf den Fenstergriff und drehte daran; es liess sich geräuschlos öffnen.

Er drückte an die Scheibe. Das Fenster schwang vollends auf. Er lehnte sich hinaus. Eine Wohltat – ein sanfter, warmer Wind strich vorbei. Er roch ganz leicht süsslich, wahrscheinlich Blumen. Das tat gut. Er holte tief Luft und blickte geradeaus, nach links, nach rechts. Wie angenehm!

So verharrte er ungefähr zehn Minuten. Wieder tief ausatmen, einatmen. Von der sauberen Luft konnte er nicht genug bekommen.

Er schaute nach unten: Von der Fensterbrüstung bis zum Boden, der im Dunklen lag, waren es höchstens vier Meter, oder sogar weniger. Sollte er hinausspringen? Er versuchte Einzelheiten am Boden zu erkennen. Verwilderte Sträucher.

Als er den Blick am Boden entlang nach rechts schweifen liess, war an der Ecke an der Wand ein leichtes Glimmen zu erkennen, das sofort wieder erlosch.

Er konzentrierte seinen Blick auf die Ecke – wieder Aufglimmen und Erlöschen. Offensichtlich rauchte da jemand eine Zigarette.

***

Er zog den Kopf wieder zurück. Nachdenklich griff er an den Fenstergriff und verschloss den Flügel. Er machte sich langsam und leise auf den Rückweg in Richtung seiner Zelle.

Obwohl, hier hätte er noch stundenlang stehen können, um die laue, saubere Nachtluft zu geniessen.

Da, als er wieder an der vorletzten Zelle vorbeikam, und nach links schaute, sah er im Dämmerlicht wieder eine Bewegung. Die gleiche

Bewegung wie vorhin. Wieder schüttelte der gleiche Insasse wie vorhin den Kopf, dreimal hintereinander, diesmal aber stärker.

Das war nicht zu übersehen gewesen. Er setzte seinen Weg fort, und ging in seine Zelle zurück. Die Tür allerdings zog er nicht ganz zu, so dass der Riegel nicht einschnappte.

Er legte sich wieder auf die Pritsche und genehmigte sich eine zweite Zigarette. Er war aufgeregt. Musste seine Gedanken ordnen.

Was tun? Inzwischen war es vollständig Nacht geworden.

Fieberhaft dachte er nach.

Ob sich solch eine Chance noch einmal ergeben wird?

Wohl kaum! Fünf aufregende Minuten, und ich wäre in Freiheit. Technisch wohl kein Problem. Ich könnte mich aus dem Fenster hängen. Dann wäre der Abstand zwischen Füssen und Boden nur noch 2,50 Meter. Dann einfach fallen lassen.

Sollte also kein grösseres Problem sein. Wenn da, wo ich aufkäme, nicht gerade eine Mistgabel oder dergleichen liegen sollte. Gut, ich könnte mir den Knöchel verstauchen. Ich könnte mich auch nach vorne abrollen lassen, wie Fallschirmjäger das tun. Und die Mistgabel? Aber dann? Ich hatte keinen Baht dabei, keinerlei Papiere. Wie weit würde ich kommen. Gut, ich könnte mich vielleicht, mit viel Glück, nach Bangkok durchschlagen. Zum Beispiel an einem Rastplatz auf einen Lkw-Anhänger krabbeln. Hobo auf Truck in Thailand! Klang gut! Und dann irgendwie zur deutschen Botschaft! Aber würden die mir helfen. Oder mich als entflohenen Sträfling an die Polizei ausliefern. Wahrscheinlich das Letztere. Und wenn mir jemand von draussen helfen wollte? Auf mich warten würde, mit Geld und Papieren? Aber wenn mir jemand den Weg in die Freiheit ebnen wollte, hätte er bestimmt vorher irgendwie versucht, Kontakt zu mir aufzunehmen und einen Fluchttermin vereinbart.

Hatte der Polizist absichtlich die Tür nicht geschlossen? War er bestochen worden, oder war das wirklich ein Versehen. Und was sollte das Kopfschütteln des Insassen in der vorletzten Zelle. Als ich auf dem Rückweg vom Fenster vorbeiging, hatte er eindeutig den Kopf geschüttelt. Ich konnte ihn nicht fragen. Wollte er mich warnen? Abhalten?

Er war ratlos.

Letztendlich, sagte er sich, wenn da ein Helfer von Draussen war, und er nicht käme, würde er wohl demnächst Kontakt zu ihm aufnehmen.

Oder war das vielleicht eine Chance, wie man sie nur einmal im Leben erhält? Die nie wieder kommen wird?

Oder war das vielleicht eine Falle? Aber wer hätte Interesse daran, ihn noch tiefer ins Unglück zu stürzen. Fragen über Fragen.

Er konnte sich nicht entscheiden.

Grübelte, grübelte.

Er stand wieder auf, ging zur Zellentür und zog sie kurz entschlossen zu.

Mit einem lauten Klick sprang der Riegel in das Schloss. Er legte sich wieder hin, und im Halbschlaf kamen Gedanken an eine frühere Fernsehserie:

Dr. Kimble auf der Flucht.

Dabei schlief er ganz ein, und hatte wirre Träume, aus denen er am Morgen schweissgebadet erwachte.

Hundeattacke

Wie gewöhnlich trafen sich die Polizisten Tong, Rung und Bam zum Mittagessen in ihrem Stammrestaurant unweit des Reviers. Es herrschte gedrückte Stimmung. Keiner ass.

Bam ergriff das Wort: „Gestern Abend hat es nicht geklappt. Rung hatte die Zelle offengelassen, und ich habe bis fünf Uhr morgens auf den Fremden gewartet. Er hat einmal aus dem Fenster geschaut. Ich dachte, jetzt kommt er. Aber er ist wieder verschwunden."

„Und du hättest ihn wirklich abgeknallt?", fragte Tong.

„Sicher, das wäre das Beste für uns drei gewesen, glaubt es mir. Wenn man tatsächlich gegen uns ermittelt, und der einzige Belastungszeuge ist auf der Flucht erschossen worden, wäre die ganze Sache mit Sicherheit als erledigt abgehakt worden; glaubt es mir. Es wäre zu schön gewesen, wenn es geklappt hätte.

Wir sollten uns was Neues einfallen lassen... Ausserdem habe ich aus Bangkok gehört, der Ausländer habe einen Neffen, der die Vorgeschichte in Kambodscha aufgeklärt habe. Der könnte uns auch gefährlich werden. Der soll in Ko Chang wohnen. Das ist der, der ihn schon zweimal hier besucht hat. Ein grosser Kerl mit blonden Haaren. Aber darüber sollten wir heute Abend reden. Acht Uhr, wie immer?“

Die anderen beiden nickten zustimmend. Alle standen auf, gingen zurück zur Arbeit!

***

Seit vier Tagen war Christian nun schon auf der Insel.

Vor zwei Tagen hätte er spätestens wieder nach Deutschland zurückfliegen müssen. Er hatte sich schon überlegt, welche Ausreden er seinen Vorgesetzten auftischen könne, um zu erklären, warum er nicht rechtzeitig an seinem Arbeitsplatz erscheinen könne.

Aber dann war ihm ein Zwischenfall zu Hilfe gekommen.

Bei seinem abendlichen Spaziergang war er ins ‚Su Along Guesthouse' gegangen, um dort zu Abend zu essen. Er kannte dessen Chef, einen Deutschen. Er hatte ihm in Deutschland vor einiger Zeit einen guten Job besorgt, weil dessen Einnahmen aus seiner Herberge nie ganz zum Leben reichten.

Dessen schwarzer Hund ‚Cola' hatte ihn gebissen. Er kannte diesen Hund von früheren Besuchen; er hatte oft mit ihm gespielt. Als er an besagtem Abend das auf einer leichten Anhöhe gelegene Anwesen besuchte, hatte ‚Cola' am Boden gelegen und geschlafen.

Christoph war zu ihm hin gegangen. Er hatte „Na, alter Freund" gemurmelt und ihm übers Fell gestrichen. Der Hund war erschrocken, wie ein Blitz, aufgesprungen, und hatte um sich gebissen. Er hatte Chris an der Hand erwischt und kräftig zugebissen. Es blutete etwas, er bekam ein Pflaster und den Rat, sich am nächsten Tag zum Krankenhaus zu gehen, um sich eine Spritze gegen Wundstarrkrampf geben zu lassen.

Am nächsten Morgen fuhr er auch ins Krankenhaus, die örtliche Klinik des ‚Bangkok Hospital' Konzerns. Dort wurde die Wunde gereinigt, und er bekam insgesamt acht Spritzen. Er müsse am nächsten Morgen unbedingt wiederkommen, um nachzuschauen, und den Verband zu wechseln, meinte die behandelnde Ärztin. Für diese Behandlung musste er 48'000 Baht bezahlen.

Viel Geld, dachte er, teurer als eine Chefarztbehandlung in Deutschland. Aber da er eine Auslands-Krankenversicherung hatte, störte ihn der hohe Preis nicht. Er fühlte sich etwas benommen, wahrscheinlich wegen der vielen Spritzen.

***

In der Folgenacht schlief Christoph Frings wegen der Schmerzen in der Hand sehr wenig. Entsprechend schlecht sah er am nächsten Morgen aus, als er wieder bei der behandelnden Ärztin, einer sehr netten und attraktiven Frau, erschien.

Die Ärztin mass seine Temperatur, und stellte fest, dass er etwas Fieber hatte. Einer plötzlichen Eingebung folgend, fragte er die Ärztin, ob sie nicht denke, dass er wegen des Fiebers in der Klinik bleiben solle. Sie stimmte sofort zu.

Die ‚Bangkok Hospital' Klinik gehört zu einer grossen Aktiengesellschaft, die gewinnorientiert arbeitet. Daher war die Klinikleitung interessiert daran, Ausländer, die gut zahlten, möglichst lange im Haus zu Halten.

Er schloss mit der Ärztin ein Agreement: Sie stellte ihm ein Attest über Flugunfähigkeit wegen akuter Fieberschübe aus, dafür blieb er bis zur Morgenvisite im Krankenhaus Er habe abends gegen 23 Uhr wieder dort zu erscheinen. Er würde offiziell als in stationärer Behandlung befindlich geführt.

Dieses Attest faxte er noch von der Klinik aus an seine Firma, von wo umgehend Genesungswünsche zurückkamen. Dann kündigte er sein Zimmer im Cliff Resort und zog offiziell im Krankenhaus ein. Jetzt würde er sogar noch Geld sparen, denn seine Versicherung würde die Krankenhauskosten ebenfalls übernehmen.

Nach einer Woche stellte die Ärztin gerne ein neues Attest für die kommende Woche aus. Als Diagnose war nun ein Verdacht auf ‚Dengue Fieber' angegeben. Gegen diese ‚Krankheit' erhielt er jeden Tag zwei Vitaminspritzen.

***

Einmal in der Woche erhielt Christoph eine Besuchserlaubnis im Gefängnis in Trat. Bei seinem letzten Besuch hatte Gerhard dem Neffen vom Vorfall mit der offenen Zellentür berichtet.

„Ich hätte mühelos abhauen können, nur wohin, ohne Geld und ohne Papiere? Wie weit wäre ich wohl gekommen?“

Der Neffe meinte: „Ich habe inzwischen hier gute Kontakte zur Polizei, die sind voll dran an deiner Sache. Sie glauben inzwischen deine Story.“

„Und warum lassen sie mich hier nicht raus?“, kam Gerhards Frage.

„Die wollen die Schuldigen und ihre Hintermänner schnappen, haben aber noch nicht genügend Beweise in der Hand. Du musst dich noch etwas gedulden“

„Bis der Faden irgendwann reisst, und ich hier durchdrehe. Ich weiss nicht, wie lange ich das noch durchhalten kann.“ Ihm standen die Tränen in den Augen.

„Das, was ich dir eben erzählt habe, hätte ich gar nicht weitergeben dürfen. Aber die sind selbst ungeheuer dran interessiert, die Sache aufzudecken. Das dauert noch etwas. Aber soviel ich gehört habe, sieht die Sache gut aus für dich. Siehst du, ich bin ja auch hier geblieben; an sich müsste ich schon zurück sein.“

Er hob die verbundene Hand hoch und grinste: „Der Hund vom Thomas auf dem Berg hat mich gebissen. Nicht weiter schlimm, aber ich habe Atteste in Hülle und Fülle. Also auch keine Probleme, wenn ich nicht bei der Arbeit antrete. Ich bin flugunfähig geschrieben, Onkel.“

„Das Ganze wegen eines Hundesbisses?“

„Wegen eines Hundebisses,“ bestätigte Chris.

***

Chris fuhr fort „Ich gehe jetzt abends woanders hin. Ich habe etwas Neues gefunden. Da ist eine Kneipe oberhalb vom Cliff Resort, 100 Meter auf der anderen Strassenseite, der Inhaber heisst Karsten Wiegand, und ist aus Wiesbaden.“

„Ja, den Laden kenne ich auch, da ist alles korrekt, und seine Leute sind noch richtig freundlich, so wie früher halt. Wenn man eine

Flasche Whisky dort bestellt, und am nächsten Tag weitertrinkt, bekommt man noch mal Eis und Zitrone dazu, ohne extra dafür zahlen zu müssen. Und man kann für lau seine Computer benutzen; Internet for Free, da kriegen viele Thais Bauchweh, besonders die, welche gewohnt sind, für jede Kleinigkeit abzukassieren. Obwohl viele sich angewöhnt haben, wegen der Insellage eine besondere Zulage zu kassieren . Der Service ist allerdings um keinen Deut gestiegen."

„Ja, Onkel, du hast Recht, der Karsten ist eine Ausnahme. Ich habe da auch schon ein paar Mal gegessen. Und er ist hoch intelligent. Man kann mit ihm sehr interessante Gespräche führen.

***

„Leider ging für viele die Entwicklung hier einfach viel zu schnell voran; für viele Thais und auch einige Weisse. Sie denken nur noch ans schnelle Geld. Viele sind hier so abschreckend kleinlich, oder einfach dumm. Wie in China oder bei den Negern: Short-Time-Thinking. Nur Money, Money, Money „Jetzt komm' ich mir aber auch langsam vor wie einer von den alten Männern, die dauernd jammern: Ja früher, da war alles besser!"

Übrigens: dieser Herr Kellermann von der Botschaft ist ausgesprochen rührig. Und er ist voll auf deiner Seite. Ich habe dir nicht alles gesagt, was ich weiss, denn ich habe dem Kellermann mein Wort gegeben, nicht darüber zu sprechen, aber sei beruhigt, da tut sich was.

Nicht nur der Kellermann steht auf deiner Seite, sondern auch ein paar ganz hohe Tiere in Bangkok. Also bleib cool alter Junge; ich kann nachvollziehen, wie du dich fühlen musst, aber alles wird gut."

Da inzwischen der Wärter schon dreimal ungeduldig an die Gitterstäbe geschlagen hatte, erhob sich Chris „Ich denke, ich sollte jetzt wirklich gehen, wir sehen uns beim nächstmöglichen Termin – wenn nicht hier, dann in Bangkok."

Am nächsten Tag bekam Gerhard, auf Veranlassung von Oy, sechs Bücher in englischer Sprache.

Es war immer schmerzlich, wenn sie ihn besuchte, und noch schmerzvoller war der Abschied.

Sie hatten gemeinsam viel Schönes unternommen und echte Zuneigung zueinander gewonnen.

Wenn sie ging, hatte sie Tränen in den Augen – er selbst auch. Sie pflegte dann zu sagen: „Don't cry, you're a man!".

Es fiel beiden schwer, in diesen Situationen Haltung zu bewahren.

***

Am Abend dieses Tages fanden zwei Treffen statt.

Das erste war das der Polizisten Tong, Rung und Bam. In ihrem verschwiegenen Karaoke-Raum machten die Drei ernste und nachdenkliche Gesichter.

Herr Bam ergriff das als Erster das Wort: „Wirklich schade, dass es mit der Flucht nicht geklappt hat. Wahrscheinlich wäre auch noch eine Prämie rausgesprungen. So ganz verstehe ich immer noch nicht, wieso der Fremde die Gelegenheit nicht ergriffen hat, zu fliehen."

Herr Rung antwortete: „Wie dem auch sei! Lasst uns nach vorne schauen. Ich würde sagen, der Fremde muss weg, und sein Neffe auch. Der weiss jetzt sicher zuviel, wenn er in Kambodscha war. Der könnte uns sehr gefährlich werden. Wer weiss, was er hier noch anstellt. Kambodschaner, die für wenig Geld jemanden beseitigen, gibt es in Trat und auf Ko Chang genug. Aber es wird kompliziert werden, jemanden ins Gefängnis einzuschleusen. Da geht keiner gerne freiwillig hin. Ich werde mal überlegen, wen ich da einschalten kann. Als Polizist kann ich unmöglich jemandem solch einen Auftrag geben. Wenn ich den Auftrag selbst geben würde, müsste ich den Täter danach auch selbst erschiessen. Das wären dann zu viele Tote hier. Das gäbe zuviel Aufsehen"

Herr Tong schlug vor: „ Was wäre, wenn man einen direkt aus Ko Kong kommen lassen würde?"

„Wenn der dann zurück nach Kambodscha will, und an der Grenze gefasst wird, gäbe es sicher auch ein Problem. Ihr wisst ja, dass die grüne Grenze im Moment scharf überwacht wird, von Grenzpolizei und Militär. Also ich denke, hier jemanden anheuern, danach erschiessen und verschwinden lassen, ist zwar auch nicht ganz einfach, aber das Vernünftigste.

Herr Tong lenkte ein: „Auf der Insel dürfte die zweite ‚Angelegenheit' einfacher werden als hier in der Stadt.

Also macht euch mal Gedanken, wie wir das alles schnell über die Bühne bringen."

Danach wollten die Drei sich noch etwas mit Karaoke die Zeit verreiben, doch schon nach vier Songs brachen sie ab.

Die rechte Stimmung wollte sich nicht einstellen, zu viele Probleme lagen noch vor ihnen. Sie machten sich nachdenklich auf den Heimweg.

Neues für Kellermann und Lupini

Das zweite Treffen dieses Abends fand ausserhalb von Trat statt. Christian hatte sich keinen Reim auf die Story mit der offenen Zellentür machen können. Vielleicht wollte man ja tatsächlich seinen Onkel in eine Falle locken; das war für ihn die einzig plausible Erklärung. So hatte er kurz entschlossen Herrn Kellermann in Bangkok angerufen, und ihm von dem Vorfall berichtet.

Herr Kellermann hatte nachdenklich gemeint: „Ja, ja, das ist plausibel; ihn erst abhauen lassen und dann auf der Flucht erschiessen. Dann würde kein Hahn mehr nach ihm krähen. Ich werde auf jeden Fall Herrn Lupini informieren; gut, dass sie mich angerufen haben".

Direkt nach diesem Telefongespräch informierte er den Staatssekretär, der besorgt antwortete: „Ich werde die Jungs da unten informieren, für alle Fälle." „Und haken sie bitte nach, was aus dem Verlegungsantrag ins Gefängnis nach Bangkok geworden ist." „Ich werde mich um beide Sachen kümmern, danke für ihre Information. Es sieht aus, als würde es jetzt langsam heiss."

Damit beendete der Staatssekretär das Gespräch. „Die Sache spitzt sich langsam zu," dachte er.

Er informierte direkt Herrn Muang. Herr Muang bat die anderen vier Kollegen zu einem Dringlichkeitstreffen nach Ao Sapparot in das verschwiegene Restaurant. Als sein SWAT- Kollege Soy und die Kollegen Abhesat, Taksini und Kasikorn eingetroffen waren, kam Herr Muang direkt zur Sache. „ Heute Nachmittag hat mich Staatssekretär Lupini angerufen. Er hat den Verdacht, dass man dem Ausländer Probleme machen will. Vergangene Nacht wurde seine Zelle nicht verschlossen – er hätte entkommen können.

Später wäre er mit Sicherheit wieder gefasst worden, das steht fest. Denn er hatte weder Geld noch Papiere bei sich, und auch als Ausländer in dreckigen Klamotten wäre er aufgefallen. Man hätte ihm ein zusätzliches Verfahren angehängt. Was aber meiner Meinung viel wahrscheinlicher ist: Man hätte ihn zuerst entkommen lassen, und dann auf der Flucht erschossen. Dann hätten wir wahrscheinlich unsere Ermittlungen hier abbrechen können"

Herr Taksini meinte: „ Ja, ich würde das auch so sehen. Man sollte dem Staatssekretär Lupini vorschlagen, einen Mann in der Nachbarzelle zu postieren, getarnt als normalen Häftling. Es würde etwas kompliziert, jemanden zu finden, aber es wäre gut! Nicht dass dem Ausländer wirklich noch was zustösst!"

„Und noch ein übriges: laut Wachbuch, das übrigens seit fünf Tagen wieder regelmässig geführt wird, hat der Polizist Rung gestern Abend wohl die Zelle offengelassen. Und das, obwohl im Wachbuch steht, dass alles ordnungsgemäss verschlossen war", merkte Herr Kasikorn an. „Und dass das Wachbuch wieder regelmässig geführt wird, zeigt die Nervosität hier. Geht wohl auf die Gerüchte zurück, die hier kursieren. Jetzt verhalten sich viele wieder vorschriftsmässig – keiner schlampt mehr wie früher.

Man sollte dem Staatssekretär vorschlagen, die beabsichtigte Verlegung zu forcieren. Ich denke, dass der Fremde in Bangkok besser aufgehoben ist."

Urlaub für Chris

Chris genoss die freien Tage auf der Insel Ko Chang.

Auf dem Plan für ihn standen: Viel schwimmen, und viel Bier trinken.

Er lernte etliche interessante Leute kennen, und fühlte sich rundum wohl. Obwohl, eine dunkle Wolke trübte immer wieder die Sonne seines Wohlempfindens – oft musste er an den Onkel denken, der immer noch im Knast sass.

Aber er hatte keinerlei Einflussmöglichkeiten, um die Ermittlungen zu beschleunigen.

„Hoffentlich hält er durch“, dachte er dann oft.

Abends speiste er inzwischen nur noch im ‚Meals and More' Restaurant von Karsten, das der Deutsche Karsten Wiegand führte.

Dieser setzte konsequent auf Qualität bei Speisen und Service, und hatte sich innerhalb der vier letzten Jahre einen guten Namen gemacht.

Vor wenigen Tagen hatte er den Internet-Provider gewechselt, und über den bezog er nun, sobald Bundesliga-Fussball kam, die aktuellen Spiele des Fernsehsenders ‚Premiere'. Ohne Zeitverschiebung.

In diesem Gasthaus hatte sich inzwischen eine kleine Fussball-Fangemeinde gebildet. Dies war der einzige Platz auf der ganzen Insel, wo ‚Premiere Live' angeboten wurde.

Darüber hinaus beherbergte diese gastliche Stätte eine kleine Reiseagentur mit sehr individuellem Service. Und als Bonbon bot Karsten seinen Gästen freien Internet-Zugang auf seinen Computern und für Gäste mit eigenem Laptop freie W-LAN Verbindung. Diese kleinen, zusätzlichen Gratisangebote sind für viele knickrige Thailänder und auch Ausländer undenkbar, viele verspürten anscheinend körperliche Schmerzen, wenn sie nur den Begriff ‚For Free' hören. Und falls die Gästezahlen sinken, besteht widersinnigerweise bei vielen Thailändern der Drang, die Preise zu erhöhen und die Essensportionen zu verkleinern.

Diese Grosszügigkeit, verbunden mit der hohen Speisequalität zu erschwinglichen Preisen, führte zu stetig steigender Gästezahl, unter denen sich langsam auch immer mehr Langzeiturlauber und Residenten befanden. Oft kam Karsten erst am frühen Morgen ins Bett. Er musste aber schon um acht Uhr morgens wieder auf der Matte stehen, weil dann die ersten Gäste zum Frühstück eintrudelten. Gäste oft, die in anderen Hotels logierten, und ihre Zimmer inklusive Frühstück gebucht hatten, aber ein anständiges Frühstück bevorzugten. Viele Hotels boten das inzwischen nicht mehr, und Nescafé ist nun auch nicht Jedermanns Sache.

Bei Karsten gab es immer frischen Kaffee aus der Kaffeemaschine und sogar knusprige Brötchen. Er war noch nicht dem Thailändischen ‚Laissez faire', oder ‚Cha Chaa' erlegen.

***

Allmählich freundete Chris sich mit Karsten an. Er wusste sehr viel über die tropische Insel und die Eigenarten der Einheimischen.

So kam es, dass Karsten Chris ab und zu zum Strand begleitete, wo sie das eine oder andere Bier zu sich nahmen und auch öfter schwimmen gingen, um sich von der inzwischen deutlich angestiegenen tropischen Hitze abzukühlen.

Meist gingen sie dann zur ‚Tapas Bar', einer Bar direkt am Strand unter grossen Bäumen, deren australischer Inhaber Greg sich selbst um das Wohl seiner Gäste bemühte. Ähnlich wie im ‚Meals and More' war das Bier hier immer kühl, die Toilette immer sauber, die Musik war nie zu laut und sensationell gut. Er bot auch ein paar Speisen an – nur wenige Gerichte, aber alle sehr gut und zu durchschnittlichen Preisen.

Die Bar war ein runder Holzbau. Links davon waren auf einem bühnenähnlichem Gestell vier Matten ausgebreitet, wo Thailänderinnen Massagen jeglicher Art anboten. Der Neffe liess sich in den folgenden Tagen dort öfter mal massieren, wenn er etliche Biere intus hatte. Regelmässig schlief er dann dabei ein, und seine Lieblingsmasseuse musste ihn jedes Mal wecken, wenn er sich umdrehen sollte, damit die andere Körperhälfte bearbeitet werden konnte. Wenn es ans Zahlen ging, musste sie ihn im Normalfall wieder wecken. Also ein echter Platz zum Wohlfühlen, Durchhängen und Erholen

Die Bar war trotz der allgegenwärtigen Flaute deutlich besser besucht als die meisten anderen Beach Bars; mal wieder ein Zeichen, dass Qualität sich besonders in schlechteren Zeiten bewähren kann. Vielleicht lag es aber auch daran, dass eine an sich hässliche Bedienung dort arbeitete, deren Geschlecht schwer einzuschätzen war. Lady-Boy oder Boy-Lady oder wie oder was. Jedenfalls rätselte jeder ausländische Kunde, welchem Geschlecht dieses Wesen wohl zugehörte.

Als Chris den Inhaber einfach mal danach fragte, antwortete dieser, er wisse es auch nicht. Allerdings wisse die Bedienung es auch nicht so genau: sie fühle sich mal so, mal so.

Mordanschlag auf Chris und Karsten

Dort in der Tapas Bar konnte man auch unbedenklich Kleidung und Rucksack auf einem Stuhl liegen lassen, wenn man mal Schwimmen ging – es war ein guter Platz.

Der gelbe Sandstrand vor der Bar wurde mehrmals täglich von den Blättern gereinigt, die von den grossen Hu Kwang Bäumen herabfielen. Diese Bäume waren auch eine der Attraktionen dieser Bar, denn sie boten von 10.00 Uhr vormittags bis gegen 17.00 Uhr nachmittags Schutz vor der sengenden Sonne.

Als sie an diesem Tag am späten Vormittag von dort zum Schwimmen ins Wasser gingen, ereignete es sich : Sie waren etwa 100 m weit vom Strand entfernt, noch in Stehtiefe, da der Strand am White Sand Beach nur sehr langsam abfällt. Hier war das Wasser ungefähr 1,70 Meter tief; und es war auch nicht mehr ganz so warm wie in Ufernähe. Etwas Erfrischung tat gut. Beide konnten bei einer Körperlänge von 1, 85 noch gut stehen. In dieser Bucht war Motorboot- und Wasserskooter fahren verboten. Sogar die an Thailands Badeküsten allgegenwärtigen Banana-Gummiboote und die Water-Paragliding-Touren' fehlten. Es gab lediglich einige Ausnahmen für Zubringerboote zu Ausflugschiffen.

***

Da bemerkten sie ein weisses Motorboot, das sich mit hoher Geschwindigkeit auf sie zu bewegte.

„Ich denke, Motorboote sind hier verboten", empörte sich Chris.

„Und so schnell – das ist höchstgefährlich, bei den vielen Schwimmern", pflichtete Karsten bei.

„Die haben wohl 'nen Riss in der Schüssel", bemerkte der Neffe lakonisch.

Keiner der Beiden dachte an etwas Böses, und das Boot hielt auch nicht direkt auf sie zu. Zehn Meter entfernt dürfte es bei seinem jetzigen Kurs an ihnen vorbeifahren.

Nun ereignete sich alles in Sekundenschnelle.

Karsten schrie: „Ach, du Scheisse“, und starrte auf das Boot, das den Kurs etwas geändert hatte, und nun direkt auf die Beiden zuhielt. Zwei Insassen waren zu erkennen, beide in roten T-Shirts, einer hinten am Aussenbordmotor, die rechte Hand am Steuer- und Gasdrehknauf; der andere sass vorne im Bug mit einem erhobenem Ruder in beiden Händen.

Chris war durch den Warnruf von Karsten alarmiert, und starrte ebenfalls auf das sich schnell nähernde Boot. Er schrie: „Abtauchen“; beide gingen blitzschnell in die Knie und verschwanden unter der Wasseroberfläche, nur Sekunden, bevor das Boot über sie hinwegbrauste.

Beide hörten unter Wasser das Schraubengeräusch, und sahen den Schatten des Bootes über sich hinweg huschen.

Sie tauchten Sekunden später wieder auf und schnappten nach Luft.

Sie schauten nach links, wo das Boot nun seine Geschwindigkeit verlangsamte.

„Die sind ja wahnsinnig“ rief Karsten laut, nachdem er tief Luft geholt hatte.

Es kam noch dicker.

Fünf Meter weiter verlangsamte der Mann am Steuergriff die Geschwindigkeit und drückte den Steuergriff des nun langsamer fahrenden Bootes in extreme Linksstellung.

Das Boot zog eine enge 370 Grad Rechtskurve, und als der Bug wieder in Richtung der Beiden zeigte, drehte er das Gas voll auf.

„Verdammt, die schnappen wir uns“, schrie der Neffe, dem inzwischen klar geworden war, dass beide sich in Lebensgefahr befanden.

„Wenn die nochmal kommen, hängen wir uns dran, sonst kommen wir hier nie raus, also mach gleich den Frosch!“

Das sah Karsten auch als einzigen Weg an, den Schlamassel zu überstehen, und nickte „OK“.

Sekunden später näherte sich das Boot wieder wie vorher, nur hatte es durch die Wende viel der ursprünglichen Geschwindigkeit eingebüsst.

Zwar gab der Mann am Motor wieder Vollgas, und der Bug zeigte genau auf die Köpfe der nebeneinander Stehenden, aber wie auf Kommando traten die Beiden, als das Boot nur noch einen Meter von ihnen entfernt war, fast synchron einen grossen Schritt zurück.

Sie hatten sich nicht abgesprochen, aber instinktiv richtig gehandelt.

Als sich die rechte Längsseite genau vor Ihnen befand, machten beide, wie auf Kommando, einen Satz nach oben und klammerten sich am Bootsrand, der sich 20 Zentimeter vor ihnen befand, fest.

Chris war vorn, und sah nach links, wo Karsten sich mit einem teuflischen Grinsen mit seinen langen Armen an der querstehenden Sitzbank festgekrallt hatte und Anstalten machte, sich in das Boot zu ziehen.

Das tat Christian ihm nach. Das Boot bekam bedenkliche Schlagseite nach Steuerbord.

Der Mann mit dem langen, schweren Holzruder, das er offenbar als Schlagstock benutzen wollte, verlor das Gleichgewicht. Er konnte sich nicht festhalten, da er das Ruder in beiden Händen hielt, und knallte mit seinem Kopf hart gegen die linke Bordkante. Er fiel ins Wasser.

Der Mann an der Ruderpinne hatte ebenfalls das Gleichgewicht verloren, lag am Boden und hielt sich krampfhaft am Gas- und Steuerhebel fest.

Karsten hatte sich ganz ins Boot gezogen.

Der Neffe stemmte sich ebenfalls über Bord und stürzte sich mit einem Schrei auf den Bootführer, der immer noch am Boden lag.

Er trat ihm mit aller Kraft an den Kopf.

Der Mann lag regungslos.

Karsten atmete tief ein, und sagte: „ Das hätte schief gehen können.“

Er reichte dem Neffen seine Rechte, die dieser lange schüttelte. Der meinte, zu Karsten gewandt, sobald er wieder bei Atem war: „Man kann nicht immer gewinnen. Aber manchmal doch“ und grinste Karsten an. Karsten kniete auf dem Boden und hämmerte wie beiläufig dem Bootsführer, als der sich wieder bewegte, mit der geballten Faust auf den Kopf.

Nachdem dieser endgültig wie Dornröschen schlief, und den Gas-Drehgriff losgelassen hatte, war der Aussenborder automatisch in die Leerlaufstufe zurückgekommen.

***

Der Mann, der über Bord gegangen war, war nicht mehr zu sehen. „Wohl abgesoffen." Chris hatte seinen Sarkasmus wiedergewonnen, als er Karsten bösartig angrinste.

Karsten zuckte mit den Schultern und meinte lapidar: „Die meisten Asiaten können nicht schwimmen."

Lediglich das lange Holzruder schwamm etwa fünf Meter entfernt auf dem Wasser.

Die Beiden blickten noch einmal im Kreis um sich herum; aber es war nichts von ihm zu sehen.

Der am Boden des Bootes Liegende war immer noch bewusstlos. Karsten tastete dessen Hosentaschen ab.

Er fand ein langes Messer, das er an sich nahm. Der Mann stellte, falls er zur Besinnung kommen sollte keine Gefahr mehr dar. Beide setzten sich nebeneinander auf die hintere Sitzbank.

Der Motor lief immer noch im Leerlauf.

Vorsichtig drehte der Neffe am Drehgriff, und der Motor drehte schneller. Das Boot nahm Fahrt auf; sie hielten langsam auf den Strand zu.

Nach ungefähr fünf Minuten setzte das Boot auf dem flachen Sandstrand vor ihrer Lieblingsbar auf.

Karsten und Chris bei der Polizei

Karsten zog den Bewusstlosen von Bord. Er wog höchstens fünfundfünfzig Kilogramm.

Er hob ihn sich auf die Schulter, und watete die letzten zehn Meter mit dem Mann auf dem Rücken durchs flache Wasser an Land. Christian zog inzwischen das Boot an der Bugleine auf's Trockene, und ging auf Karsten zu. „Was sollen wir mit dem Typen machen, Karsten?"

„Zur Polizei bringen."

Sie bahnten sich einen Weg durch die Schaulustigen am Strand, die eine grosse Traube gebildet hatten.

„Sorry, sorry", sagte Karsten immer wieder zu den Schaulustigen, die nur widerwillig den Weg frei machten.

Als sie fast die Strasse erreicht hatten, stand links ein kleiner Handwagen, mit dem Bedienstete einer der Bungalowanlagen Wäsche transportierten.

Karsten legte den Mann, der langsam wieder zu sich kam, und anfing, sich zu bewegen, vorsichtig in den kleinen Karren, und hielt ihm die geballte Faust vors Gesicht.

„Ein Mucks von dir, und ich schicke dich wieder ins Nirwana," sagte er grimmig auf Deutsch. Obwohl es eine fremde Sprache war, verstand der Mann in der Karre wegen der eindeutigen Geste genau, was jetzt gespielt wurde, und schloss das eine Auge, das er mittlerweile geöffnet hatte, wieder gänzlich.

Der Karren war klein, so baumelten seine beiden Beine über den Rand des Wagens.

Ungefähr 600 Meter weiter links lag das Polizeirevier von White Sand Beach.

Sie trabten vorwärts am Strassenrand entlang; Karsten vorne mit der Deichsel des Ziehwägelchens in der Hand, Chris hinterher, um den Insassen im Auge zu behalten.

Entgegenkommende Passanten, Thailänder wie Ausländer, staunten über die aus einem kleinen Wagen baumelnden menschlichen Beine. Viele blieben stehen, und begutachteten die vorbeiziehenden Weissen mit dem Karren und mit der seltsamen Fracht. Die meisten verlangsamten ihre Schritte und blieben stehen. Die Passanten unterhielten sich laut. Karsten sagte immer wieder: „We go Police, him Gangster"

Zwei Ausländer, die von der anderen Strassenseite herübergekommen waren, meinten: „Das Hospital ist in der anderen Richtung"

Chris antwortete: „Danke, aber Polizei kann ihn besser verarzten".

Sie wollten wissen, warum, aber Karsten war schon ein Stück weiter; so folgte Christian ihm schnell, ohne weitere Erläuterungen.

Die Ausländer blieben kopfschüttelnd stehen.

Inzwischen hatte sich eine grosse Gruppe aus thailändischen Kindern und Erwachsenen dem Wagen angeschlossen.

Einige Kinder liefen voraus und riefen andere Kinder herbei. Nach vielleicht zehn Minuten erreichte die Karawane, die immer weiter angewachsen war, das Polizeirevier, wo vier uniformierte Polizisten dem Umzug neugierig entgegensahen.

***

Keiner der Polizisten sprach Englisch.

Karsten hatte den Gangster aus dem Karren inzwischen herausgehoben, und auf die Füsse gestellt.

Er hielt ihn am Arm, den er ihm auf den Rücken gedreht hatte, eisern fest.

Der Fremde hatte endgültig alle Fluchtgedanken fallen lassen. Er war höchstens 1,60 Meter lang, und Karsten überragte ihn um fast zwei Kopfeslängen. Karsten hatte deutlich dickere Arme und längere Beine…

Der Neffe wandte sich direkt an einen der Polizisten: „Can you call the Tourist Police?“

Das Wort ‚Tourist Police’ brachte Bewegung in die Gruppe der Polizisten. Einer verstand offenbar, und verschwand in der Wache.

Wenige Momente später erschien eine weisse Limousine mit der grossflächigen, seitlichen Aufschrift ‚Tourist Police’.

Offenbar hatte einer der Polizisten schon direkt bei der Ankunft der beiden Fremden von sich aus diese Polizei alarmiert.

Zwei uniformierte Polizisten stiegen aus und baten die drei höflich auf Englisch ins Innere des Polizeireviers. Dort stellten sie sich vor als TPO Korn und TPO Kung.

Karsten hielt den Gangster immer noch im Polizeigriff fest, und bugsierte ihn auf einen der Stühle. Er setzte sich direkt neben ihn auf einen Stuhl und packte sein linkes Handgelenk, das er fest umschlossen vor sich auf den Tisch legte.

„Haben sie Handschellen für den da, Police Officer?“ Fragte Chris einen der beiden Touristenpolizisten.

„Er wollte uns mit seinem Boot umbringen, zusammen mit einem Anderen, der aber wahrscheinlich ertrunken ist.“

„Umbringen?“

„Ja, vorhin“.

Der Polizist stellte dem Gangster eine Frage, auf die er keine Antwort erhielt.

Er griff ihn am Arm und führte ihn zu einer von zwei vergitterten Zellen im hinteren Teil des Wachraums.

Einer der Revierpolizisten öffnete die Tür. Der Fremde wurde hineingeschoben, und die Tür verschlossen.

Der Neffe nickte Karsten zu, „Endlich alles unter Kontrolle.“

Es folgte ein Verhör durch die beiden Touristenpolizisten.

Die beiden Deutschen erzählten abwechselnd die Vorgänge der vergangenen Stunde.

Karsten legte das lange Messer, das er dem Bootführer abgenommen hatte, mitten auf den Tisch vor sich. Beide Polizisten sahen sich an, dann sahen sie zur Zelle mit dem neuen Insassen.

Sie baten die beiden Deutschen in ihr Auto, und fuhren mit ihnen zum Strand zurück. Dort betrachteten sie mit ihnen das am Strand vor der ‚Tapas Bar' liegende Boot.

Greg, der australische Inhaber grüsste, und kam mit Kleidern und Rucksäcken der Beiden herbei, die sich nun ausweisen konnten.

***

Die Polizisten fragten unter den neugierigen Thailändern, die aus allen Richtungen herbeigeströmt waren, nach Zeugen und fanden drei thailändische Strandgäste, die beobachtet hatten, dass das Motorboot mit grosser Geschwindigkeit herumgekreist war. Einzelheiten hatten sie wegen der grossen Entfernung zum Strand nicht ausmachen können. Sie hatten aber die Rückkehr der Weissen zum Strand beobachtet, und berichteten den Polizisten auch darüber. Die Polizisten nahmen deren Personalien auf, und baten sie, wie sie den beiden später berichteten, am Nachmittag zum Polizeirevier zu kommen.

Dann telefonierten sie mehrmals nacheinander. Nach zwei Minuten erschien ein weiterer Polizist, der sich nach kurzem Gespräch mit den beiden Polizisten auf einem Stuhl vor der ‚Tapas Bar' im Schatten der Bäume platzierte, und den gesamten Strandabschnitt vor sich und auch das Motorboot im Auge behalten sollte.

Alle vier fuhren wieder ins Polizeirevier zurück, und nach Überprüfung von Personalien und Visa wurde ein ausführliches Protokoll erstellt, das die Beiden unterschrieben.

Dann verabschiedeten sie sich mit einem langen Händedruck von den beiden TPO's, sowie von den anderen Polizisten im Revier.

Beim Hinausgehen rief den Beiden plötzlich TPO Kung nach, sie sollten bitte noch mal Platz nehmen.

Er hatte noch sein Handy in der Hand, und sagte: „Ich habe soeben einen Anruf von Kollegen am Klong Prao Beach erhalten. Kennen sie den, der liegt zwei Kilometer südlich von hier, Da ist soeben eine männliche Leiche angespült worden – rotes T-Shirt, etwa 35 Jahre alt, keine Papiere! Das könnte ihr zweiter Mann sein. Habe sie morgen Vormittag etwas Zeit? Dann können sie noch mal hierher kommen, und ihn vielleicht identifizieren. Der Mann, den sie mitgebracht haben, ist übrigens Kambodschaner ohne Papiere. Ausgesagt hat er noch nichts, aber wir werden ihn schon zum Reden bringen. Und das weisse Motorboot, das sie an Land gebracht haben, wurde gestern Abend in Bang Bao als gestohlen gemeldet. Es ist noch nicht vom Eigentümer identifiziert worden, aber Beschreibung und Motortyp stimmen überein. Und Boote werden hier sehr selten gestohlen!“

Damit schüttelte er noch mal die Hände der Beiden „ Also bis morgen früh dann, wie wär's mit zehn Uhr?“

Sie sahen sich an und nickten. Karsten sagte: „OK, zehn Uhr dann hier!“

Die Beiden verliessen das Revier und mussten sich durch die immer noch neugierige Menschenmenge ihren Weg bahnen.

Chris fragte einen der Polizisten, der mit nach draussen gekommen war, ob er den Wagen vor der Tür wieder zurückbringen solle.

Dieser verneinte die Frage; der Wagen müsse noch fotografiert werden. Beide winkten zum Abschied noch einmal und machten sich auf den Weg zurück zur Tapas Bar.

Helden des Tages

Dort setzten sie sich auf zwei der bequemen, bunten Stühle im Schatten.

Der Polizist, der zur Überwachung des Strandabschnittes eingeteilt war, war zwischenzeitlich eingenickt.

Kaum sassen sie, gesellte sich Greg zu ihnen, drei ‚Singha' in der Rechten. Er stellte sie vor sich auf den Tisch, hob eine an und meinte mit einem aufmunternden Grinsen: „Cheers".

Beide leerten die Flaschen auf ‚ex'.

Greg liess sich nicht lumpen. Im Nu war sein Fläschchen auch leer und er orderte drei Neue. Nach einem lauten „Prost, so sagt man doch auf Deutsch, korrekt?", sagte er: „Ihr seid heute meine Gäste"

Im Gegenzug erzählten die Beiden in groben Zügen von den vorausgegangenen Ereignissen. Greg hörte interessiert zu – es war eine Sensation hier, da hier selten etwas Aufregendes passierte.

Er wusste: das würde er sicherlich vielen seiner Gäste erzählen müssen, und die ihrerseits würden es gewiss auch gerne weiter erzählen.

Wenn die Beiden weiterhin bei ihm verkehrten, würden sicher viele Gäste den Bericht von diesen aus erster Hand hören wollen, oder zumindest einen Blick auf die Beiden werfen wollen. Das bedeutete ein beträchtliches Umsatzplus in den nächsten Tagen- schliesslich hatte sich der Vorfall direkt vor seiner Bar ereignet.

Nachdem Greg wieder hinter seine Theke verschwunden war, sah Karsten den Neffen nachdenklich an.

„Ich kann mir keinen Reim auf die Sache machen- warum will uns jemand umbringen. Gut, mit meiner Kneipe bin ich erfolgreicher als die meisten hier, und manche sind sicher neidisch, aber wer würde gleich soweit gehen. Ich verstehe es nicht."

Chris sah Karsten direkt ins Gesicht.

„Ich könnte mir schon denken, was hier los ist. Du weisst von meinem Onkel im Gefängnis in Trat. Ich kann dir leider nicht alles erzählen, was ich weiss – man hat mich zum Stillschweigen verpflichtet. Aber einiges kann ich dir doch sagen. Die Vorwürfe gegen meinen Onkel sind völlig haltlos. Da wollte jemand auf dessen Kosten sein Süppchen kochen. Und es ist eine verdammt schmutzige Suppe. Ich war vor zwei Wochen in Kambodscha, wie du weisst, und habe dort einiges aufgedeckt. Dort gab es schon einen Mordanschlag auf mich. Und dann einen auf den Onkel im Gefängnis. Glücklicherweise sind beide missglückt. Und die Ereignisse von heute passen schon in dieses Spiel. Sobald hier in Thailand die Sache aufgedeckt ist, werde ich dir alles erzählen, aber bitte, sei nicht böse, dass ich dir jetzt nicht mehr erzählen kann. OK?"

Nach etlichen weiteren Bieren, die Greg persönlich kredenzte, waren die Beiden sichtlich angeschlagen. Karsten verabschiedete sich, da er sich um seine Kneipe kümmern musste.

***

Chris dagegen sah noch keinen Grund, diesen gastlichen Ort zu verlassen.
Er nahm sein Handy aus dem Rucksack und rief Herrn Kellermann in Bangkok an.

Er erzählte ihm ausführlich von den Vorkommnissen am Strand.

Herr Kellermann antwortete: „Bedenklich, bedenklich, also wohl ein zweiter Anschlag. Ich werde umgehend den Staatssekretär informieren. So geht es nicht weiter. Er muss unbedingt die Sache forcieren und zu Ende bringen. Und ich werde ihm auch die möglichen diplomatischen Verwicklungen vor Augen führen. Schliesslich ist er lange genug gewarnt, und wenn ihnen oder ihrem Onkel oder auch dem Herrn Wiegand tatsächlich etwas passieren sollte – Sie drei sind schliesslich deutsche Staatsbürger und wir haben eine Fürsorgepflicht. Ihm ist das zwar das alles zur Genüge bekannt, aber er kann nicht die Leben dreier Deutscher aufs Spiel setzten, nur um in Ruhe in seinen Reihen Schuldige zu überführen. Also, ich verspreche ihnen, jetzt wird nicht mehr gekleckert, sondern geklotzt. Schliesslich werden durch diesen ‚Zirkus', entschuldigen sie den Ausdruck bitte, auch Ressourcen unseres Hauses gebunden, die anderswo dringend benötigt werden."

Damit verabschiedete er sich.

Lupini beschafft Verstärkung

Staatssekretär Lupini hatte volles Verständnis für die Sorgen des Botschaftssekretärs.

Er dachte nach dem Anruf von Herrn Kellermann intensiv nach.

Als erstes informierte er Herrn Muang über die neue Situation und bestand auf einem weiteren Treffen in Trat am gleichen Abend, wo die fünf Polizisten aus Bangkok sich über ihre weitere Vorgehensweise verständigen sollten.

Danach forderte er zwei weitere Polizisten an. Es sollten ausgebildete Geheimdienstmitarbeiter sein, die schon längere Zeit weit entfernt von Thailand Dienst taten. Niemand in Trat und Umgebung sollte sie kennen. Da er den thailändischen Botschafter in Bonn von der gemeinsamen Studienzeit an Thailands renommiertester Universität, der Thamasat Universität in Bangkok, persönlich bestens kannte, und der Kontakt nie abgebrochen war, bat er diesen, seine zwei besten Leute umgehend nach Bangkok in Marsch zu setzen. Für schnellstmöglichen Ersatz würde er persönlich sorgen. Man einigte sich darauf, dass noch im Laufe des morgigen Tages die Beiden in Bangkok eintreffen würden, und umgehend nach Süden geschickt werden sollten.

Den beiden würden sicher ihre in Deutschland erworbenen Sprachkenntnisse im Umgang mit den beiden Deutschen behilflich sein.

Der eine sollte verdeckt den Personenschutz des Neffen übernehmen, den anderen wollte er in der Zelle neben der des Onkels, getarnt als Einsitzender, platziert wissen.

Von dort aus sollte er die Sicherheit des einsitzenden Deutschen gewährleisten. Am liebsten hätte er die Entlassung des Deutschen aus dem Gefängnis angeordnet, aber aus Rücksicht auf die strikte Trennung zwischen Exekutive und Judikative in Thailand konnte er nicht eigenmächtig die Entlassung anordnen. Es bedurfte dazu eines Gerichtsbeschlusses, und er wollte durch Einleitung eines solchen, der öffentlich verhandelt werden würde, nicht den Erfolg der gesamten Operation gefährden.

Die Polizisten in Trat, auf die er es abgesehen hatte, sollten dadurch keinesfalls gewarnt werden.

Susan

Christian war angeschlagen. Gegen 16.00 Uhr zeigten die Biere ihre Wirkung.

Er suchte sich ein Plätzchen am Strand vor der Bar, packte sein Handtuch aus, legte sich auf den Bauch und streckte sich aus. Er fühlte sich wohl.

Innerhalb weniger Minuten war er weggedämmert.

Eine halbe Stunde später wachte er auf.

Eine Berührung an seiner rechten Schulter.

Ist das wieder einer der überflüssigen Köter, die überall hier herumstreunen?

Er drehte den Kopf nach rechts, öffnete die Augen ganz und schloss sie sofort wieder. Eine Fata Morgana? Oder schlafe ich noch, und träume, oder was?

Er schlug die Augen wieder auf und blinzelte.

Wer liegt da neben mir, nur einem Meter entfernt? Wer ist das? Ein Kopf, eine junge Frau: grosse blaue Augen, die mich neugierig mustern. Blondes Haar, zwei lange Zöpfe, ein wunderschönes Gesicht.

Er schloss die Augen wieder und drehte sich auf die linke Seite. Dann öffnete er wieder die Augen. Plötzlich war er hellwach. Er musterte die Frau wieder.

Oberweite: sensationell, schlanke Taille.

Er liess den Blick langsam nach unten schweifen: Wohlgeformter Po, lange Beine. Ein Mini-Bikini wie bei einem Model von ...?!

Sie lächelte ihn an. „Sie haben geschnarcht. Nicht, dass ich was gegen Schnarchen habe. In meiner Familie schnarchen fast alle. Aber das Plätschern der Meereswellen ist auch schön. Alles zu seiner Zeit."

„Sorry, sorry, ich muss wohl eingenickt sein!"

Er schüttelte den Kopf, als ob er nasse Haare hätte und die Nässe abschütteln wollte.

„Ich geh' mal kurz ins Wasser", sagte er, stand auf und straffte beim Gehen absichtlich seinen muskulösen Oberkörper.

„Ein Kracher, die Alte", dachte er, als er im Wasser lag und pinkelte.

Als er nach wenigen Minuten merkte, dass sein Kopf wieder halbwegs klar war, ging er langsam zum Strand und seinem Handtuch zurück.

Die Frau war immer noch da, sass jetzt, und strahlte ihm entgegen.

„Susan Highsmith, Montana", flüsterte sie ihm entgegen.

„Chris Frings, Germany", sagte er und reichte ihr seine Hand.

Sie schüttelte sie. Er lächelte.

„Darf ich sie zu einem Kaffee einladen, gleich da vorne in der Tapas Bar?"

Sie dachte nach, hielt den Kopf schief.

„Ein Tequilla Sunrise wäre mir lieber", sagte sie.
„Alkohol? Am Tage?"
Er schüttelte strafend den Kopf. Dann zog ein Grinsen über sein Gesicht.
„Warum eigentlich nicht? OK!"

***

Beide erhoben sich, und Chris ging voran zu dem Stuhl, auf dem seine Utensilien lagen.
Glücklicherweise waren die Biere vorhin auf Greg gegangen, und so lag da kein Bierdeckel mit 15 oder 20 Strichen.
Das hätte bestimmt einen seltsamen Eindruck gemacht.
Er ging zur Theke zu Greg, der ihn neugierig musterte. Der Neffe grinste zurück.
„Einen Tequilla Sunrise und einen starken Kaffee", sagte er.
Greg nickte, und erwiderte: ‚Kommt sofort, ich bringe euch die Getränke rüber an den Tisch".
Chris ging zum Tisch zurück. „Machen sie allein hier Urlaub?"
„Na ja, aber das ist nicht so einfach. An sich bin ich mit meiner Schwester und besten Freundin Carol unterwegs. Aber die habe ich verloren. Vor drei Tagen."
Greg brachte die Getränke. Er stellte den Kaffee vor die Dame. Chris sagte „Sorry Greg", zog den Kaffee zu sich und stellte den Cocktail vor die Schöne.
Sie nickte, und fuhr fort: „Ja, verloren. Auf einer anderen Insel: Ko Samell. Oder so. Sie ist überempfindlich gegen Strahlungen, müssen sie wissen. Wie ist übrigens ihr Vorname? Dann könnten wir uns duzen, wo wir uns jetzt ja kennen."
„Mein Vorname ist Chris, von Christian. Und deiner ist Susan. Kann ich dich Susie nennen?"
„Nein, nein, nenn' mich bitte Niva. Das ist mein richtiger Name. Meine Eltern wussten das nur nicht. Auf einer meiner Wanderungen habe ich es herausgefunden. Es ist ein fernöstlicher Name. Er bedeutet auf fernöstlich: ‚Wand des Lichts' – ganz einfach: ‚Wand des Lichts', sonst nichts."

„Du bist hier in Asien herumgewandert?“

„Ja, aber auf anderen Ebenen. Dabei habe ich viel gelernt“

„Auf was für Ebenen?“

„Nun, auf kosmischen Ebenen halt. Und dabei habe ich meine Schwester und Freundin Cay verloren. Sie war zu empfindlich. Zu viele Strahlungen“

Der Neffe stand auf.

„Entschuldige mich bitte einen Moment, Nivea“.

„NIVA!“, rief sie hinter ihm her.

Er ging zur Toilette. Auf dem Rückweg ging er an der Theke bei Greg vorbei.

„Greg, jetzt brauche ich auch einen Sunrise, aber mit einem doppelten Tequilla drin.“ Er verdrehte seine Äugäpfel nach oben. Greg grinste amüsiert.„Die ist super gebaut. Die war letztes Jahr schon mal hier; zusammen mit ihrer Schwester. Ich hab se’ damals beide verwöhnt. Dachte danach, ich sei ein Zombie. Aber es hat viel Spass damals gemacht, viel Spass!“

Chris kam mit dem Drink in der Hand zum Tisch zurück.

Sie fuhr direkt fort: „Ja, zu viele Strahlen für sie. Sie hat gelitten. Ich leide ja auch oft unter Strahlen, aber ich halte durch. Gerade hier sind wieder viele Strahlen, merkst du das?“

„Nicht so stark, aber ein wenig schon“. „Die Frau, die hier eben vorbeikam, die jetzt hinter uns sitzt, hatte wahnsinnig viele Strahlen ausgesendet. Das kommt bestimmt von einer unglücklichen Jugend. Oder sie trinkt zu viel kalte Milch. Kalte Milch ist sehr schädlich für das Ego, wusstest Du das? Man gerät dann leicht auf eine fremde Ebene. Oder driftet weg, nach Kurdistan oder ins Himalaya, zum Beispiel. Warst du mal da?“

„Ich war ein paar Mal in Dubai. Mit meiner Freundin! Es ist eine gute Gegend dort.“

„Ja, ja,“ meinte Niva.“Da war ich auch schon. Die Beduinen dort sind sehr empfindlich. Besonders nachts.“

„In welchem Hotel warst du denn?“

„Kein Hotel, du Dummer. Ich bin dorthin geglitten. Die Diskrepanz zwischen morgen und vorgestern sorgt dort für viele Mittelebenen.“

Sie hatte ihr Glas leer. Ein entschlossener Zug des Neffen sorgte für die Leerung seines eigenen.

„Ich hole noch zwei“, sagte er, griff die Gläser und stand auf.

An der Theke sagte er zu Greg: „Noch mal dasselbe, aber bei mir bitte drei Tequilla! Und zügig bitte, sonst sehe’ ich für dich schwarz – ‘ne Bestellung auf der Insel macht man anders als im Harz!“

Greg verstand den Scherz offenbar nicht, aber er grinste nickend und wissend. „Kommt sofort! Aber übernimm dich nicht“. Chris nickte und sagte: „Ein Mann muss tun, was ein Mann tun muss!“ Dann ging er zurück an den Tisch von Nivea und setzte sich.

„Ja, es sind immer diese Mittelebenen“. Der Neffe nickte ihr zustimmend zu und Greg brachte die Drinks.

Sie fuhr fort: „Und die bestimmen auch das Konsumverhalten der Leute dort. Wenn du willst, kannst du nachher mit mir ins Hotel kommen. Das KC-Lagoon. Kannst mir dann sagen, wie du die Strahlen dort empfindest. Und die Leute dort konsumieren ständig. Vor allem Fernsehen. Und Nüsse. Ist dir das auch aufgefallen? Diese kleinen, runden, braunen Nüsse.

Und die Halter vom Toilettenpapier hier senden auch oft Schwingungen aus, wenn man das Papier abzieht. Ich habe diese Sache schon an der Rezeption gemeldet, aber die haben mich nicht verstanden. Die können leider nur wenig Englisch.“

Der Neffe war wieder leicht angeheitert. Schwingungen sind gut, nachher werde ich sicher auch Schwingungen bekommen, wenn sie erst mal nackig ist.

Ernsthaft fuhr er fort.„ Ja, ja, das habe ich bei mir auch bemerkt. Ich gehe jetzt in meinem Zimmer deswegen nicht mehr aufs Klo. Oberhalb von meinem Hotel ist ein Thai-Restaurant. Die haben noch eines von den alten Klo’s. Da muss man in die Knie gehen, und genau zielen, aber sie haben wenigstens kein Klopapier.“

Niva antwortete: „In Montana haben sie auch oft kein Klopapier.

Wusstest du eigentlich, dass die erste Rolle Klopapier im Mittelalter von Marsbewohnern zur Erde gebracht wurde. Die haben die dann dort vergessen, einfach liegengelassen. Das Klopapier wurde nämlich nicht von einem Mann aus der Schweiz erfunden. Obwohl das im Montana Observer gestanden hat. Heute darf man niemandem mehr trauen, auch nicht den Zeitungen. Die sind ja auch nur aus Papier gemacht. Man müsste Papierfabriken ganz verbieten. Ja, ja, auf der ganzen Welt müsste man sie abreissen."

Sie zog eine Papierserviette aus ihrer Handtasche, knüllte sie zusammen, und steckte sie in den Mund. Sie kaute etwas darauf herum. Dann schluckte sie das Knäuel herunter, was offensichtlich anstrengend war.

„Siehst du, jetzt habe ich sie aufgegessen. Ich weiss jetzt schon, dass mir morgen wieder schlecht ist, und Durchfall werde ich auch bekommen. Nur wegen eines Stücks Papier. Das musst du dir einmal vorstellen! Und Papierfabriken gibt es auf der ganzen Welt, in allen Ländern, auch bei uns in Montana."

Der Neffe fügte hinzu: „ Ja, ja, und in Deutschland kleben viele Leute auch noch Papier an die Wände. Als Tapeten. Kennst du so was auch aus Montana, Niva?"

„Ja, das nennen die Leute German Wall Papers. Bei uns war mal ein grosses Einkaufszentrum, da wurden auch diese Tapeten verkauft. Eine Schande! Wenn ich dort vorbeigefahren bin, habe ich mich immer schlecht gefühlt. Manchmal sogar noch Tage danach. Aber der Laden ist vier Wochen nach der Eröffnung abgebrannt. Glücklicherweise! Und auch alles Papier. Jetzt geht es mir wieder besser. Zu Hause in Montana!"

„UUU!", meinte der Neffe, und betrachtete sein leeres Glas.

Er merkte, dass sein Alkoholpegel wieder anständig hoch war. Für heute geht nicht mehr viel rein.

„UUU, jetzt kommen bei mir Wellen," sagte er nachdenklich. "Vielleicht von dem Hund da hinten? Ich fühle mich hier nicht mehr wohl. Wie wäre es, wenn wir bald gehen?"

Sie sog heftig an ihrem Strohhalm. Der Rest des Longdrinks gluckerte vernehmlich: das Glas war leer.

Sie sagte: „Wir können zu mir gehen, ich fühle mich auch nicht mehr so wohl hier. Im Kopf! Mir geht dauernd was durch den Sinn. Schon seit drei Tagen, seit meine Schwester weg ist. Vorhin auch, da unten am Strand. Ich übe mich immer wieder in Gedankentraining. Aber das Gedankentraining bewirkt oft bei mir, dass das Denken instabil wird, und dass ich mir Sorgen mache, ohne zu wissen, worüber. Das muss die hohe Luftfeuchtigkeit sein, die zur Instabilität führt! Immer wieder instabil."

Der Neffe stimmte zu: „ Es ist schlimm, ja, ja. Instabil!"

Er stand auf, und Greg kam an den Tisch. „Du willst zahlen? Nein, heute nicht, du bist mein Freund. Morgen wieder. Ist O.K.! Good Luck"

Er nickte der Amerikanerin freundlich zu. „Bye, Bye"

Er verzog sich wieder hinter seine Theke. Der Neffe hob die Hand in seine Richtung: „Tomollo, tanks".

Neuer Versuch

Die Beiden stapften los in Richtung KC Lagoon Hotel. Niva, alias Susan, hatte einen wiegenden Schritt.

Wie ein Seemann! Die Cocktails zeigen offenbar Wirkung!

Oder hat sie sich schon vorher was reingepfiffen? Aber: Ist ja auch egal, wenn sie gut gelaunt ist, ist es ja gut.

Später dann im KC Lagoon lernte Chris viel Neues kennen: dass das Ich eine gewandelte Form des Seins ist; dass wir im Nichts unsere Gegenständlichkeit erkennen und dass die Dunkelheit unsere eigene Unvollkommenheit in kosmischen Staub verwandelt.

Dass Klopapier schlechte Schwingungen aussendet, daran konnte er sich am nächsten Vormittag wieder erinnern, als er auf seinem Klo im Cliff Palace Resort sass, und dass es ein sensationelles Zusammensein mit ihr gewesen war…Und dass ihr Geburtsname Susan war; aber ihr „richtiger" Name fiel ihm beim besten Willen nicht mehr ein.

***

Am selben Abend fand ein weiteres Treffen zwischen den Polizisten Rung, Tong und Bam statt.

Herr Bam ergriff das Wort: „Der Anschlag auf den Neffen des Gefangenen ist missglückt. Einer der beiden Kambodschaner ist leider tot. Der andere wird jede eigene Schuld bestreiten. Er sitzt im Moment in Polizeirevier auf Ko Chang in der Zelle. Ich habe ihm durch einen guten Freund, der mir noch etwas schuldet, mitteilen lassen, dass seine

Frau und seine beiden Kinder so gut wie tot sind, wenn er singen sollte. Sobald er hier in Trat ist, werden wir uns mit ihm beschäftigen. Die Sache mit dem Ausländer müssen wir nun aber endgültig erledigen. Was schlagt ihr vor?“

Herr Rung ergriff das Wort: „Ich würde die Zelle noch einmal offenlassen. Wir sollten uns überlegen, wem wir den Auftrag geben können, ihn zu töten. Ich denke da an die dritte Zelle neben ihm. Da sitzen zwei Laoten ein. Die sollen eine Tankstelle überfallen und den Kassierer getötet haben. Beiden droht die Todesstrafe. Das wissen sie. Wenn wir denen die Freiheit durchs Fenster versprechen, und auch noch ein Handgeld, von, sagen wir, 10‘000 Baht, so dass sie leicht nach Laos zurückkönnen, werden sie bestimmt zuschlagen. Die brauchen dann nur rauf nach Kon Kaen, dann Richtung Grenze, sich dort ein Boot schnappen und den Mekong zu überqueren. Dort gibt es so gut wie nie Grenzkontrollen, das wissen sie. Es ist ja auch wirklich ganz einfach. Dass sie nie in Kon Kaen ankommen werden, ahnen sie nie. Was haltet ihr davon?“

„Man könnte ihn auch vergiften”, warf Herr Bam ein. Aber der Polizist Rung widersprach: „Und wenn er nicht ganz tot ist, wird er nach Bangkok in ein Krankenhaus gebracht und ist ausserhalb unserer Reichweite. Nein, ich würde die Lösung des Kollegen Rung vorziehen. Ich denke, das ist todsicher. Todsicher, haha“.

Nachdem sich die Drei auf diese Vorgehensweise geeinigt hatten, gingen sie noch etwas zum Karaoke singen. Sie waren wieder gut gelaunt.

Sie würden sich morgen Abend wieder treffen, um das weitere Vorgehen gegen den Neffen des Ausländers abzusprechen.

Aber auf jeden Fall hatten sie jetzt die Lösung des Problems mit dem Ausländer vor Augen. Das Ganze würde übermorgen Nacht passieren.

Kollege Tong würde sich morgen krank melden. Kollege Rung würde das ‚Gespräch‘ mit den Laoten übernehmen. Herr Bam würde den beiden Laoten am Abend ein Messer zukommen lassen und für die Öffnung beider Zellen sorgen, und Herr Tong würde nachts ausserhalb des Gefängnisses im Dunkeln an der Ecke des Gefängnisses warten.

In Zivilkleidung würde er nach der Tat die Laoten erwarten. Er würde sie verfolgen, und nicht mehr aus den Augen lassen, bis sie weit genug von Trat entfernt wären Am besten mehrere hunderte Kilometer entfernt. Sie würden sehr wahrscheinlich einen Bus nehmen in Richtung Kon Kaen.

Irgendwann unterwegs würde er die Beiden beseitigen und umgehend nach Trat zurückkehren.

Dann würden sie sich endgültig um den Neffen des Ausländers kümmern!

Allmählich Klarheit

Am selben Abend trafen sich zeitgleich die fünf Polizisten Muang, Soy, Kasikorn, Taksini und Abhesat.

Herr Muang berichtete zunächst vom Gespräch mit Staatssekretär Lupini, und vom missglückten Anschlag auf die beiden Deutschen. Und von Taksinis Aufforderung, jetzt richtig ‚Gas' zu geben.

Der Anschlag war inzwischen auch Gesprächsthema im Polizeirevier in Trat geworden. Dort machte man ernste Gesichter.

Dann berichtete der Polizist Abhesat, was er bezüglich des Rauschgiftes herausgefunden hatte.

„Die Asservatenkammer wird von einem Polizisten Saporn verwaltet. Er ist ein Cousin des Polizisten Bam. Als Saporn gestern zu Mittag weg war, habe ich mich dort etwas umgesehen. Dort lagern unter Anderem alle Arten von beschlagnahmtem Rauschgift. Unverschlossen! Ich habe mir Kopien des Bestandsbuches dort gemacht. Die Ordnung dort ist vorbildlich und bemerkenswert. Herr Saporn führt dort exakt Buch. Bemerkenswert. Das ist nicht das einzige Bemerkenswerte an diesem Saporn. Er hat sich in seinem Keller eine kleine Bibliothek eingerichtet. Sogar ausländische Bücher stehen dort. Und, das ist kaum zu glauben, er hat da unten einen Laptop stehen. Ich habe ihn kurz mal hochgefahren. Er hat Kontakte zu Blogs und Chatrooms in aller Welt, sogar in den russischen und den arabischen Sprachraum. An der Wand über seinem Schreibtisch hängen zwei ein Abschlussdiplome vom Burinam Kollege in Psychologie und auswärtiger Politik. Mir ist ein Rätsel, wie ein Mann mit solch einer Vorgeschichte und

Bildung da unten in der lausigen Asservatenkammer landen konnte."

Er sah sich im Kreis um.

„Also dieser Saporn hat in seinen Büchern dort unten alle Zu- und Abgänge genauestens dokumentiert. Und jetzt passt mal auf: Während der letzten fünf Jahre, bis zum 31. Dezember letzten Jahres, wurden laut Unterlagen 83 kg Heroin im Bereich Trat beschlagnahmt. Am Ende jedes Jahres wird das vorhandene Heroin nach Bangkok zur Vernichtung geschickt. Es wurden in den vergangenen fünf Jahren aber nur 32 kg nach Bangkok geschickt. Nach den Unterlagen sind aber nur sechs Kilogramm vorhanden. Wir haben also einen Fehlbestand von 45 kg Es stellt sich die Frage: Wo ist der Rest abgeblieben. Verkauft? Wohl kaum! Die einzige Erklärung für mich ist die: Es wird tatsächlich laufend, wenn Heroin beschlagnahmt wird, die beschlagnahmte Menge durch Heroin aus der Asservatenkammer erheblich vergrössert. Und wozu?

***

Polizist Abhesat ergriff das Wort: „Sie haben hier ein neues System eingeführt, um die Rauschgiftkriminalität stärker zu bekämpfen. Unter anderem gibt es Prämien, die von der Menge der beschlagnahmten Menge direkt abhängen. Also: findet man viel, bekommt man eine hohe Prämie. Das würde erklären, wieso der Ausländer von einer wundersamen Vermehrung gesprochen hat. Er sagt, es wäre eine kleine Tüte mit vielleicht 500 Gramm gewesen. Beschlagnahmt wurden aber offiziell mehr als drei Kilo. Wenn man die Prämienhöhe von 1'000 Baht pro 100 Gramm bei Heroin betrachtet, kann man sich vorstellen, dass die Verlockung, beschlagnahmte Mengen aufzustocken, wahnsinnig gross sein muss. Besonders bei kleinen, schlechtbezahlten Dorfpolizisten wie hier in Trat. Und Trat ist ein Dorf, mit anderen Städten verglichen. Und hier schliesst sich der Kreis. Der Verwalter der Asservatenkammer, der Polizist Saporn, ist ein Cousin vom Polizisten Bam. Der Polizist Saporn lebt sehr gut von seinem kleinen Gehalt. Ich habe das überprüft. Und Polizist Bam, ebenso wie seine sauberen Freunde Rung und Tong, schwimmen anscheinend im Geld. Also den Polizisten Saporn können wir auch getrost auf die Liste der

Verdächtigen setzen."

Die anderen vier Anwesenden stimmten nachdenklich zu. Jetzt waren es also vier Verdächtige.

Taksini bemerkte: „Jetzt haben wir an sich genügend Beweismittel, warum lassen wir die Vier nicht hochgehen. Dann können wir die Zelte hier abbrechen. Das Kaff hier geht mir allmählich auf die Nerven."

Der Polizist Muang antwortete: „Morgen werde ich Staatssekretär Lupine anrufen, und ihm berichten. Aber ohne seine Anordnung können wir noch nichts unternehmen. Also lasst uns noch etwas abwarten und die Augen offen halten. Mich langweilt es hier genauso, aber Dienst ist Dienst. Also Geduld, Kollegen!"

Damit war der offizielle Teil des Treffens erledigt, und Herr Taksini bestellte zufrieden eine grosse Flasche Sang Som und Coca Cola.

Langweilige Routine

Gerhard war schon fast einen Monat im Gefängnis in Trat.

Seine Freundin Oy besuchte ihn, wann immer sie die Erlaubnis erhielt. Sie brachte immer Obst mit. Für Gerhard war es jedes Mal eine Freude, besonders weil vom Obst relativ wenig und manchmal gar nichts konfisziert wurde.

Es war auch verständlich. Bananen und Kokosnüsse gibt es draussen im Übermass.

Die Bücher waren inzwischen durch vier neue ersetzt worden. An den Trott im Gefängnis hatte er sich notgedrungen gewöhnt.

Er stand morgens um sechs Uhr auf. So war das Tageslicht zum Lesen besser auszunutzen. Denn es wurde schon zwischen 17.30 und 18.00 Uhr zu dunkel zum Lesen.

Elektrisches Licht war in den Zellen nicht vorhanden. Lediglich auf dem langen Gang vor den Zellen war eine Neonlampe angebracht, die aber zum Lesen nicht ausreichte. Diese Lampe wurde gegen 21 Uhr ausgeschaltet.

Seine Stimmung schwankte zwischen Lethargie und Depressionen.

Er war seltsamerweise nicht mehr besonders beunruhigt über die geöffnete Zellentür einige Tage vorher.

Selbst wenn das ein Indiz für einen Mordversuch auf einer Flucht gewesen sein sollte, nahm seine Gelassenheit zu.

Er hing nicht mehr so verkrampft an seinem Leben, wie zu Beginn seiner Haftzeit, als ihn allein schon der Gedanke an einen möglicherweise baldigen Tod traumatisiert und in Panik versetzt hatte.

Vielleicht liegt es daran, dass langsam die Erinnerungen an das Leben draussen schwächer werden. Ich lebte jetzt hier, und mich dagegen aufzubäumen, hilft sowieso nicht.

Chris als Attraktion

Um zehn Uhr morgens am nächsten Tag erschienen Karsten und Chris auf dem Polizeirevier, um die Leiche des ertrunkenen angeschwemmten Mannes zu identifizieren. Sie lag auf einem Tisch in einem der hinteren Räume des Polizeireviers.

Eindeutig erkennen konnte ihn keiner der Beiden. Dazu war der Angriff am Vortag zu schnell gegangen. Das einzige Indiz, dass es sich bei dem Toten um einen der Gangster vom Vortag gehandelt haben könnte, war sein rotes T-Shirt.

Die Aufschrift war ein kambodschanischer Werbeslogan, wie ein anwesender Polizist erklärte.

Mit diesem mageren Ergebnis musste sich der TP-Officer Korn zufrieden geben. Nach Rücksprache mit seinen Vorgesetzten wurde der Tote, weil er keinerlei Ausweisdokumente bei sich führte, anonym in der nächstgelegenen Tempelanlage bestattet.

***

Chris war danach nach einer Erfrischung zu Mute. Er ging zur nahegelegenen Tapas-Bar und liess sich nieder.

Greg grinste, als er den Besucher erkannte, und brachte unaufgefordert zwei Flaschen Bier mit. Der Neffe fühlte sich wieder halbwegs wohl, nachdem er morgens im Hotel zwei Aspirin eingeworfen hatte. Er ‚musste' bis Mittag noch mehrere Biere zu sich nehmen, die ihm neugierige Gäste spendierten.

Greg wurde nicht müde, seinen Gästen Chris als den Helden des gestrigen Tages zu beschreiben.

Die meisten der Gäste setzten sich alsbald an seinen Tisch, spendierten ihm ein oder zwei Biere und wollten von ihm die Story von gestern aus erster Hand hören.

Das Kalkül von Greg ging voll auf. Chris war für ihn bares Geld wert. In der Beach-Bar herrschte Rummel wie in der höchsten Hochsaison.

Als Chris auf dem Weg zur Toilette bei Greg vorbeikam, der hinter seiner Theke für einen reibungslosen Betrieb sorgte, sagte er: „Mal sehen, wann der erste Autogrammwunsch kommt!“

Statt dessen kam Susan ‚Niva’

Auch nicht schlecht, für Unterhaltung ist gesorgt....

Laut sagte er „Greg, für die Dame bitte einen Drink.“

Sie setzte sich etwas schüchtern neben ihn.

Als ein erster ‚Tequilla Sunrise’ vor ihr stand, fragte er: „Na Schatz, wie ist dein Befinden?“

Leise sagte sie: „Das muss ich dir erzählen. Nachdem du heute morgen mein Zimmer verlassen hast, bin ich wieder eingenickt. Ich bin durch kosmische Höhen und Tiefen geschaukelt und habe galaktische Ebenen durchstreift. Ich war nach kurzer Zeit von einem Cybersyndrom, das die sinnliche Selbstauflösung der fünften Dimension bewirkt, in die Unendlichkeit der Räume hinausgeschleudert worden.“

Sie schwieg, und beobachtete Chris, der in einem Zug sein Bier leerte.

Als Christian zustimmend nickte, fuhr sie fort: „Kant sagt: Die Ungleichheit der Geistesfunktionen bewirkt nicht nur die sinnliche Selbstauflösung der fünften Dimension, sondern auch die der menschlichen Individuen schon im Zustand des geistigen Entstehens“.

Sie hakte nach:„Du kennst doch Kant?“, öffnete den Mund und sah Chris, der aufstand, erstaunt und wortlos an.

Er hastete zur Theke, atmete tief ein, und sagte zu Greg: „Ich brauche sofort ein cyber-galakisches Bierchen, aber hurtig.“

Als er zum Tisch zurückkam, hielt sie ihm ihr leeres Longdrink Glas entgegen und meinte schmollend: „Keinen Drink mehr?“

Chris half dem Notstand ab, und bemerkte, als er mit ihrem Drink und einem neuen Bier zurückkam: „Als du vorhin von der Selbstauflösung der fünften Dimension geredet hast, habe ich dich voll verstanden. Kant hat sehr prägnant und gegenständlich die Selbstauflösung des Individuums in der fünften Dimension beschrieben, richtig. Aber Sokrates erwähnte als erster die Individuen der vierten und fünften Dimension. Sie sind nach ihm höchst gefährdet. Wie kann man da Abhilfe schaffen? Durch Degression vielleicht?"

Susan ‚Niva' wurde nachdenklich. Sie bestellte einen weiteren Drink, lehnte sich auf ihrem Stuhl zurück und erzählte: „Meine Schwester und Freundin hat vorhin Kontakt zu mir aufgenommen. Sie fühlt sich gefangen auf einem Platz, viele Galaxien von hier entfernt. Die beste Verbindung zu ihr besteht auf meinem Balkon. Kommst du mit mir? Vielleicht kannst du auch mit ihr in Verbindung treten, jetzt gleich? Ich bin wieder sehr beunruhigt."

Chris schwankte zur Theke, um zu zahlen. Greg schüttelte verneinend den Kopf, grinste und meinte: „Ab morgen wieder!"

Der Neffe dankte und sagte: „Am Strand philosophieren, strengt mächtig an. Morgen setze ich mich in den Schatten."

Das Paar wanderte, oder besser wankte, in Richtung KC-Lagoon.

Die Kontaktaufnahme zu ‚Niva's bester Freundin und Schwester fand wegen plötzlich auftauchender Vibrationen nicht statt, dagegen war der Kontakt zu Niva ob dieser Vibrationen umso intensiver.

Es waren umwerfende Vibrationen, denen Eruptionen folgten, sogar heftige Eruptionen.

Diese Eruptionen allerdings waren nichts Neues für die jungen Leute.

Ein Container

Im internationalen Teil des Hafens von Phuket herrschte reges Treiben. Unter Zeitdruck wurden Schiffe aus der ganzen Welt be- und entladen. Es galt, die Liegezeiten und damit die Liegegebühren zu begrenzen.

Einer der Frachter war die unter zypriotischer Flagge fahrende SEA SOFIA V. Die Reederei hatte einen preiswerten Aussenpier für vier Stunden gebucht. Das sollte reichen, um die zwölf Container, die für

Thailand bestimmt waren, zu entladen.

Einer der Container ging nach der Abfertigung im Zollbereich direkt nach Tak Bai im äussersten Süden des Landes an eine Import-Exportfirma im grossen Industriegelände am Stadtrand, wo er in einer der riesigen Lagerhallen abgeladen wurde.

In der folgenden Nacht wurde er entladen, und aus dem doppelten Boden des Containers wurden zwanzig Holzkisten herausgewuchtet. Sie enthielten ein Sammelsurium von Minen verschiedener Provenienz. Panzerfäuste und Mörserabschussanlagen mit dazu gehörigen Granaten waren in weiteren Kisten vorhanden.

Besondere Aufmerksamkeit galt sechs Exemplaren der berüchtigten und heiss begehrten Stinger Boden-Luftraketen inklusive der zugehörigen, mobilen Abschusshalterungen. Erbeutet worden waren die Waffen bei Überfällen auf amerikanische und deutsche Munitionsdepots in Süd- und Nordafghanistan. Die Frachtkosten waren von einer in Zypern ansässigen Firma beglichen worden, über die niemand Genaues wusste und auch nichts wissen wollte.

Chillavorn und Supinda in Aktion

Am frühen Nachmittag landeten nach einem 13 stündigen Direktflug die beiden Security Police Officers Chillavorn und Supinda auf dem Suvannaphoum Airport in Bangkok und nahmen den nächsten Flug nach Trat.

Sie hatten die Anweisungen für ihre neuen Aufgaben noch in Berlin schriftlich bekommen, da Staatssekretär Lupini keine Zeit für mündliche Besprechungen im Innenministerium vergeuden wollte. Ausserdem war strengste Vertraulichkeit erforderlich, die bei Besprechungen im Innenministerium nicht immer gegeben war, wo die Wände oft Ohren hatten.

Für die Beiden stand Personenschutz-Routine auf dem Programm. Trotzdem waren sie in unterschiedlicher Stimmung.

Herr Chillavorn war zufrieden. Er sollte einen Ausländer, einen Deutschen, auf Ko Chang im Auge halten.

Das versprach, ein guter Job zu werden – die Insel war ein schöner

Platz; er kannte sie von zwei früheren Ferienaufenthalten her.

Dagegen war Herr Supinda unzufrieden. Personenschutz für einen Ausländer im Gefängnis, aus einer Nachbarzelle. An sich eine Zumutung! Aber so stand es in der Dienstanweisung.

O.K., es ist ein Deutscher! Und in Deutschland hat es mir auch ganz gut gefallen, obwohl alles sehr teuer war.

Er konnte sogar etwas diese schwere Sprache sprechen.

Aber Chillavorn kann besser Deutsch. Warum will man ihn nicht in den Knast schicken. Nein, ausgerechnet mich!

Wenn ich nur an das Essen denke! Kein Bett! Wenn es hoch kommt, eine Pritsche oder auch nur eine Matratze. Und mit Sicherheit eine überbelegte Zelle. Gut, der Auftrag ist auf wenige Tage begrenzt, dann sollen wir den Deutschen nach Bangkok begleiten, ins Bangkwang Gefängnis. Hoffentlich nicht auch noch zusammen mit mir als Gefangenem. Na ja, es ist ein Auftrag, den der Botschafter persönlich erteilt hatte. Bei höchster Geheimhaltung!

Gut, sicher, ich bin noch nie auf Ko Chang gewesen wie Kollege Chillavorn; deswegen ist wohl der dorthin geschickt worden. Na ja, es war sowieso ein ungewöhnlicher Auftrag. So etwas habe ich noch nie gemacht.

Dann schaltete er die unangenehmen Gedanken aus, und dachte an seine Freundin in Deutschland.

Ich werde sie bald wieder sehen. Wahrscheinlich in einer Woche – so lange ist der Auftrag zunächst terminiert.

Hoffentlich ist dann auch die Sache hier erledigt, und ich kann zurück.

Beide wurden am Flughafen in Trat vom Polizisten Soy abgeholt und noch einmal kurz instruiert.

***

Am nächsten Morgen sollte Herr Chillavorn Kontakt mit Chris Frings aufnehmen, der inzwischen wieder aus dem Krankenhaus ausgezogen war.

Für Chris war es da toll gewesen. Er hatte sich dort rundum wohl gefühlt. Den einzigen Schatten auf das Leben hier warf die Tatsache, dass Patienten über Nacht keinen Damenbesuch empfangen durften. Aber er traf seine neue Freundin Niva täglich und unternahm vielfältige Exkursionen in überirdische, unbekannte Sphären. Ausserdem war auch Urlaub angesagt.

Und vom Krankenhaus zum Beach waren es immerhin vier Kilometer. So wohnte er nun wieder im Cliff Resort. Dorthin würde sich Herr Chillavorn morgen kommen.

Herr Supinda würde morgen früh ins Gefängnis eingeliefert werden, wegen des Vorwurfes, vier Morden begangen zu haben und wegen zweifachen Mopeddiebstahls. Die Mordvorwürfe würden ihm Respekt verschaffen, und ihn vor Belästigungen von anderen Gefangenen schützen.

Er hatte seine kleine ′Cobra Micro Compact' bei sich, die kleinste, achtschüssige Pistole, weltweit. Er würde sie sich mit einem Spezialhalfter an der Innenseite seines rechten Oberschenkels befestigen. An der Innenseite seines linken Oberschenkels würde zusätzlich ein kleines Messer angebracht sein, für alle Fälle…

****

Gerhard verbrachte eine unruhige Nacht. Das Buch, das er las, war spannend – ein Thriller aus den USA. Alles war so schön überschaubar und einfach. Aber die Wirklichkeit hier war nicht vergleichbar. Dies ging ihm laufend durch den Kopf. Und wie so oft belastete ihn die ungewisse Zukunft. Zwar gab es positive Signale von seinem Neffen und auch von Herrn Kellermann, der vorgestern mit einem neuen ‚Survival Kit' reingeschneit war, und wegen der baldigen Verlegung nach Bangkok und sogar wegen einer möglichen Freilassung geredet hatte. Aber von der Verlegung nach Bangkok hatte er schon oft gesprochen, und mit konkreten Details wollte er auch diesmal nicht herausrücken. So blieb für Gerhard nur die Ungewissheit; und das machte ihm bisweilen fast wahnsinnig.

Am Vormittag gab es einen Neuzugang in der Nachbarzelle. Er war ein Mann, der für einen Thailänder ungewöhnlich gross gewachsen war, und gut durchtrainiert zu sein schien. Er trug normale Gefängniskleidung. Die Hose an den Beinen und die Jacke an den Armen waren zu kurz wie bei den meisten Insassen. Während der üblichen Ruhe nach der Mittagsmahlzeit lehnte er, auf dem Boden sitzend, mit dem Rücken an den Gitterstäben zu Gerhards Zelle. Halb dösend bemerkte Gerhard ihn seine rechte Hand wie zufällig durch die Gitterstäbe in seine Zelle strecken. Er bewegte den Zeigefinger.

Zuerst dachte der Deutsche, dass er nervöse Zuckungen habe, doch dann drehte der Insasse zusätzlich den Kopf in seine Richtung. Er zwinkerte ihm einmal langsam mit dem rechten Auge zu und richtete seinen Blick auf die Hand am Zellenrand

Ein wundersames Benehmen!

Gerhard blickte auf diese rechte Hand. Sie öffnete sie kurz, und er sah etwas weisses in der gleich wieder geschlossenen Rechten. Ein kleines Papierkügelchen! Gerhard starrte die Hand an. Sie öffnete sich in einer leichten Bewegung – das Kügelchen fiel unbemerkt zu Boden. Der Fremde zog die Hand zurück und liess den Kopf wieder sinken, als ob er eingenickt sei.

Kontaktaufnahme im Gefängnis

Gerhard stand auf, ergriff sein geöffnetes Buch, und ging lesend wie zufällig langsam am Gitter vorbei. Dabei schlurfte er mit den Füssen über den Boden und schob das Kügelchen unbemerkt mit dem linken Fuss vor sich her, bis zu seiner Pritsche.

Angelegenheiten verschleiern kann ich auch! Wenn dies eine geheime Botschaft oder Kontaktaufnahme war, bitte schön. Ich spiele mit.

Er setzte sich wieder auf die Pritsche, und las weiter. Sein Kopf sank tiefer. Dann liess er das Buch fallen.

Falls mich jemand beobachtet, sieht es aus, als sei ich beim Lesen eingenickt.

Dann bückte er sich, um das Buch aufzuheben, und hob dabei auch das Kügelchen auf. Es war tatsächlich ein zusammengeknülltes, weisses Papier, mit dem man Zigaretten dreht.

Er glättete es vorsichtig, und legte es zwischen zwei Buchseiten seines aufgeschlagenen Buches. Da war tatsächlich etwas geschrieben. Er trat unter das Oberlicht, wo er besser sehen konnte. Er las zwar in schlechtem, aber immerhin verständlichem Deutsch: Herr Frigs, ich bin zu ihrem Schuts hier. Machen sie sich keinelei Soorgen. Ich bin Speciallpolizist. Vernichten sie dies Nachricht sofortt!

Er las noch einmal.

Dann schaute er auf den Überbringer der Nachricht in der Nachbarzelle, der immer noch am Boden sass, den Kopf hängen liess und offenbar eingeschlafen war.

Den Zettel zerknüllte er wieder, und schob das Kügelchen in den Mund. Als es aufgeweicht war, schluckte er es hinunter. Er war mittlerweile hellwach.

Gedanken rasten ihm durch den Kopf.

Was ist los? Positiv? Ein Beschützer? Dann wollte man mich vielleicht neulich tatsächlich in eine Falle locken, als die Zelle offengelassen war. Vielleicht in eine tödliche Falle? Alles unklar. Und warum einen Beschützer. Wenn schon ein Beschützer notwendig ist, bin ich wohl tatsächlich in Gefahr. Wenn das so ist, warum bringen sie mich nicht nach Bangkok, oder lassen mich frei? Oder ist dies eine neue Falle?

Was ist los hier?

Er konnte sich keinen rechten Reim auf die Sache machen.

Er sah wieder hinüber. Der Neuzugang schlief immer noch.

***

Herr Chillavorn hatte am selben Tag die erste Fähre um sieben Uhr morgens nach Ko Chang genommen, und war nach einer Taxifahrt von 30 Minuten im Cliff Palace Resort angekommen. Er hatte hier eingecheckt. Normale Thailänder waren hier eher selten als Gäste. Sie bevorzugten thailändisch geführte Hotels oder Bungalowanlagen, die preiswerter waren und eher ihrem Lebensstil entgegenkamen.

So war es nicht ungewöhnlich, wenn sich mehrere Personen, manchmal ganze Gruppen mit bis zu zehn oder mehr Menschen, ähnlich wie in China, einen Bungalow oder ein Zimmer teilten.

Herr Chillavorn hatte eine Beschreibung von Christian erhalten. Er war als Mann um die 40 Jahre beschrieben worden, etwa 1,85 Meter gross, etwa 80 kg schwer, mit kurzen, blonden Haaren.

Jetzt war es 9.30 Uhr und er sass im Frühstücksraum, der zugleich Rezeption und Restaurant war und trank Tee. Er blätterte in der thailändischen Morgenzeitung und sah sich die Gäste an. Vorne rechts an der Strassenseite sass ein Ausländer, auf den die Beschreibung zutreffen konnte, beim Frühstück. Er faltete seine Zeitung zusammen, brachte sie zum Zeitungsständer zurück, und holte sich an der Theke die englischsprachige Zeitung ,The Nation'. Dann ging er wie zufällig am Tisch von Christian vorbei.

Er blieb kurz stehen, und sah scheinbar interessiert auf die vor dem Neffen am Tisch liegende Zeitung, ebenfalls die 'The Nation', in der dieser las. Leise sagte er, auf die Zeitung zeigend; „Herr Frings?".

Der Neffe sah ihn erstaunt an. Herr Chillavorn sagte noch einmal fragend; „Herr Frings?"

Der Neffe schaute ihn immer noch erstaunt an und nickte mit dem Kopf. „Ja, das ist mein Name. Was wollen sie? Wer sind sie?"

„Das erzähle ich ihnen später. Können wir uns nachher treffen, hier im Resort, unten am Strand?"

Ohne eine Antwort abzuwarten, drehte er sich zur Seite, ging zu seinem Tisch zurück und widmete sich seinen mitgebrachten Zeitungen.

***

Der Neffe war verwundert. Er blickte hinüber zu dem Thailänder, der vier Tische hinter ihm auf der gegenüberliegenden Seite des Raumes sass. Er trank Tee und las interessiert seine Zeitung.

Was soll das Ganze? Bin ich hier verabredet. Habe ich gestern Abend jemanden kennengelernt.

Er trank einen weiteren Kaffee, und überflog nochmals den Wirtschaftsteil der Zeitung. Er konnte sich nicht mehr auf das Blatt konzentrieren.

Er schüttelte den Kopf.

Seltsam, ein Thailänder, der Deutsch spricht. So etwas habe ich erst einmal erlebt, oben in Chiang Mai, in einem Reisebüro, das einem Schweizer namens Daniel Schneider gehört.

Mit dem habe ich mich etwas angefreundet.

Seine Firma,,Siam Tours' hatte sich erfolgreich auf Touristen konzentriert, die als Individualreisende nach Thailand kamen, aber auf sachkundige, individuelle Beratung und Begleitung bei ihren Touren Wert legten. Und einer von Daniels Mitarbeitern sprach perfekt deutsch. Das war aber das einzige Mal, dass ich so etwas erlebt habe.

Er war neugierig geworden.

Er stand auf, blickte noch einmal zum Thailänder, der scheinbar in seine Zeitung vertieft da sass, und schlenderte zum Strand hinunter. Dort setze er sich auf eine Bank im Schatten einer der vielen Palmen. Er sah auf das stille, blaugrüne Meer hinaus.

Halblinks, etwa 100 Meter draussen, vor dem steinigen Ufer, wuchsen und verschwanden kleine, weisse Schaumkronen am Cliff, das dem Resort seinen Namen gegeben hatte. Diese paradiesische Stille, das gelegentlich leise Rauschen des Meeres am Cliff und des Windes in den Palmenkronen, war der perfekte Gegenpol zu dem Treiben der gegenüber dem Hotel liegenden Bars bei Nacht.

Ähnlich wie in Pattaya versuchten diese, sich abends und nachts an Lautstärke zu übertreffen. Es war eine wahnsinnige Kakophonie von Musikfetzen. Aber die Thailänderinnen hier in den Bars dachten offenbar, sie können durch Lautstärke die immer weniger werdenden Weissen anziehen.

Er war der einzige Mensch hier unten: die meisten Gäste sassen noch beim Frühstück oder redeten mit irgendwelchen Damen, die sie gestern Abend an den gegenüberliegenden Bars aufgegabelt hatten. Oder sie waren von den Aktionen des gestrigen Abends noch zu erschöpft.

Auf jeden Fall, hier unten herrschte himmlische Ruhe.

***

Keine zehn Minuten später hörte er Schritte hinter sich. Jemand kam.

Er blickte hinter sich. Der Thailänder von vorhin stand hinter seiner Bank.

Er lächelte, und setzte sich neben ihn. „Kann ich mit ihnen Englisch sprechen? Das wäre einfacher für mich“, begann er auf Deutsch.

Der Neffe nickte, und der Thailänder fuhr fort: „Mein Name ist Chillavorn. Ich komme direkt aus Berlin. Man hat mich hierher zu

Ihnen geschickt, weil ich auf sie aufpassen soll. Normalerweise bin ich an der thailändischen Botschaft in Berlin stationiert. Dort bin ich für den Schutz der Mitarbeiter zuständig."

„Was suchen sie hier bei mir?"

„Meine Vorgesetzten nehmen ihren Fall sehr ernst. Ich wurde über den Anschlag auf sie und den anderen Deutschen informiert. Ich werde verhindern, dass so was noch einmal vorkommt."

„Aber wieso kommen sie aus Berlin hierher? Es gibt doch genügend Polizisten hier in Thailand"

„Ihr Fall wird mit grosser Sorge beobachtet. Von ganz oben. Staatssekretär Lupini hat es angeordnet. Ich war nun sieben Jahre im Ausland stationiert. Die Wahrscheinlichkeit, dass mich hier jemand erkennt, ist sehr unwahrscheinlich. Wir wollen, dass, falls noch mal etwas passieren sollte, ein möglicher Anschlag verhindert wird und vor allem die Täter festgenommen werden. Es geht uns um die Auftraggeber, und die vermuten wir im thailändischen Polizeiapparat. Eine heikle Angelegenheit. Aber die wollen wir haben. Ich wurde auch über ihren Onkel informiert. Er hat ebenfalls einen Aufpasser bekommen."

„Aber warum lassen sie nicht einfach meinen Onkel frei – wir werden dann umgehend Thailand verlassen."

„Junger Mann, so einfach geht das hier nicht. Auch hier gibt es Regeln. Es muss vor der Entlassung einen rechtskräftigen Gerichtsbeschluss geben. Das Verfahren ist eingeleitet, aber es dauert schon eine gewisse Zeit – die Gerichte hier sind chronisch überlastet. Bis zu einem Beschluss überwachen wir sie beide. Sie selbst könnten umgehend das Land verlassen, das wissen sie wohl auch selbst. Gegen sie liegt nichts vor. Aber es ist uns bekannt, dass sie nur mit ihrem Onkel das Land verlassen wollen. Das ist löblich. Wir verstehen das auch sehr gut. Und weil sie hier bleiben wollen, bekommen sie nun auch einen 'Schatten'. Mich! Bitte verstehen sie, dass ich in Zukunft keinen Kontakt mehr mit ihnen haben kann, aber ich kenne ihre Zimmernummer. Nr. 32. Ich habe Nr. 34. In dringenden Fällen würden wir uns also besprechen können. Aber ansonsten kennen wir uns nicht. Vor allem draussen nicht. Aber ich werde immer in ihrer Nähe sein."

„Ich bin also ihr Lockvogel, ihr Speck in der Mausefalle! Danke."

„Bitte verstehen sie uns. Bis die Sache aufgeklärt und abgeschlossen ist, werden sie beschützt. Sie sollten dankbar sein. Hier unten werden häufig Gangster aus Kambodscha angeheuert, seltener Thailänder. Die sind teurer. Auch hier ist alles eine Frage des Geldes. Also: in Zukunft kennen wir uns nicht. Und diese Unterredung hat nie stattgefunden!"

Damit stand er auf und ging nach oben zurück. Der Neffe blieb nachdenklich sitzen.

Schon beachtlich, was die für einen Aufwand treiben; offenbar nehmen sie diese Sache wirklich sehr ernst. An sich beruhigend, das zu wissen. Vor allem, wenn sie auf den Onkel aufpassen. Na ja, aber was mache ich jetzt mit dem angebrochenen Vormittag? Mal zu Greg schlendern, vielleicht gibt es dort wieder eine Erscheinung oder Erleuchtung mit Susie Nivea oder so etwas Ähnliches!

Susan muss zu ihrer Schwester

Als er bei Greg ankam, sass die Amerikanerin schon in ihrem Stuhl. Nanu, sie hatte eine Flasche Wasser vor sich stehen.

Sie sah traurig aus und begann sofort zu reden:

„Guten Tag, ich muss leider fort. Ich habe vorhin einen Hilferuf von meiner Schwester und Freundin bekommen. Sie hat schlimme Ahnungen. Sie ist mal wieder weggedriftet in eine andere Dimension, und hat dann den Ausgang nicht mehr gefunden. Der war hinter einem Kometen verschwunden. Sie ist total verzweifelt. Ich muss sofort zurück nach Ko Sammel, oder wie das heisst. Ich bin nur noch hier, weil ich mich von dir verabschieden wollte. Also alles Gute".

Sie stand auf und drückte ihm einen flüchtigen Kuss auf die Stirn. Dann machte sie mit den Zeigefingern beider Hände ein offenbar magisches Zeichen oder so was Ähnliches vor seinem Gesicht, lächelte kurz und ging. Der Neffe murmelte noch: „Wir sehen uns dann im fünften Nirwana oder so, ja bis bald."

Aber sie war schon zu weit weg, um das noch zu hören.

„Ja ja", sagte Greg, der inzwischen an den Tisch getreten war, „der Herr gibt's und der Herr nimmt's. Trinkst du ein Bier?"

„Warum eigentlich nicht", antwortete der Neffe, und holte tief Luft.

Solch eine Frau hatte er noch nie erlebt, dachte er bei sich, aber die Sitzungen mit ihr waren wirklich sensationell gewesen. Eigentlich schade um sie, sie ist halt Amerikanerin, und die sind manchmal neben der Spur. Manche mehr als Andere! Er zog einen tiefen Schluck, und ging in Richtung Wasser, um sich zu erfrischen.

***

Es wurde langsam Abend im Gefängnis. Die Sache mit dem Zellennachbarn und der geheimen Botschaft ging Gerhard nicht mehr aus dem Kopf. Je mehr er darüber nachdachte, umso weniger verstand er. Im Gegenteil, er regte sich immer mehr auf.

Was sollte das? Keine Antwort fiel ihm ein, die halbwegs plausibel war.

Einmal hatte ihm ein anderer Zellennachbar, als der Neuzugang offenbar schlief, ein Zeichen gemacht. Er strich mit flacher Hand an der Kehle vorbei, und hob dann vier Finger in die Höhe, wobei er mit der anderen Hand auf den Schlafenden zeigte. Er grinste dabei, und schüttelte seine Hand aus.

Gerhard interpretierte die Gesten so, dass der ‚Schläfer' wohl vier Menschen umgebracht hatte.

War das eine Warnung

OK, nur was sollte dann der Zettel mit der deutschen Schrift?

War das nicht auch eine Warnung?

Fragen über Fragen, und keine Antworten.

Gerhard verstand hier so vieles nicht.

Jetzt überfiel ihn, wie schon so oft vorher, wieder der Fatalismus.

Als es zu dunkel zum Lesen geworden war, legte er sich auf der Liege. Immerhin hatte er eine Pritsche ganz alleine für sich, nicht wie die armen Schweine in den Nachbarzellen, die auf dem Boden liegen mussten.

Er nickte ein. Dann wachte er wieder halb auf. Wieder die normalen Schritte. Der abendliche Polizist ging durch den Flur, und machte Eintragungen auf seinem Clipboard, nachdem er die Zelleninsassen jeder Zelle gezählt hatte. Er schloss ordentlich, wie immer in letzter Zeit, die Zellen nacheinander einmal auf und wieder zu. So ging er von Zelle zu Zelle weiter. Jeden Abend dasselbe Ritual.

Aber halt! Bei der Tür seiner Zelle hörte Gerhard nicht das normale Schliessgeräusch.

Wie neulich, als seine Zelle offengeblieben war.

Seit damals achtete er jeden Abend auf das vertraute Geräusch.

Er lugte verstohlen zur Tür. Wieder ein Zentimeter offen! Sein Herzschlag beschleunigte sich.

Schon wieder! Was soll das?

Abhauen würde er auch heute nicht. Ohne Papiere und Geld, in diesen Klamotten!

Er stand auf, um die Tür wieder ins Schloss einschnappen zu lassen.

Dabei fiel sein Blick auf den Neuzugang in der Nachbarzelle, der direkt neben dem Gitter der Nachbarzelle, ihm zugewandt auf der Seite lag. Dieser hob unmerklich seine rechte Hand, streckte sie flach aus, und schüttelte kaum merklich den Kopf.

Das bedeutet offenbar: Nein

Aber was soll das?

Gerhard ging langsam zu seiner Pritsche zurück und setzte sich. Er legte sich auf die Pritsche und sah unschlüssig in der Dämmerung in Richtung Nachbarzelle. Der Lange lag immer noch am Boden auf seiner linken Seite, und schien wieder zu schlafen. Allerdings bemerkte Gerhard bei näherem Hinschauen, dass er die Augen geöffnet hatte. In seiner Zelle konnte das keiner sehen, da er den restlichen Insassen abgewandt, Gerhard den Kopf zugewandt lag.

Gerhard bemerkte, dass er ihm zuzwinkerte.

Verdammt! Was soll das? Will der nachher in meine Zelle kommen und mich vergewaltigen?

So etwas kommt in amerikanischen Gefängnisfilmen öfter vor, so etwas ist dort anscheinend gang und gäbe.

Oder will er nachher kommen und mich umbringen.

Aber die Zelle, in der er festsass, war offenbar ordentlich geschlossen worden. Das Schliessgeräusch vorhin war normal gewesen, und die Tür stand auch nicht einen Zentimeter offen.

Nicht wie meine! Ausserdem ist es wohl Quatsch, auch nur daran zu denken, einen Killer anzuheuern, der Deutsch spricht. Unmöglich, so was!

Er verwarf den Gedanken sofort wieder.

Aber was sollte das dann bedeuten? Keine vernünftige, logische Erklärung fiel ihm ein. Auch keine auch nur halbwegs vernünftige logische Erklärung...

Mordanschlag auf Gerhard

Am selben Abend trafen sich die fünf Polizisten Muang, Soy, Kasikorn, Taksini und Abhesat wieder routinemässig ausserhalb von Trat.

Sie diskutierten die neuesten Entwicklungen. Auch über die beiden zusätzlichen Polizisten aus dem Ausland waren sie informiert worden. Herr Kasikorn war darüber besonders aufgebracht.

„Dass die noch zwei Neue schicken, bedeutet ja wohl, dass die in Bangkok uns nicht mehr zutrauen, dass wir hier alles aufdecken könnten. Und an sich haben wir doch schon genügend Beweise, gegen alle Drei, und der Polizist aus der Asservatenkammer, Herr Saporn ist auch anhand der Bestandslisten klar zu überführen. Wenn das nicht genügend Beweise sind?“

Herr Soy warf beschwichtigend ein: „Immerhin konnten wir den Anschlag auf den Neffen und den anderen Deutschen nicht verhindern!“

„Wie denn auch? Wenn uns einer gesagt hätte, einer von uns soll nach Ko Chang, um auf den Neffen aufzupassen, wäre da nichts passiert.“

„Ihr wisst“, sagte Herr Muang, „in Bangkok ticken die Uhren anders. Vielleicht sind die beiden Neuen ja auch wirklich gut. Die kommen extra aus Europa, weil die niemand erkennen soll.

Der eine, der Herr Chillavorn sitzt jetzt als ‚Wachhund’ im Gefängnis von Trat in der Zelle neben dem Herrn Frings. Ich denke, diesen Job hätte keiner von uns machen können, einfach, weil die Gefahr bestünde, jemand könne ihn enttarnen. Und in der Zelle da mit den anderen Kriminellen drin zu schlafen- also darauf verzichte ich gerne.“

Die vier Anderen grinsten zustimmend.

„Ausserdem wird die Sache ja vielleicht jetzt noch schneller abgeschlossen, und wir können endlich wieder nach Bangkok zurück.

Mich ödet der Job hier, ehrlich gesagt, langsam an. Schöne Landschaft hin oder her, hier ist absolut nichts los. Nachtleben: Fehlanzeige. Wie die Leute hier das aushalten, ist mir schleierhaft."

Dann unterhielten sich die Fünf noch etwas, und machten sich schliesslich auf den Heimweg.

***

Gerhard verbrachte eine weitere Nacht im Gefängnis. Lethargie wurde sein Begleiter. Anders war das Leben nicht zu ertragen.

Er döste vor sich hin. An tiefen Schlaf war nicht zu denken. Zu viel Verworrenes ging ihm durch den Kopf. Zu vieles hatte sich ereignet.

Plötzlich schreckte er hoch. Ein ungewohntes Geräusch. Ein ganz leises Quietschen, kaum vernehmbar!

Er sah nach rechts. Im Halbdunkel waren schemenhafte Bewegungen zu erkennen. Drei Zellen weiter.

Anscheinend stand die Zellentür dort auch auf.

Ja, jetzt sah er es deutlicher. Das geringe Mondlicht aus den vereinzelten Oberlichtern reichte kaum, um etwas genauer zu erkennen. Die Zellentür war offen und zwei Gestalten, eher Schatten, bewegten sich hindurch.

Waren sie im Begriff, ihre Zelle zu verlassen?

Sie gingen jetzt, oder besser schlichen, lautlos. Aber nicht in Richtung Flurfenster.

Nein sie näherten sich seiner Zelle.

Wollen die zu mir? Mich vielleicht zur Flucht überreden?

Gerhard bewegte sich nicht. Er stellte sich schlafend

Ja, jetzt waren sie an seiner Zellentür. Und die war offen!

Verdammt. Plötzlich hatte er ein sehr schlechtes Gefühl. Sein Herz pochte.

Laut.. Lauter!.

Unüberhörbar!

Sie mussten es hören! Was passiert jetzt?

Sie zogen seine Zellentür geräuschlos auf. Ihre Schatten glitten herein.

Starre legte sich über seinen Körper. Er wollte schreien, aufstehen, weg, weglaufen von hier.

Ich muss fort – jemand muss mir helfen.

Panik erfasste ihn. Panik, die sein Herz umschlang, fesselte.

Sie verharrten, flüsterten unverständliche, zischende Worte, dann schwiegen sie wieder. Sie näherten sich seiner Pritsche.

Die Starre kroch seinen Hals hoch. Höher. Er spürte die Ohnmacht, Bewegungslosigkeit

Sie waren noch einen Schritt entfernt und sahen auf ihn herab. Er hörte sie atmen, konnte sie riechen: Fäulnis und Tod.

Dann ging alles blitzschnell. Einer der beiden setzte sich auf seine Knie und umklammerte seine Beine.

Obwohl er kleiner als Gerhard war, und nur etwa 50 Kilogramm wog, reichte das Gewicht aus, um jegliche Bewegung seiner Beine zu verhindern. Der andere drehte sich seinem Oberkörper zu.

Verdammt, in seiner rechten Hand hielt er ein Messer.

Gerhard konnte es sehen. Es blitzte matt im Nachtlicht. Der Fremde hob die Hand. Wollte zustechen.

Seine Linke presste sich auf Gerhards Mund.

Als die andere Hand mit dem Messer auf Gerhards Gesicht zukam, griff dieser nach ihr, umklammerte sie und hielt sie fest. Sehr viel Kraft hatte er in dieser Rückenlage nicht; es war eine Abwehrbewegung. Er hielt eisern dieses Handgelenk umschlungen. Darauf ergriff die andere Hand das Messer und holte aus, um mit der Linken zuzustechen.

Gerhards Mund war plötzlich frei. Der Bann in ihm war gebrochen. Er konnte schreien.

Er schrie laut: „Help, help!“

Der andere sass immer noch auf seinen Knien, und hielt seine Füsse fest.

Jetzt ist es soweit, schoss es ihm durch den Kopf.

Das Spiel ist aus!

***

Da ertönten in rascher Folge zwei Schüsse. Der auf Gerhards Knien Sitzende fiel zur Seite, herunter von ihm und auf den Boden.

Der andere fiel nach vorne genau auf ihn. Er spürte eine warme

Flüssigkeit über sein Gesicht laufen.

Er schob den regungslos auf ihm liegenden von sich herunter; er fiel mit einem dumpfen Aufprall ebenfalls auf den Boden neben der Pritsche.

Gerhard stand zitternd auf. Mit dem Ärmel seiner Jacke wischte er sich das Blut weg, das ihm ins linken Auge getropft war – er konnte wieder klar sehen.

Er schaute zur Nachbarzelle: da stand der Neue und nickte ihm zu.

Alle anderen Insassen dieser Zelle standen am gegenüberliegenden Gitter und beobachteten den Langen. Er trug in der rechten Hand eine kleine Pistole, und in der Linken ein Messer. Es fielen einige Worte auf Thailändisch. Zwei Leute kamen bedrohlich näher. Als der erste noch einen halben Meter von ihm entfernt war, schoss er noch einmal. Der erste Angreifer fiel nach hinten, der Zweite wich zurück.

Daraufhin schrie der Zellendicke, der Chef der Zelle, offenbar einen Befehl auf Thailändisch, und alle neun Zelleninsassen wichen wieder ans Gitter auf der gegenüberliegenden Zellenseite zurück.

***

Im selben Moment ging das Licht auf dem langen Flur an, und zwei Polizisten kamen mit gezückter Waffe herangestürmt. Der Lange hielt Pistole und Messer zur Decke gerichtet und schrie den beiden Polizisten etwas zu. Diese hielten kurz inne.

Dann kam ein dritter Polizist mit einem dicken Schlüsselbund angekeucht, ebenfalls eine Pistole in der Hand.

Gerhard erkannte in ihm denjenigen, der abends die Zellenschlösser in einem eigenen Rundgang überprüfte.

Die beiden ersten Polizisten sagten etwas zu ihm, und er schloss die Nachbarzelle auf. Der Lange verliess die Zelle, immer noch Pistole und Messer nach oben haltend.

Er redete kurz auf die drei Polizisten ein. Sie liessen ihre Waffen sinken, und der Lange steckte seine in den Hosenbund.

Der Beschliesser versperrte wieder die Nachbarzelle. Dann wandten sie sich dem Deutschen zu. Gerhard sass auf seiner Pritsche und zitterte wie Espenlaub. Der Lange kam auf ihn zu und legte ihm beruhigend seine rechte Hand auf die Schulter.

„Machen sie sich keine Sorgen mehr, es ist vorbei, Herr Frigs. Mein Name ist Supinda. Ich bin hier als ihr Beschützer, Undercover, sie verstehen? Sie können jetzt aus ihrer Zelle herauskommen. Wir bringen sie woanders unter."

Gerhard stand auf und stammelte: „Danke"

Er sah sich um. An den vier Polizisten vorbei ging er auf den langen Gang und blieb dort stehen. Der Beschliesser verriegelte die Zelle.

Um die Beiden in Gerhards Zelle vor der Pritsche am Boden liegenden kümmerte sich keiner, genauso wenig, wie um den in der Nachbarzelle Angeschossenen.

Dann wurde auch die vierte Zelle, aus deren die beiden Angreifer gekommen waren, und deren Tür immer noch offenstand, ebenfalls verschlossen.

Die übrigen Zelleninsassen aller anderen Zellen standen an den Gittern und schauten teils interessiert, teils unbeteiligt in Richtung Gerhards. Keiner sprach ein Wort.

Als sie den Gang hinunter in Richtung Fenster und Treppenhaus gingen, erkannte Gerhard in der vorletzten Zelle den Gefangenen wieder, der ihm, als seine Zelle zum ersten Mal offengeblieben war, und er mit dem Gedanken gespielt hatte, zu fliehen, das verneinende Kopfschütteln gezeigt hatte.

Er grinste, als Gerhard vorbeikam. Der nickte ihm lächelnd zu.

***

Sie gingen hinunter in die Wachstube. Die Nachtschicht bestand aus vier Polizisten. Sie boten ihm Tee an, alle waren sehr freundlich.

Dann begann Herr Supinda zu telefonieren, während zwei der Polizisten wieder nach oben verschwanden.

Sie kamen mit den Beiden zurück, die Gerhard überfallen hatten. Darauf gingen beide noch einmal nach oben, um den Verletzten aus der Nachbarzelle herunterzuholen. Sie lebten offenbar alle Drei noch, denn alle trugen nun Handschellen.

Sie legten sie in einem der hinteren Räume auf den Boden und telefonierten nach einem Arzt.

Nach einigen Minuten kam ein Mediziner, der sich um die Verletzten kümmerte. Kurze Zeit später trugen die beiden Polizisten die drei Gangster, die offenbar nicht gehfähig waren, einzeln wieder nach oben zum Zellentrakt zurück. Der Arzt hatte Allen Verbände angelegt.

Herr Supinda beendete seine Telefongespräche. Er kam zu Gerhard, und setzte sich ihm gegenüber. „Sie brauchen hier nicht mehr in die Zelle zurück; wir gehen in ein Hotel. Aber ich muss sie bitten, das Hotel nicht zu verlassen. Ich bringe sie morgen nach Bangkok ins Bangkwan Gefängnis. Machen sie sich keine Sorgen mehr."

„Es fällt mir schwer, zu glauben, dass der Spuk hier endgültig vorbei sein soll. Aber Hotel und Luxuszelle, das hört sich besser an ".

„Ja, Herr Frings, in dem Gefängnis hat man echte Luxuszellen für hochgestellte Persönlichkeiten. Das sind eher Appartements mit Verpflegung nach Wunsch aus Restaurants von draussen. Solch eine Zelle werden sie beziehen. Ich habe vorhin Staatssekretär Lupini aus dem Bett geklingelt. Er hat das angeordnet, und mich gebeten, ihnen mitzuteilen, dass jetzt in Bangkok ein Eilverfahren eingeleitet wurde,um ihre vollständige Rehabilitierung zu erwirken."

„Herr Supinda, welches Datum haben wir heute? Wann denken sie, dass ich zurück nach Deutschland kann?"

„Herr Frings, es wird schon noch einige Tage dauern. Staatssekretär Lupini hat mich auch gebeten, ihnen klar zu machen, dass er nicht einfach ihre Entlassung anordnen kann. Wir haben hier Gewaltenteilung, ähnlich wie in Deutschland. Und ihre Entlassung muss nun mal von einem Gericht angeordnet werden.

Aber das ist jetzt nur noch eine Frage von wenigen Tagen. Also bitte, noch einmal, es wäre töricht von ihnen, jetzt noch zu versuchen, nachher aus dem Hotel zu flüchten. Ich hoffe, sie haben Verständnis dafür."

Gerhard nickte heftig mit dem Kopf. Immer wieder fehlten ihm die Worte. So überraschend schnell hatte sich die Situation zugespitzt und wieder entspannt.

Die Vorkommnisse, nur Stunden vorher, hatten ihn stark mitgenommen.

Im Luxushotel

Nach kurzer Zeit kam Herr Supinda, mit einem Autoschlüssel winkend, zu ihm. Beide verliessen das Polizeigefängnis und bestiegen einen Polizeiwagen.

Nach zehnminütiger Fahrt hielten sie vor einem Hotel mit Namen ‚Laoya Inland Hotel'.

Herr Supinda erklärte dem Deutschen: „Dieses ist das beste Hotel in Trat. Heute Abend findet hier ein Empfang der lokalen Handelskammer statt. Lassen sie sich nicht stören. Geniessen sie ihre wiedererlangte Freiheit. Und morgen Vormittag bekommen sie ihre Kleidung und persönlichen Utensilien im Polizeigefängnis zurück."

Es war ein wirklich beeindruckendes vier Sterne Hotel.

Sie betraten die Rezeption, beide immer noch in Gefängniskleidung. Als der Rezeptzionist die späten, unerwarteten Gäste eintreten sah, griff er direkt zum Telefon. Er wollte die Polizei alarmieren, weil beide in einem rotweissen, als solches erkennbarem Polizeiwagen, direkt vor dem Eingangsportal geparkt hatten.

Herr Supinda zog er aus seiner Hosentasche einen Polizeiausweis, knallte diesen vor dem erstaunten Rezeptzionisten auf die Theke und sprach energisch auf ihn ein; dann legte er den Schüssel des Polizeiautos, mit dem sie gekommen waren, daneben auf die Theke. Er forderte den Rezeptzionisten auf, das Auto sicher zu parken.

Es war für Gerhard ein interessantes Gefühl, im offenbar besten Hotel von Trat in stinkenden Gefängnisklamotten zwischen bestens bekleideten Gästen herumzustehen. Er hatte vor etwa zwei Wochen zum letzten Mal die Kleider gewechselt. Er musste grinsen, er konnte nicht anders.

Dann betraten sie den grossen Speisesaal, und setzten sich an einen Tisch ungefähr in der Mitte des Saales. Der Speisesaal war noch halb besetzt, die Gäste raunten und sahen die beiden „Sträflinge" neugierig und befremdet an.

Herr Supinda meinte belustigt: „ Nicht nur für sie, Herr Frings, ist das jetzt ungewöhnlich. Ein Auftritt in Gefängniskleidung ist ja auch etwas Besonderes. Auch für mich. Aber irgendwie geniesse ich unseren Auftritt hier. Lassen sie uns darauf anstossen, dass alles so gut zu Ende gekommen ist!“

Er bestellte bei dem verdutzten livrierten Kellner eine Flasche französischen Champagner und vier Tischdamen. Inzwischen war es fast Mitternacht. Das hatte jedenfalls die grosse Uhr an der Rezeption angezeigt.

***

Kurze Zeit später trat ein sorgenvoll blickender Thailänder an den Tisch der beiden. Er trug einen dunkelblauen Anzug und redete leise auf Herrn Supinda ein. Der nickte zustimmend, und der Mann in Anzug entfernte sich wieder.

Der Polizist sagte lachend zu Gerhard: „Das war der Hotelmanager. Man hat ihn aus dem Bett geklingelt, und über die ‚ungewöhnliche' Situation informiert. Er hat mir seine ernste Besorgnis um den guten Ruf seines Hauses dargelegt und uns angeboten, auf Kosten des Hauses zwei Anzüge zu besorgen, und auch etwas für die Körperpflege zu beschaffen.

Er hat sich sehr diplomatisch ausgedrückt. Ich habe zugestimmt. Ich denke, das ist auch akzeptabel für sie. In fünf Minuten ist auf den Zimmern, die er uns zugedacht hat, für jeden von uns ein kompletter Bekleidungssatz vorhanden. Er bat, dass wir umgehend unsere Zimmer aufsuchen möchten, etwas ‚Körperhygiene' betreiben sollten, uns ‚neu' einkleiden und uns dann wieder hier einfinden möchten. Einverstanden?“

Gerhard stimmte zu.

Beide verliessen den Speisesaal und kamen nach einer halben Stunde frisch geduscht und neu ausgestattet in dunklen Anzügen in den Speisesaal zurück. Für Gerhard war es eine überwältigende Situation, den Beginn des Abends im Gefängnis und den Rest der Nacht in einem vier Sterne Hotel zuzubringen.

Jetzt stand er hier, frisch parfümiert und im neuen Anzug mit Krawatte. Auf ihn und seinen Begleiter warteten ein Luxusessen, Champagner, Tischdamen. Es war eine verrückte Welt. Morgen früh würde er seinen Neffen Chris und seine Freundin Oi anrufen. Sie würden gewiss staunen…

***

Her Supinda erhob sein Champagnerglas: „Auf ihr Wohl, Herr Frings“.

„Danke, Herr Supinda, ich möchte ihnen noch mal ausdrücklich und in aller Form danken. Ich dachte vorhin wirklich, dass das das Ende für mich wäre. Wenn sie nicht geschossen hätten,“

Er schluckte. Es hatte ihm die Sprache verschlagen.

„Sie haben mir das Leben gerettet.“ Er schwieg und war für eine kurze Zeitt sprachlos.

Dann fuhr Gerhard fort:„Noch etwas, da war in der vorletzten Zelle ein Insasse, der hat mich, als meine Zelle zum ersten Mal offen geblieben war, offensichtlich davor warnen wollen, zu fliehen. Vielleicht habe ich dem auch mein Leben zu verdanken. Ich würde mich ihm gegenüber gerne irgendwie erkenntlich zeigen. Nur wie, weiss ich nicht.“

„Gut, Herr Frings, wir müssen morgen ja noch einmal ins Gefängnis, um ihre Sachen zu holen, und die Papiere für ihre Überführung nach Bangkok in Empfang zu nehmen. Zeigen sie mir den Mann, mir wird schon etwas einfallen.“

Saporn wird misstrauisch

Er glitt später in einen unruhigen Schlaf, wurde mehrmals wach und träumte, wenn er schlief, wirres Zeugs, aus dem er orientierungslos erwachte.

Es war nicht einfach, sich wieder in der Normalität einzuleben und zurechtzufinden.

***

In der vergangenen Nacht gegen 23 Uhr war Herr Saporn, unmittelbar nach der Schiesserei im Gefängnis, von Herrn Tong, angerufen worden. Er hatte Herrn Bam nicht erreicht, und gedacht, vielleicht sei er bei seinem Verwandten Saporn zu Besuch.

Dann hatte er von den Ereignissen berichtet. Er habe vereinbarungsgemäss an der Gefängnisecke unter dem Fenster auf die beiden Laoten gewartet.

Als dann Schüsse zu hören waren, wusste er, dass etwas schiefgelaufen sein müsse. Er habe noch fünf Minuten gewartet, sei dann aber, als die Lichter oben angegangen waren, sofort abgehauen. Falls also Herr Bam noch bei ihm auftauchen sollte, solle er den Kollegen Thong umgehend informieren.

Herr Saporn dachte angestrengt nach. Er zog eine kurze Bilanz der Vorkommnisse der letzten Wochen.

Er war nicht nur sehr intelligent und gebildet, sondern auch ein schneller Denker. Er analysierte seine eigene Situation.

Zuerst waren da die Gerüchte über Ermittler aus Bangkok. Dann der missglückte Überfall auf die beiden Deutschen auf der Insel, von denen der eine der Neffe des Gefangenen in Trat war. Dann hielten sich hartnäckig die Gerüchte, dass der Gefangene nach Bangkok verlegt werden solle, oder sogar bald freigelassen werde.

Ausserdem war er sich ganz sicher, dass jemand am 18. Februar um die Mittagszeit die Unterlagen in seiner Asservatenkammer und seinen Laptop ausspioniert hatte. Denn er hielt peinlich genau Ordnung auf seinem Schreibtisch. Und das lange Lineal, der Behälter mit seinen diversen Schreibgeräten, und der dicke Notizblock hatten nicht mehr auf ihren gewohnten Plätzen gelegen.

Als er den Chronik-Tab seines Laptops angeklickt hatte, entdeckte er, dass jemand während der Mittagspause verschiedene Adressen aktiviert hatte. Und der Spion war auch noch ein Stümper gewesen, denn er hätte die Eintragungen im Chronikfenster mit wenigen Klicks löschen können.

Oder er war in grosser Eile gewesen.

Offenbar hatte man ihn auch im Visier. Er war zwar an den Untaten der anderen nicht unmittelbar beteiligt, aber schliesslich hatte er sie öfter mit benötigtem Rauschgift versorgt. Ausserdem hatte er die Bestandsbücher gefälscht.

Wenn alles auffliegen würde – und da war er sich jetzt ziemlich sicher-, dann könnte er alle seine Träume vergessen. Und er hatte noch viele Träume!

Denn von seinem bisherigen Leben war er tief enttäuscht. Er war in der Schule und dann im College immer einer der Besten gewesen. Dann kam die Zeit auf der Polizeiakademie in Chiang Mai, wo sich für ihn alle Hoffnungen auf einen gehobener Posten im Polizeidienst in Luft aufgelöst hatten.

Es hatte sich als junger Mann von 21 Jahren bei der Abschlussfeier des ersten Lehrgangsjahres daneben benommen. Man hatte sich nach viel Whisky mit noch neun übriggebliebenen Absolventen in übermütiger Stimmung ins Bar-Viertel begeben. Dort war in einem Hinterzimmer der ‚Las Vegas Bar' mit ‚Damen' weiter gefeiert worden, und als die Stimmung auf dem Höhepunkt gewesen war, hatte eine der ‚Damen' hüllenlos auf dem grossen Mitteltisch getanzt.

Daraufhin hatten zwei seiner Kameraden auf dem Tisch vor aller Augen Sex mit der Dame. Als dann die Reihe an ihm war, hatte die Dame dieses Spiel nicht mehr mitspielen wollen. Sie hatte sich geweigert, als er sie hatte besteigen wollen.

Als ihn darauf die Kameraden ausgelacht hatten, hatte er die Dame zweimal ins Gesicht geschlagen. Die Dame hatte nahe am Tischrand gelegen, und als er zugeschlagen hatte, hatte sie sich absichtlich seitlich vom Tisch fallen lassen.

Dort hatte ein leerer Stuhl gestanden. Auf diesen Stuhl war die Frau gefallen, und hatte sich unglücklicherweise am Kopf verletzt. Sie hatte stark geblutet.

Dann war wegen des Lärms der Barbesitzer in den Raum gekommen. Er hatte den stark angetrunkenen Polizeioffiziersanwärter zur Rede gestellt und Schadensersatz gefordert. Als Antwort hatte der junge Saporn ihm eine schallende Ohrfeige gegeben. Daraufhin hatte der Barbesitzer laut um Hilfe geschrienen, und drei Mitarbeiter waren ihm zur Hilfe gekommen. Sie hatten den jungen Mann überwältigt, und ihn festgehalten, bis die herbeigerufene Polizeistreife erschien war. Diese hatte ihn festgenommen und in eine Ausnüchterungszelle geworfen.

Seine Kameraden waren inzwischen verschwunden, ohne ihm beizustehen. Die Dame hatte Anzeige erstattet wegen Körperverletzung.

Am nächsten Tag war auf dem Polizeirevier der Lehrgangsleiter erschienen und hatte sich die vorliegenden Berichte, Protokolle und die Anzeige kurz angesehen.

Er hatte den jungen Mann in die Polizeikaserne mitgenommen, wo ihm der Leiter der Polizeiakademie lapidar mitgeteilt hatte, seine Zeit in Chiang Mai sei nun um.

Man hatte ihm die Stelle des Leiters der Asservatenkammer im Polizeihauptquartier in Trat angeboten und seit dieser Zeit hatte er hier in der Provinz Dienst getan.

Aus dem hoffnungsvollen jungen Mann war in Trat nun ein verbitterter Innendienstler geworden, der aber seine Träume weiterträumte.

Er fühlte sich zutiefst ungerecht behandelt. Denn die Frau war nicht einmal eine Thailänderin, sondern aus Laos gewesen.

Ja, wenn er aus einer einflussreichen Familie gestammt hätte. Aber er kam aus ärmlichen Verhältnissen aus der südlichen Provinz Yala, und sein Vater war praktizierender Muslim gewesen.

Obwohl seine Mutter Buddhistin gewesen war, war es schon schwer genug gewesen, wegen des Glaubens seines Vaters zur Polizeiausbildung zugelassen zu werden.

Diese Demütigungen hatte er nie vergessen können.

Jetzt stand er auch noch kurz davor, hier in Trat seinen Posten zu verlieren, und konnte vielleicht sogar im Gefängnis landen.

„Nein“, sagte er laut zu sich selbst. Man würde ihm nicht noch einmal so böse mitspielen!

***

Er packte seine wichtigsten Utensilien zusammen. Glücklicherweise hatte er am Vortage seinen Laptop mit nach Hause genommen. Er wollte nicht, dass in seiner Abwesenheit noch einmal darin gestöbert würde.

Einen kleinen Handkoffer, nur mit den wichtigsten Papieren, persönlichen Unterlagen und seinem Laptop, nahm er mit.

Er setzte sich in seinen Wagen, fuhr nach Chantaburi und erreichte die Stadt gegen ein Uhr morgens.

***

Herr Saporn checkte in einem kleinen Hotel für den Rest der Nacht ein.

Vor allem musste er sein Auto möglichst schnell loswerden.

Er wusste von einem Autohändler in Chantaburi, der bekannt dafür war, dass er Autos auch zweifelhafter Herkunft ankaufte.

Sein Toyota war erst sechs Jahre alt. Ihm würde er den Wagen als ‚Notverkauf' anbieten.

Er wusste, dass er in diesem Falle nur die Hälfte des Zeitwertes erhalten würde, aber den Wagen einfach stehen lassen und aufgeben wollte er auch nicht. Dazu war er zu wertvoll.

Dann musste er noch hier in Chantaburi sein Bankkonto abräumen.

Daraufhin würde er ein Busticket für einen der billigsten Überlandomnibusse nach Korat kaufen.

Die Busse in diese Richtung am Vormittag waren immer überfüllt, so dass ein fehlender Passagier kaum auffallen würde.

Dann müsste er schnellstens nach Trat zurück.

Falls nach ihm gefahndet würde, und damit rechnete er über kurz oder lang, würde aber nicht vor dem Mittag die Fahndung eingeleitet werden.

In seinem Hinterkopf hatte er schon einen Plan für die nähere Zukunft ausgeheckt. Noch in der vergangenen Nacht hatte er seine Freundin Li in Thamai bei Trat angerufen. Li war jetzt vierzig Jahre alt und stammte aus Kambodscha. Sie war mit einem Thailänder verheiratet gewesen, der bei einem Unfall gestorben war.

Herr Saporn hatte das Verhältnis zu ihr immer geheim gehalten. Schliesslich war sie Kambodschanerin. Keiner seiner Freunde oder Verwandten sollte etwas davon wissen.

Sie lebte von einer kleinen Witwenrente, die Herr Saporn bei seinen Besuchen immer etwas aufbesserte. So kam sie mit Ach und Krach über die Runden.

Zu ihrem alten Häuschen gehörten drei kleine Reisfelder, die von ihren beiden Brüdern Ad und Od bewirtschaftet wurden.

Ad und Od waren illegal in Thailand, aber das kleine Anwesen lag so abgelegen, dass sich fast nie jemand hierher verirrte mit Ausnahme von Freunden von Ad und Od und Herr Saporn.

Er hatte seine Freundin aufgefordert, ihren Bruder Ad um sechs auf seinem Motorrad nach Chantaburi zu schicken. Treffpunkt müsste unbedingt pünktlich um 9.15 Uhr die katholische Kathedrale der Stadt sein. Dann könnten sie gegen Mittag zurück in Thamai sein.

***

Herr Saporn hatte nach der kurzen Nacht schnell geduscht, einen Tee getrunken, und aus dem Hotel ausgecheckt.

Er fuhr zu dem zwielichtigen Autohändler, den er aus dem Bett klingeln musste. Nach kurzem Feilschen waren sie einig geworden. Man einigte sich auf 180‘500 Baht. Immerhin! Der Händler bezahlte bar.

Dann nahm Herr Saporn ein Taxi und liess sich zum Busbahnhof fahren.

Am Schalter der Busgesellschaft, die Korat anfuhr, kaufte er sich ein Ticket für den billigsten Bus, der um zehn Uhr abfahren sollte. Er liess sich zweimal vom Ticketverkäufer versichern, dass der Bus auch pünktlich sei, und erklärte, dass er die Busgesellschaft verklagen würde, wenn der Bus zu spät abfahren würde.

Dieser Verkäufer würde sich an ihn erinnern, sollte er befragt werden.

Darauf nahm er ein Taxi zur Thai Farmers Bank. Inzwischen war es neun Uhr geworden, die Bank öffnete gerade.

Er liess sich das vollständige Guthaben von seinem Konto auszahlen und schlenderte in Richtung Kathedrale. Es waren zu Fuss nur fünf Minuten. Dort wartete schon Ad auf seinem Motorrad.

Ad war ärgerlich gewesen, als seine Schwester ihm den Auftrag gegeben hatte, sich so früh auf den Weg zu machen. Aber er wusste auch, dass Herr Saporn jederzeit für seine Abschiebung sorgen konnte. Ausserdem wusste dieser, dass er öfter in krumme Geschäfte mit anderen Kambodschanern verwickelt war, und darüber hinaus war er auch noch von seiner Schwester abhängig. Schliesslich bot sie ihm Unterschlupf.

„Wir müssen sofort zurück, nach Thamai! Ich habe einen guten Job für dich und deinen Bruder“, sagte Herr Saporn, während er das Motorrad bestieg. Ohne ein Wort zu verlieren, fädelte sich Ad in den vorbeifliessenden Verkehr ein. Herr Saporn war zufrieden. Alles war bisher planmässig verlaufen.

Die Spur für die Polizei, falls sie erschiene, war gelegt. Kurz vor zwölf Uhr erreichten sie das Häuschen von Li.

Herr Saporn hatte sich während der Fahrt die endgültigen Einzelheiten seines weiteren Vorgehens überlegt.

Verhaftungen

Im Polizeihauptquartier in Trat war der Teufel los.

Am frühen Vormittag hatte Staatssekretär Lupini den Polizeipräsidenten von Trat angerufen. Er hatte ihm von den Ermittlungen gegen vier seiner Leute berichtet. Er hatte ihn auch um Verständnis dafür gebeten, dass die Ermittlungen unter strengster Geheimhaltung von statten hatten gehen müssen.

Zuerst hatte der Polizeipräsident beleidigt reagiert.

Doch als er die Ermittlungsergebnisse erfuhr, und von den versuchten Anschlägen gehört hatte, hatte er Verständnis gezeigt. Auch als der Staatssekretär anordnete, dass die Polizisten Rung, Bam, Tong und Saporn von den Sonderermittlern Taksini, Abhesat, Kasikorn und den Geheimpolizisten Herrn Muang und Herrn Soy zu verhaften seien, um Loyalitätskonflikte unter Kollegen bei der Polizei von Trat zu vermeiden, hatte er Verständnis gezeigt.

Dass die Verhafteten nach ersten Verhören in Trat umgehend nach Bangkok zu überstellen seien, leuchtete ihm auch ein.

Auf den ersten Verhören in Trat hatte der Polizeipräsident allerdings vehement bestanden. Es war schliesslich sein Hauptquartier, das ausgemistet werden sollte.

Dass er in Zukunft vier Beamte weniger haben würde, das beunruhigte ihn allerdings ganz besonders.

Der Staatssekretär sicherte ihm aber sogleich zu, dass er alle ihm zur Verfügung stehenden Hebel in Bewegung setzen würde, um schnellstmöglich für Ersatz für die Fehlenden zu sorgen.

***

Anschliessend informierte der Staatssekretär in groben Zügen Herrn Kellermann von der deutschen Botschaft. Dieser war sichtlich erfreut über den glücklichen Ausgang der Affäre.

„Herr Staatssekretär", meinte der Botschaftsrat, „lassen sie uns glücklich sein, dass diese Angelegenheit einen solchen Ausgang genommen hat. Aber ich bin nicht glücklich, dass der deutsche Staatsbürger Gerhard Frings jetzt noch ins Bankwang Gefängnis eingeliefert werden soll, Luxuszelle hin oder her."

„Herr Kellermann, es ist die Gesetzeslage in Thailand. Auch ein Staatssekretär hat sich an das geltende Recht zu halten. Ich persönlich würde nichts lieber tun, als den Deutschen selbst zum Flughafen zu begleiten und in die nächste Maschine nach Deutschland zu setzen. Aber zuerst muss ein Gerichtsurteil gefällt werden. Gewiss, nur eine Formsache, aber ich kann mich nicht darüber hinwegsetzen."

„Herr Staatssekretär, als Kompromiss würde ich ihnen anbieten, beide Deutsche im Gästehaus der deutschen Botschaft unterzubringen. Das Gästehaus befindet sich direkt neben dem Botschaftsgebäude und liegt auf demselben gesicherten Areal.Wie das Botschaftsgebäude, wird es rund um die Uhr von Beamten des Bundesgrenzschutzes, ausgestattet mit dem neuesten technischen Equipment, bewacht.

Ich persönlich garantiere für die Sicherheit der Mitbürger. Denn es wird sicherlich doch noch einige Tage dauern, bis der förmliche Gerichtsbeschluss bezüglich der Freilassung erfolgt. Ich sichere ihnen zu, dass die beiden Deutschen nicht vor Abschluss der umfangreichen Vernehmungen und Protokollierungen, die in Bangkok durchgeführt werden, das Land verlassen werden.

Ich werde mich persönlich mit Herrn Frings und seinem Neffen dahingehend zu verständigen versuchen. Wenn allerdings sie, Herr Staatssekretär, der Unterbringung hier nicht zustimmen, ist es möglich, dass der Neffe noch vor Abschluss der zu erwartenden mehrtägigen Vernehmungen das Land verlassen will. Ihre Polizei hat keine Handhabe, ihn zurückzuhalten, da gegen den Neffen absolut nichts vorliegt."

Zähneknirschend stimmte der Staatssekretär zu, obwohl er nun seine Kompetenzen überschreiten musste.

Aber er sah ein, dass die Aussagen des Neffen ebenfalls unbedingt gebraucht würden, um alle Vorkommnisse lückenlos aufzudecken.

Nach Rücksprache mit seinem Vorgesetzten, dem Innenminister, informierte der Staatssekretär den Botschaftssekretär, dass die Deutschen nach ihrer Überstellung nach Bangkok der deutschen Botschaft überstellt werden würden.

Als Herr Kellermann ihm obendrein noch zusicherte, dass, falls die Deutschen das Botschaftsgebäude vorübergehend verlassen wollten, die Beiden von Wachpersonal der Botschaft begleitet werden würden, war er zufrieden. Schliesslich kannten sich Staatssekretär und Botschaftssekretär schon lange, und beide vertrauten einander.

***

Gegen Mittag erfolgte der Zugriff.

Die Polizisten Rung, Bam und Tong wurden gegen Mittag innerhalb der Dienststelle verhaftet und zunächst in der Zelle, in der Gerhard Frings so viele leidvolle Zeit verbracht hatte, einquartiert.

Als aber zeitgleich der Kollege Saporn verhaftet werden sollte, erlebten die fünf Kollegen eine böse Überraschung. In der Asservatenkammer war er nicht aufzufinden.

Auch ein Besuch bei ihm zu Hause ergab keinen Erfolg. Ermittlungen ergaben, dass er morgens gar nicht zum Dienst erschienen war. Eine sofort eingeleitete Ringfahndung blieb erfolglos. Er war wie vom Erdboden verschwunden.

Später waren Gerhard alle seine persönlichen Sachen gegen Quittung zurückgegeben worden.

Er erinnerte Herrn Supinda nochmals an den Gefangenen, der ihn freundlicherweise davor gewarnt hatte, zu fliehen. Beide einigten sich darauf, dass er nach und nach zehn Stangen Zigaretten bekäme. Ausserdem würde sich der Geheimpolizist die Akten über diesen besorgen, und sich dafür einsetzen, dass dessen zu erwartende Bestrafung deutlich milder ausfallen würde. Er würde ihn persönlich von Gerhard grüssen und sich in dessen Namen bedanken.

Dann hängte Gerhard sein Handy an das Ladegerät, und schon nach einer halben Stunde konnte er telefonieren.

Treffpunkt Bangkok

Chris wollte seinem Onkel zunächst nicht recht glauben, was er ihm zu berichten hatte. Dann aber sagte er ihm zu, seine Freundin Oy zu informieren, deren Handy im Moment ausgeschaltet war.

Es war angeordnet worden, dass Gerhard noch am selben Tag mit dem Herrn Supinda nach Bangkok zurückfliegen sollte.

Herr Chillavorn würde zusammen mit Chris und Gerhards Freundin ebenfalls schnellstmöglich nach Bangkok nachkommen. Da Herr Supinda für sich und Gerhard die beiden letzten freien Plätze des heutigen Tages auf der Nachmittagsmaschine von Trat nach Bangkok gebucht hatte,würden der Neffe, Herr Sapinda und Gerhards Freundin mit der Nachmittagsmaschine am folgenden Tag nach Bangkok nachkommen.

So verabredeten sich die Deutschen für den nächsten Abend in Bangkok um acht Uhr abends in der Soy Cowboy in der ersten Bar auf der rechten Strassenseite. Chris würde Oy mitbringen, und dann würden sie drei heftig Gerhards Freilassung feiern.

Saporn wird aktiv

Im Polizeihauptquartier von Trat herrschte immer noch hektisches Treiben.

Verhöre in allen verfügbaren Zimmern, und die Fahndung nach dem Polizisten Saporn, all dies zusammengenommen, liess für die routinemässige Polizeiarbeit keine Zeit mehr.

Darüber hinaus war der Kambodschaner, der am Attentat an Karsten und Christian beteiligt war, zum Verhör nach Trat überführt worden.

Dann waren da noch die beiden Laoten, die Gerhard hatten ermorden wollen, zu verhören. So hatte man zusätzliche Polizeiverstärkung von Chantaburi angefordert.

Der Polizeipräsident liess es sich nicht nehmen, an den Verhören der drei belasteten Polizisten persönlich teilzunehmen. Nach anfänglichem Schweigen legten alle drei umfangreiche Geständnisse ab. Seltsamerweise belasteten sie aber in keiner Weise den Kollegen Saporn, der nach wie vor verschwunden blieb.

***

Kaum in Thamai angekommen, hatte Herr Saporn von einem seiner engsten Freunde im Polizeihauptquartier in Trat, der ihm noch einen Gefallen schuldete, erfahren, dass der Deutsche aus dem Gefängnis entlassen worden war und heute noch nach Bangkok fliegen würde. Der Neffe würde morgen nachkommen- er sei noch in Ko Chang, im Cliff Resort.

Jetzt musste schnell gehandelt werden, vieles war zu organisieren.

Nach einer kurzen Mahlzeit bat er Li, Ad und Od zu sich. Zuerst gab er jedem ein Handgeld von 5‘000 Baht.

Die Bedachten wunderten sich. Mit solch einer Summe hatte keiner gerechnet

Dann begann Herr Saporn, ihnen in kurzen Worten seinen Plan zu erklären. „Ad und Od, ich brauche euch in den nächsten zwei Wochen. Zuerst müssen wir schnellstens nach Ko Chang hinüber. Packt euch ein paar Sachen zusammen, aber nur jeweils eine kleine Reisetasche voll.“

Von Li erhielt er das Mönchsgewand, das ihr verstorbener Mann in seinen Zeiten im Kloster getragen hatte.

Darauf liess er sich von ihr den Kopf kahl scheren.

Als er sich im Mönchsgewand ganz ohne Haare im Spiegel kritisch anschaute, erkannte er sich selbst kaum wieder. Perfekt!

Falls man ihn jetzt suchen würde: keiner würde ihn erkennen.

Und ausserdem wusste er, dass Mönche nie kontrolliert wurden! Also, so schnell wie auf möglich die Insel. Die Zeit drängte .

***

Christian hatte sich am selben Tag mit Herrn Supinda für elf Uhr in der Tapas Bar verabredet.

Da die üblen drei Polizisten verhaftet waren, und der vierte sich auf der Flucht befand, war nun nicht mehr mit weiteren Komplikationen zu rechnen. Herr Supinda hatte zugestimmt, dass nun der verdeckte Schutz des Neffen beendet werden könne. Da Herr Sapinda aber nun mal zum Schutz des Neffen eingeteilt war, könne die verdeckte in eine offene Überwachung umgewandelt werden.

Am nächsten Morgen würden ohnehin beide nach Bangkok fliegen, und Herr Sapinda würde den Neffen in der Botschaft abliefern. Damit wäre sein Auftrag erfüllt.

Den Neffen fasste etwas Wehmut, am nächsten Tag abreisen zu müssen, aber wenige Stunden vorher hatte sein Onkel aus Bangkok angerufen, und von dem tollen Gästehaus der Botschaft geschwärmt. Dort würde Chris auch ein Appartement bekommen. Es war bestens für alles gesorgt.

Leider war Susan ‚Nivea' nach dem Kontakt mit ihrer Schwester und Freundin abgereist. Sie hatte zwar viel Seltsames von sich gegeben, aber im Bett war sie einzigartig gut gewesen. Nun, heute Abend würde er mit Herrn Supinda um die Häuser ziehen – mal sehen, was lief….

Aber zunächst war man ja jetzt beim Abschiedstrunk bei Greg.

Herr Sapinda hielt zur Verwunderung des Neffen kräftig mit. Der Thailänder genoss offenbar die Gesellschaft der beiden Weissen.

Zwischendurch nahmen sie eine kleine Mahlzeit zu sich. Herr Sapinda bestellte zweimal Pad. Thai, für sich mit Schweinefleisch, und für Chris mit Rindfleisch.

Er schüttete über sein Mahl fast eine halbe Flasche 'Fishsauce', und bevor der Neffe sich versah, schwamm sein Essen ebenfalls in diesem üblen, braunem Saft. Er stank erbärmlich nach altem Fisch.

Deswegen hatte Chris auch nie diese Würz-Sauce genommen. Er hatte immer richtig gehandelt, denn jetzt nach den ersten Happen glaubte er, sich fast übergeben zu müssen.. Aber aus höflicher Rücksicht auf seinem Tischpartner, ass er alles auf.

Dabei unterhielt man sich, machte Witze und zechte danach bis in den späten Nachmittag hinein.

Nach einer herzlichen Verabschiedung von Greg, wanderten die Beiden langsam zum Hotel zurück, um sich eine Stunde zu erholen und für den Abend fit zu machen.

***

Um sieben Uhr machten sie sich dann auf den Weg zu Karsten. Dort speisten sie vorzüglich, und Herr Supinda genoss die typisch deutsche Küche. Er war schliesslich einige Jahre in Deutschland gewesen, und würde in einigen Tagen auch wieder dorthin zurückkehren.

Gegen zehn Uhr zahlten sie, verabschiedeten sich herzlich von Karsten, und schlenderten in Richtung Bars.

In der ersten Bar, der ‚Take a Break', direkt gegenüber dem ‚Cliff' kehrten sie ein. Die Musik war sehr laut, die Damen mittelmässig, und das Bier nicht sehr kalt, sondern eher lauwarm.

Sie zahlten und schlenderten zum nächsten Erfrischungspunkt, der ‚Yes' Bar. Diese wurde von einem Schweden geführt, und nach der Eröffnung vor einem Monat war er immer anwesend gewesen.

Er hatte immer für gute Musik und kaltes Bier gesorgt. Aber jetzt gab es nur laute Techno-Music und warmes Bier.

Er hatte die Führung der Bar seiner Thai-Freundin überlassen.

Sie pflegte einen anderen Stil.

Chris zahlte, und schlug nun vor, doch noch ein Stückchen weiter zu ziehen.

In Höhe der 'SABAI' Bar würde auf der gegenüberliegenden Strassenseite eine Musikkneipe liegen. Oodie's hiesse die. Er war dort schon früher mit dem Onkel gewesen. Die Musik sei exzellent, er denke, dass es dort auch Herrn Supinda gefalle.

Der stimmte zu, und auf dem zehnminütigen Weg dorthin einigten sich die Beiden darauf, sich gegenseitig mit Vornamen anzureden. Herr Sapinda hiess mit Vornamen Krung, und dass der Neffe von Gerhard Chris hiess, wusste er schon.

Dann waren sie auch schon angekommen. Die Lautstärke war angenehm, und das Gasthaus war gut gelüftet durch vielerorts angebrachte Ventilatoren. Krung bestellte eine kleine Flasche Sang Som mit Eis, Soda und Cola.

Die Musik war sehr gut. Der Chef der Kneipe ‚Woodie' spielte mehrere Gitarrensoli hintereinander. Sie waren auf Weltniveau. Wie er einmal erzählt hatte, war er früher in vielen westlichen Ländern als Musiker unterwegs gewesen. Er hatte dabei viel gelernt, war aber auch ein Naturtalent.

Besonders, wenn Bluesstücke gespielt wurden, herrschte Totenstille in der Kneipe. Und seine übrigen Bandmitglieder waren ebenfalls Vollblutmusiker, die ihre Qualität nicht nur in ihren Soli, sondern auch in ihrem Zusammenspiel bewiesen. Dass es so etwas auf dieser Insel gab!

****

Leider drängten sich nach kurzem einige geltungssüchtige, Beifall heischende Ausländer auf die Bühne, die zum Teil furchtbare Musikbeiträge ablieferten. Es waren überwiegend aktuelle Hitparadenschnulzen. Chris fragte sich, wieso die sehr gute Band von Oody sich das bieten liess, aber es war typisch thailändische Höflichkeit.

Besonders ein kleingewachsener Neuseeländer, der versuchte, Hits von Mick Jagger zu bringen, fiel ihm negativ auf. Er war offensichtlich stark angetrunken, und grölte ins Mikrophon ‚I can get no satisfaction' und dergleichen.

Und dann eine Philippina, die sich in Tina Turner Songs und deren Performance versuchte. Peinlich, peinlich. Mehr fiel Chris dazu nicht ein.

Die negative Krönung war eine blonde Schweizerin, die sich an ihrer Harp abmühte.

Ihre Tremoli waren katastrophal, oder gar nicht als solche zu erkennen. Tonlagen zu halten, war auch nicht ihre Stärke. Aber sie erhielt viel Beifall von angetrunkenen Touristenbanausen, wohl weil sie eine Frau war.

Chris bestellte, verärgert wegen der Musikeinlagen der Ausländer, eine weitere Flasche Whisky.

Dann griff er zu seinem Telefon und wählte Karstens Nummer. „Guten Tag, wir sind hier bei Oodie's, der Musikkneipe gegenüber der 'Sabai' Bar. Die Musik ist toll, besonders wenn keine Weissen spielen. Wenn du noch Lust auf einen Schluck hast?

Karsten antwortete: „Ich habe noch zwei Gäste, aber die wollen wohl gleich gehen, dann komme ich noch gerne rasch vorbei. Bis später!"

Daraufhin wies Chris, als sich die Bedienung mit der neuen kleinen Flasche näherte, die Flasche zurück und bestellte eine grosse Flasche.

Die Bedienung machte sich grinsend auf den Rückweg und die Band eine Pause.

Sogleich ging die Harp-Schweizerin mit einem Sammelbecher durch das Gasthaus.

Sie forderte mit einem schiefen Grinsen, das sie offenbar für bezaubernd hielt, die Gäste, den Becher schüttelnd, auf, für die Band Geld zu spenden. Fast jeder gab etwas.

Als sie zum Neffen kam, und ihm mit dem Becher vor dem Gesicht herumfuchtelte, sagte dieser in zynischem Ton: „Wenn ich der Band was spenden will, weil sie sehr gut spielt, tue ich das gerne, und lege das Geld da vorne in die Sammelbox vor der Bühne. Aber ich lasse mich nicht gerne von geltungssüchtigen Ausländerrinnen, die sich in drittklassiger Musik versuchen, nur damit sie ihre Geltungssucht befriedigen können, zum Zahlen nötigen. So wie sie Harp spielen, tue ich das jeden Morgen auf dem Klo.“ Und er legte nach: „ Zisch' ab, Alte, und hör' auf zu nerven!“

Mit grossen Kuhaugen, das schiefe Grinsen zu einer sonderbaren Grimasse gefroren, starrte sie den Neffen an. Schockiert zog sie tatsächlich ab. Jetzt verstand sie die Welt nicht mehr!

Dabei war sie sich doch so gut vorgekommen. Und sie hatte immer Beifall bekommen.

Aber immerhin sie trat später nicht mehr auf. Dann begann die Band wieder, allerdings angenehmerweise ohne ausländische Negativbeiträge, zu spielen.

***

Nach zwanzig Minuten erschien tatsächlich Karsten. Er setzte sich zu den Beiden an den Tisch.

Die Bedienung brachte umgehend ein drittes Glas. Karsten zog einen tiefen Schluck. Auf die ausländischen ‚Künstler' anspielend, sagte er: „Genau deswegen war auch ich schon lange nicht mehr hier. Beim letzten Mal hat ein Deutscher gegrölt: ‚Viva Espana', kennt ihr wohl auch. Den hätte ich am liebsten von der Bühne geholt. Der hat wohl gedacht, er sei in Spanien. Dass die Band da mitspielt! Und die Touristen haben geklatscht wie die Doofen. Ja ja, das Leben kann manchmal hart sein, sehr hart!“

Chris stand auf und ging zur Toilette. Beim Pinkeln fiel ihm wieder ein, dass er ja die letzte Nacht auf der Insel nicht allein verbringen wollte. Schliesslich war die Amerikanerin ausgefallen.

Draussen in der Kneipe hatten einige hübsche Thailänderinnen allein, ohne Männerbegleitung, gesessen. Sie hatten oft zu ihm hin gelächelt, und eine mit einem besonders hübschen Gesicht und blonden Haaren hatte ihm sogar einmal zugeprostet. Er nahm sich vor, später etwas gegen die Einsamkeit im Bungalow zu tun.

Als er zurück zu seinen Freunden ging, sah sie ihm entgegen. Er lächelte ihr zu, ging zu ihr an den Tisch, und fragte sie, ob sie nicht Lust habe, sich zu ihm an den Tisch zu setzen.

Sie stand eilfertig auf und kam mit. Sie stellte sich als ‚Nut’ vor, und Uli stellte seine Freunde und sich selbst vor.

Als sie neben ihm sass, bemerkte er, dass sie, auch aus der Nähe betrachtet, wirklich toll aussah. Sie hatte eine Figur wie aus dem Bilderbuch!

Das ist es, auch wenn sie teurer sein sollte als 1‘000 Baht. Und immerhin brauche ich hier keine Bar Fine zu zahlen. Aber selbst wenn – die muss nachher mit.

Das war ihm schon jetzt klar.

Sie sprach zwar kaum englisch – nur das Standardvokabular: Where you from? You like Thailand? How old you are? Aber das machte Chris nichts aus. Er wollte ja nachher keine ernsten Diskussionen führen…

Karsten meinte, sein Glas nachfüllend, „Sei vorsichtig, das ist wohl eine Freischaffende! Ich denke, aus Kambodscha.“

Krung nickte zustimmend: „Ja, sie ist aus Kambodscha“.

Karsten fuhr fort: „Freischaffende klauen manchmal, und manchmal haben die auch die ‚Seuche’, also pass auf.“

Chris warf ein: „Ich habe meine Wertsachen im Schliessfach, und nur 3‘000 Baht bei mir. Wenn sie klauen will, werfe ich sie aus dem Bungalow, und Verhüterli habe ich noch genug. Aber sie sieht halt toll aus, findet ihr das nicht?“

Beide nickten zustimmend, und Krung meinte: „Einen guten Geschmack hast du. Ich denke, ich werde mir nachher auch eine Dame genehmigen. Aber eine aus den Bars, das ist sicherer!“

Anschliessend erfreuten sie sich weiter an der Musik ohne ausländische Wichtigtuer, aber mit einer neuen grossen Flasche Sang Som.

***

Gegen 2.30 Uhr, als diese Flasche leer war, beschlossen sie, sich auf den Heimweg zu machen. Chris fragte seine Begleiterin, ob sie mitkäme, worauf sie lächelnd nickte.

Auf dem Nachhauseweg machten sie einen kleinen Zwischenstopp und Krung nahm eine der Damen aus der ‚Love Kiss' Bar mit. Zu fünft erreichten sie das ‚Cliff Resort'. Karsten ging mit einem kurzen ‚Tschüss' weiter geradeaus in Richtung seines Gasthauses, während die vier Übrigen rechts abbogen in Richtung ihrer Bungalows.

Beide Paare verschwanden in ihren Hütten. Chris hatte noch eine Flasche ‚Chang Bier', die er nun öffnete. Im 7/11 Supermarkt hatte er eine Flasche ‚Spy' für Nut gekauft.

Er setzte sich mit ihr noch etwas auf die Terrasse und schaute zum Himmel. Wieder kam Wehmut über ihn, gerade als er begann, die himmlische Nachtruhe hier mit der vierundzwanzigstündigen Hektik zu vergleichen, die ihn morgen in Bangkok erwartete.

Ich werde bald wieder hierher kommen, sobald es wieder Urlaub gibt. Das steht fest.

Nach einer viertel Stunde ging er Duschen. Als er wieder die Terrasse betrat, sass Nut in ihrem Korbsessel. Sie war eingeschlafen. Mit einem herzhaften Zug leerte er sein Bier, weckte Nut und deutete mit dem Kopf zur Eingangstür.

„Wir wollen schlafen gehen, komm“, sagte er zu ihr, nahm die Frau an der Hand und führte sie zum Bett. Sie kuschelte sich unter die leichte Decke. Er legte sich neben sie und zog sie liebevoll an sich. Sie summte schläfrig vor sich hin

Morgen also wieder Bangkok. Aber: Was war das? Das Bett schaukelte. Schaukelte stärker.

Er griff an den Rahmen. Wollte sich halten.

Ein Erdbeben?

Das Bett schwankte heftiger, fiel… Es wurde schwarz um ihn herum. Das Zimmer drehte sich. Das Bett fiel, fiel tiefer, immer tiefer.

Chris wird entführt

Nut wartete fünf Minuten. Dann griff sie zum Telefon und wählte eine Nummer. Leise sagte sie: „Er schläft jetzt tief. Wir sind in Zimmer 32, der Freund von ihm hat 34."

„Gut, wir kommen jetzt"

Es kamen vier dunkel gekleidete Männer aus einem vor dem ‚Cliff Resort' geparkten Wagen. Einer von ihnen hatte eine Glatze. Es war Herr Saporn. Seine safrangelbe Mönchskutte hatte er diese Nacht gegen dunkle Kleidung getauscht. Er hatte den gelben Umhang zu seinen Utensilien gepackt. Er würde diesen noch oft brauchen; eine bessere Tarnung gab es nicht

Sie schlossen vorsichtig die Wagentüren und gingen langsam, jedes Geräusch vermeidend, nach unten. Die Bungalows 30 bis 35 lagen direkt links neben dem Pool.

Der Nachtwächter schlief, wie immer, in der Rezeption hinter dem Empfangsdesk auf dem Boden.

Von der seitlichen Einfahrt, von wo die Bungalowreihe von Nr. 30 bis 35 auf direktem Wege zu erreichen war, führte ein fünfzig Meter langer, schmaler Pfad. Man müsste dort schon viel Lärm machen, um den Wächter zu wecken. Das hatten die vier nicht vor.

Einer schlich an den Bungalow Nr. 34 und legte vorsichtig sein Ohr an die Tür. Kein Laut! Nichts zu hören.

Er hatte ein langes Messer in der rechten Hand.

Er hob die linke Hand und streckte den Daumen in die Höhe. Das Zeichen für O.K.

Die anderen Drei standen vor Nr. 32. Sie öffneten geräuschlos die Tür. Und traten ein. Nur das Badezimmerlicht brannte.

Nut hockte angezogen auf einem Stuhl und zeigte auf das Bett. Da lag Chris. Er atmete tief und gleichmässig. Einer der drei schüttelte seinen Kopf. Keine Reaktion. Dann kniff er ihn heftig in die rechte Backe. Das war schmerzhaft. Keine Reaktion.

„Die Tropfen haben gut gewirkt", sagte der mit der Glatze.

Vorsichtig drehten sie ihn zur Seite, wo sie die wollene Decke ausgebreitet hatten. Dann rollten sie ihn, bis er mitten auf der Decke lag. Chris war etwa 1,84 m gross, aber die Decke war 2,50 m lang. Sie verschnürten die Rolle, die ihn enthielt, alle 40 cm mit mitgebrachten Seilen.

Dann begann die Arbeit. Chris wog 83 Kilo. Sie zogen die Rolle an den Bettrand, und hoben sie hoch. Zwei hoben an beiden Enden der Rolle, einer hob sie in der schweren Mitte an.

Nut öffnete die Tür. Die Drei trugen die schwere Last hinaus in Richtung Auto. Nut packte Hemd und Hose des Neffen in eine leere Tüte und verschloss die Bungalowtür.

Hinter dem Auto angekommen, öffnete Nut den Kofferraum. Vorsichtig bugsierten sie die schwere Last hinein. Die Tüte mit Hemd und Hose warf Nut hinterher. Der Kofferraumdeckel wurde langsam geschlossen – das Schloss klickte.

Die Drei waren ausser Atem. Nut winkte in Richtung Nachbarbungalow, wo der vierte Mann an der Tür Wache hielt. Dieser kam leise, aber zügig, nach oben zum Wagen, dessen hintere rechte Tür offen stand und stieg ein.

***

Der Wagen fuhr los in Richtung Bang Bao.

Nach einer dreiviertel Stunde erreichten sie den kleinen Fischerort. Vor der Hauptanlegestelle bogen sie rechts ab und kamen an eine verlassene, aufgegebene Kaianlage.

Hier lag ein einziges Boot. Der fast volle Mond sorgte für ein helles Zwielicht Der glatzköpfige Mann stieg aus dem Wagen und ging langsam auf das Boot zu. Mit einer Taschenlampe leuchtete er die niedrigen Decksaufbauten an. Suchend glitt der Lichtkegel über das Boot.

Es war das Fischerboot, das hier liegen sollte. Sehr marode, aber es schwamm. Die kambodschanische Aufschrift am Bug war deutlich zu erkennen.

Zwei Männer standen plötzlich im Aufgang des Bootes und sahen in Richtung des Ankömmlings. Er blieb auf dem maroden, halb weggefaulten Steg stehen und rief: „Alles klar bei Euch?“

Die beiden Männer nickten. Der Glatzköpfige kam an Bord. Er griff in einen mitgebrachten Beutel: Ein Bündel Geldscheine. Der Ältere der beiden Männer nahm sie entgegen und zählte.

Dann schüttelte er den Kopf. In gebrochenem Thailändisch sagte er: „Das sind viertausend Baht; wo ist der Rest?"

Der Glatzköpfige sagte leise: „Den bekommt ihr, wenn wir drüben sind".

Die beiden Männer tuschelten etwas auf kambodschanisch. Dann sagte der Ältere lauter: „Gut, beeilt euch!"

Herr Saporn machte ein Zeichen mit der Hand in Richtung Wagen.

Die Türen öffneten sich, drei Männer und eine Frau – es war die, welche sich Chris als Frau Nut vorgestellt hatte, stiegen aus, und gingen zum Kofferraum.

Die drei Männer hoben die schwere Rolle heraus und schleppten sie zum Boot. Die Frau brachte die Tüte mit den Kleidern und warf sie an Bord. An Bord wuchteten die Männer die unförmige Last zum Niedergang, und brachten sie vorsichtig nach unten.

Dann gingen einer der Männer und die Frau zurück zum Wagen und bestiegen diesen. Ohne Licht fuhren sie davon.

Inzwischen war der Motor angelassen. Einer der beiden Bootsleute hatte die Leinen vom Steg gelöst.

Das Boot nahm langsam Fahrt auf und tuckerte ohne Positionslichter los. Es beschrieb eine weite Kurve nach Steuerbord und nahm Kurs in Richtung West-Südwest.

***

In der winzigen Kajüte hatten die drei Entführer Chris inzwischen aus der Decke ausgepackt.

Herr Saporn hatte zwei Paar Handschellen ausgepackt. Damit fixierte er beide Hände des immer noch bewusstlosen hinter dessen Rücken. Das zweite Paar brachte er an den Fussgelenken an.

Sie liessen ihn in Seitenlage liegen und gingen an Deck. Die kühle Luft tat ihnen gut.

Südlich waren einige hellerleuchtete Fischerboote zu sehen, die mit ihren starken Halogen-Lampenbatterien Jagd auf Shrimps und Squids machten. Das Boot beschrieb einen weiten östlichen Bogen um diese und fuhr dann in Richtung Westen.

Es nahm volle Fahrt auf. Das Boot war sehr betagt – die Maschine war es nicht.

Chris wird vermisst

Der Neffe war nach fünfstündiger Fahrt zu sich gekommen. Starkes Kopfweh. Dunkelheit. Und ein lautes Motordröhnen. Wo war er? Wie kam er hierher? Seine Hände waren hinter seinem Rücken mit Handschellen gefesselt, ebenso seine Füsse. Es stank nach Fisch, Auspuffgasen und Dieselöl.

Er versuchte sich zu erinnern. Wir waren bei Oodie gewesen, dann mit der Karsten, der Frau und Krung nach Hause gegangen. Wie hiess die Frau noch mal? Nut? Ja richtig, Nut. Ich habe noch auf der Terrasse mein Bier getrunken, geduscht und mich aufs Bett gelegt. Dann das Erdbeben? Nein, die Dame hat mir bestimmt KO- Tropfen ins Bier geschüttet, als ich auf der Toilette war. Ja, so muss es gewesen sein . Er musste kurz grinsen.

Ganz schön clever. So hübsch und so falsch. Aber da war wieder das Kopfweh, und der Durst! Und jetzt liege ich hier, in diesem Loch.

Warum ist es passiert. Was sind die Gründe? Klauen? Aber warum liege ich hier auf dem Boden?

Verdammt. Heute wollte ich doch mit Krung und Oy nach Bangkok fliegen, und mich mit dem Onkel treffen. Aber das wird jetzt wohl nichts werden. Ich bin offenbar entführt worden, wie das damals in Kambodscha auch versucht worden war. Diesmal hat es offensichtlich geklappt.

Aber noch einmal: warum? Warum. Die Abenteuer sind doch vorbei.

Hätte ich nur auf Karsten gehört! Na ja, hinterher ist man immer schlauer.

Er nickte wieder ein.

***

Herr Sapinda wurde gegen zehn Uhr wach. Seine Bettgenossin war schon etwas früher wach geworden, lag aber noch neben ihm. Beide duschten und zogen sich an.

Herr Sapinda hatte etwas Kopfweh, aber das würde sicher nach der zweiten Tasse Kaffee und einem Aspirin verschwinden.

In Deutschland hatte er sich an Kaffee gewöhnt – früher hatte er nur Tee getrunken.

Er zahlte der Frau das vereinbarte Honorar von 500 Baht und lud sie höflicherweise noch zum Frühstück ein. Das lehnte sie ab. Beide gingen nach oben zum Frühstücksraum. Als er am Bungalow des Neffen vorbeikam, hielt er an und klopfte sanft an der Tür.

Er wartete eine Minute: Keine Reaktion.„

Er schläft wohl noch – war ja auch etwas spät gestern und zusammen haben wir zwei grosse und eine kleine Flasche Whisky gebechert. Das war schon einiges! Er wird sicher später kommen, oder er wartet vielleicht schon oben beim Kaffee. Cha Chaa, langsam, langsam.

Am reichhaltigen, mit Sorgfalt zusammengestellten Frühstücksbuffet, bediente er sich nicht.

Besser nichts Festes heute Morgen! Stattdessen trank er Kaffee, viel Kaffee. Nach der zweiten Tasse hatte sein Kopfweh tatsächlich nachgelassen, und die dritte Tasse machte ihn endgültig und richtig wach.

Er las gemütlich die Zeitung, und als Chris nach einer Stunde immer noch nicht erschienen war, beschloss er, hinunterzugehen, und ihn zu wecken.

Er klopfte wieder an der Bungalowtür.

„Chris, Mr. Frings, aufstehen!“ Als keine Reaktion erfolgte, klopfte er energischer.

„Hier Krung, Krung Sapinda, aufstehen! Wir wollen weg.“ Er drehte am Türknauf – die Tür war von innen verschlossen.

Er schüttelte den Kopf.

Das verstehe wer will.

Er ging wieder nach oben in den Frühstücksraum. Er fragte drei Angestellte, die dort seit dem frühen Morgen Dienst taten.

Niemand hatte ihn heute gesehen. Er war nicht zum Frühstück erschienen.

Darauf ging er zur Rezeptzionistin, die ab sechs Uhr morgens dort beschäftigt war. Auch sie hatte ihn heute noch nicht kommen oder gehen gesehen.

Langsam beschlich ihn ein mulmiges Gefühl.

Er fragte sich zum Chef des Hotels, Herrn Brenner, durch. Er wies sich mit seinem Dienstausweis aus. Herr Brenner reagierte überrascht „Polizei in meinem Hotel. Seltsam"

Herr Supinda erläuterte in kurzen Worten den Grund seiner Anwesenheit, und der Direktor griff von einem Regal einen Zweitschlüssel vom Bungalow Nr. 32.

Gemeinsam gingen sie hinunter und John öffnete die Tür. Sie betraten den Raum.

Seltsam: Hose und Hemd fehlten, aber die Schuhe standen vor dem Bett. Und die grosse blaue Wolldecke fehlte! Sollte er draussen geschlafen haben? Aber das wäre ja Quatsch, ausserdem hatte er doch gestern Abend die hübsche Kambodschanerin mitgenommen. Was war da los? Und Chris wusste, dass sie nachmittags auf den Flug nach Bangkok gebucht waren.

Mysteriös. Er war und blieb spurlos verschwunden. Dann rief John den Nachtwächter an. Ja, der hatte spät nach Mitternacht die vier Heimkehrer kommen sehen, aber dann war nichts mehr passiert.

***

Herr Sapinda rief seinen Kollegen Chillavorn, der inzwischen in Bangkok war, an. Dann kontaktierte er nacheinander die Kollegen Taksini, Abhesat, Kasikorn, und die Geheimpolizisten Mr. Muang und Mr. Soy.

Keiner hatte eine Information oder Erklärung für das Verschwinden.

***

Kollege Chillavorn hatte ihm vorgeschlagen, falls die anderen auch nichts wüssten, Staatssekretär Lupini auf alle Fälle zu informieren. Das tat er und schilderte kurz den Sachverhalt.

Kaum hatte er geendet, schrie Lupini los. „Ich werde sie persönlich haftbar machen, wenn er weg ist, Sie blinder Hahn!“

Herr Sapinda antwortete gekränkt. „Ich war bis um zwei Uhr bei ihm – hätte ich mich vielleicht neben ihn ins Bett legen sollen. Oder etwa vor seiner Tür schlafen?“

Herr Lupini zögerte kurz, dann sagte er wieder etwas ruhiger: „Sie bleiben auf jeden Fall auf der Insel, bis er wieder auftaucht. Das ist ein Befehl!“ Dann überlegte Lupini kurz und rief den Polizeipräsidenten von Trat an.

Er informierte ihn über das Verschwinden des Deutschen und bat ihn, auf der Insel und in Trat eine Fahndung einzuleiten.

Der Polizeipräsident antwortete zögernd: „Herr Staatssekretär, wir fahnden schon nach dem Polizisten Saporn. Jetzt soll noch einer dazu kommen. Dann all die Verhöre. Die sind noch nicht abgeschlossen. Wie sollen meine Leute das alles schaffen? Was denken sie? Wir sind sowieso schon unterbesetzt. So geht es hier nicht weiter. Ich brauche unbedingt mehr Leute!“

Lupini antwortete: „Ich werde ihnen noch heute neue Leute schicken, und wenn ich die hier in Bangkok abziehen muss. Versprochen – heute noch!“

Langsam ging ihm das alles auf die Nerven. Ganz gewaltig. Wenn nur keine Ausländer involviert wären. Dann hätte man die ganze Sache in Ruhe abarbeiten können. Er hatte schon seit zwei Wochen keinen Golfschläger mehr in der Hand gehabt, und zu den regelmässigen Treffen mit seinen Freunden war er auch kaum mehr gekommen. Er würde bald Urlaub machen, sobald diese Sache erledigt wäre!

Dann kam er ins Grübeln. Was konnte da unten passiert sein?

Vielleicht gar nichts, und der Deutsche könnte ja jederzeit wieder auftauchen. Die Ausländer sind doch oft unberechenbar.

Zuerst mal abwarten, beschloss er, und wandte sich wieder seiner Routinearbeit zu.

Er bestellte bei seiner Sekretärin neuen Tee.

Im Golf von Thailand

Nach dreizehnstündiger Fahrt war das Boot in der Höhe von Chom Phon. Eine kleine Bucht, etwa 20 km nördlich der Stadt, war das Ziel.

Hier näherte es sich vorsichtig der Küste, umsteuerte einige vorgelagerte Riffs, und beendete in einem kleinen Flusslauf seine Fahrt.

Das Boot war jetzt von sumpfiger Buschlandschaft umgeben, und hier war das kleine Boot auch vom Meer her nicht zu sehen.

Mangroven mit ihren mächtigen Wurzeln beherrschten die Ufer. Ein moderiger, schwefeliger Geruch lag über der Gegend.

Die aus dem Schlamm zur Oberfläche blubbernden Blasen verbreiteten eine morbide Dunst. Myriaden von Moskitos schwirrten durch die Luft.

Obwohl es noch heller Tag war, durchdrang kein Sonnenstrahl die dichten Baumkronen bis zum Boden. Ein merkwürdiges Zwielichtes durchdrang die unwirkliche, menschenfeindliche, gespenstige Landschaft.

Hier würde man sie so leicht nicht entdecken. Für die meisten der an Geister glaubenden Asiaten war dies ein abschreckender Ort.

Jetzt schaute Saporn zusammen mit seinen Helfern Ob und Od nach dem Fremden. Er lag immer noch auf seiner Decke und war wach.

„Ich habe Durst, und muss auf die Toilette“ klagte Chris. Einer der Kambodschaner hielt ihm eine Wasserflasche an den Mund.

Als Toilette diente ein kleiner, baufälliger Holzverschlag mit einem Loch im Boden am Heck des Bootes.

Angesichts seiner Körpergrösse und Stärke konnte man dem Gefangenen unmöglich einfach die Handschellen lösen. Saporn band mit einer Kette sein rechtes Handgelenk mit seiner rechten Fussfessel zusammen. Dann öffnete Ob gemäss Saporns Anweisung die Handschellen der linken Hand und des linken Fusses und führte ihn an Deck zum rückwärtigen Verschlag.

Dort konnte Chris seine Notdurft verrichten. Dann führte man ihn wieder zurück unter Deck.

Od schaute Saporn fragend an. „Wie geht es jetzt weiter?“
„Wir fahren nach Yala“.
„Was, nach Yala? Was willst du in Yala“
„Dort können wir uns verstecken, dort habe ich viele Freunde. Mein Vater war Muslim. Und in seiner Familie sind viele militante Islamisten. Dort sind die Muslime in der Mehrheit, und keiner dort mag die Polizisten oder die Soldaten. Für die Muslime gelten sie als Unterdrücker!“
„Wie kommen wir dorthin, Saporn?“
„Abwarten, Od. Du bist zu neugierig. Ich werde einen Truck beschaffen; das ist am unverfänglichsten. Heute braucht ihr nur auf den Fremden aufzupassen. Aber zuerst geht Ob in den nächsten Ort und kauft ein.
Zu Ob gewandt, sagte er „du gehst in den nächsten Ort und kaufst Wasser, Gemüse und zwei lebende Hühner. Lebendig, verstanden!“
Ob ging von Bord und trottete los.
Dann wandte sich Saporn an den Schiffsführer. „Hier ist die zweite Hälfte des versprochenen Geldes. Wir brauchen euch Beide und euer Boot noch ein paar Tage. Für jeden Tag bekommst du 500 Baht zusätzlich. Einverstanden? Wie viel Reis hast du an Bord?“
„Noch fast einen ganzen Sack.“
„Gut, also 500 pro Tag. Hier kann uns so leicht niemand entdecken.“
Dann nahm er sein Handy, und wählte die Nummer seines Schwagers. Er wusste, dass dieser gelegentlich für die Moslemliga von Yala Aufträge ausführte.
Er hatte auch schon zweimal kleine, selbstgebaute Bomben vor Banken deponiert.
Die waren zwar nicht detoniert, weil sich im Bombenbau hier unten in Thailands Süden noch keiner richtig auskannte.
Aber in letzter Zeit waren mehrere seiner Bekannten in Pakistan gewesen und dort in Ausbildungslagern der Taliban in diverse Terrortechniken und auch im Waffengebrauch unterwiesen worden.
Das war die nächste Generation von Unterdrückten, wie sie sich selbst bezeichneten. Diese Leute waren hoch gefährlich.
Zusätzlich gab es immer wieder Gelder aus diversen Quellen, aber

woher genau das Geld kam, wusste niemand.

Herr Saporn erklärte seinem Schwager, dass er einen Deutschen als Geisel habe. Er plane, mit diesem nach Yala zu kommen.

Dort würde man mittels dieser Geisel gefangene Moslemaktivisten freipressen; ausserdem werde man viel Geld für die gemeinsame Sache Allahs und die Freilassung von drei seiner Freunde in Trat fordern.

***

Sein Schwager war begeistert. Allerdings warnte er ihn vor den vielen Kontrollposten. Tatsächlich hatte nach der starken Zunahme der Überfälle auf Schulen, Polizei- und Militärposten in den drei Unruheprovinzen mit muslimischer Mehrheit, Yala, Nara Thivat und Pattani, sich die Militärpräsenz vervielfacht. Bisher hatte es sogar 28 Enthauptungen gegeben. Selbst buddhistische Mönche waren nicht verschont worden.

Entsprechend waren auf allen Strassen immer mehr Strassensperren von Polizei und bewaffnetem Militär eingerichtet worden.

Es sei so gut wie unmöglich, mit einer Geisel im Kofferraum oder auf der Ladefläche eines Trucks die südlichen Provinzen auf dem Landweg zu erreichen.

Herr Saporn verabschiedete sich von seinem Schwager, und sagte ihm, er würde ihn wissen lassen, was er nun tun werde. Er müsse sich zuerst auf die neue Situation einstellen.

Dann bat er den Schiffsführer zu sich.

„Wir müssen leider umdisponieren. Wir brauchen sie und ihr Boot noch etwas länger."

Der Bootsführer war erfreut. So viel Geld wie seit gestern Nacht hatte er noch nie in so kurzer Zeit verdient.

„Sie müssen uns nach Pattani bringen", fuhr Saporn fort.

„Oh je, oh je, das ist eine weite Strecke. Und im Süden gibt es oft Kontrollen der Thailändischen Marine. Wenn die uns aufbringen, wird mein Boot beschlagnahmt, und mein Helfer und ich werden abgeschoben. Und wenn sie den Weissen finden, komme ich bestimmt auch noch ins Gefängnis. Nein, nein, es tut mir leid, das ist zu gefährlich!"

***

Herr Saporn legte dem Bootsführer die Einzelheiten seines Planes offen: „Passen sie auf. Gegen Abend, sobald Ob zurück ist, verlassen wir den Platz hier."

Nach der Seekarte, die an Bord war, befand sich etwa fünf Meilen südlich ein kleiner Fischereihafen. Dort würde man die beiden Treibstofftanks vollständig füllen und zusätzlich als Sicherheit fünf weitere Fässer mit jeweils 200 Liter Diesel an Bord nehmen.

Man würde ausserdem für 3 Tage Zusatzproviant an Bord nehmen, und auch alte Kleidung für Herrn Saporn, Ad und Ob erwerben, mit denen sie wie Fischer aussähen.

Direkt darauf würde man, die Dunkelheit ausnutzend, ohne Positionslichter, das thailändische Hoheitsgebiet auf direktem Ostkurs verlassen.

Sobald man sich in internationalen Gewässern befände, werde man Kurs nach Süd-Südost nehmen.

Zur Tarnung würde man ein kleines Schleppnetz hinter sich herziehen. Den gefangenen Fisch würde man im grösseren Teil des Laderaumes unterbringen. Den Gefangenen würde man neben dem Fisch platzieren, vom Fisch nur durch eine ein Meter hohe Trennwand aus Holzbrettern getrennt.

Sollte man in unternationalen Gewässer gestoppt werden, wäre das illegal. Aber wenn tatsächlich ein Prisenkommando an Bord kommen sollte, würde man genügend Zeit haben, eine stabile Plane über den Gefangenen zu breiten.

Dann würde man die Trennwand entfernen, und der gefangene Fisch würde sich über den liegenden Fremden ergiessen. Falls tatsächlich jemand den Laderaum inspizieren würde, wäre nichts als Fisch zu sehen. Drei oder vier Lagen Fisch über ihm würden dem Fremden keinen Schaden zufügen.

Inspektionen auf derart schmuddeligen, heruntergekommenen Booten wie diesem würden garantiert sehr kurz ausfallen.

Damit der Fremde nicht schreien könnte, würde man ihn vorübergehend knebeln. Und man würde ihm klarmachen, dass er getötet würde, falls er sonst irgendwie versuchen sollte, auf sich aufmerksam zu machen.

Zögernd nickte der Schiffsführer. Er wog Vor- und Nachteile gegeneinander ab.

Schliesslich gab der finanzielle Aspekt den Ausschlag. Bisher hatte der Thailänder alle finanziellen Zusagen eingehalten.

Dann begann eine lange Feilscherei. Schliesslich einigten die Beiden sich auf 15‘000 Baht. Herr Saporn würde das Dieselöl für die Fahrt nach Süden und wieder zurück nach Bang Bao zusätzlich bezahlen.

***

So, wie besprochen, wurde alles durchgeführt, und gegen 9 Uhr nachts verliess das Fischerboot im Schritt-Tempo den Flusslauf.

Im Bug standen der Helfer des Bootsführers sowie Od und Ob mit langen Bambusstangen und erkundeten die Wassertiefe.

Als das Boot weit genug vom Ufer entfernt war, zog der Bootsführer den Gashebel nach vorne und das Boot nahm rasch Fahrt auf. Nach 20 Minuten war der kleine Fischereihafen erreicht. Wie geplant wurde Treibstoff gebunkert, während Od und Ob Lebensmittel und andere benötigte Utensilien besorgten.

Unmittelbar danach lief das Boot mit angeschalteten Positionslampen wieder aus.

Die Positionslampen wurden, sobald der kleine Hafen ausser Sicht war, wieder gelöscht.

Gegen Mitternacht hatte man internationales Gewässer erreicht, und die Positionslampen wurden wieder angeschaltet. Dann wurde das Schleppnetz ausgebracht und ab ging es in Richtung Süd-Südost.

***

Seit gestern wohnte Gerhard Frings im Gästehaus der deutschen Botschaft. Obwohl es von aussen etwas heruntergekommen aussah, war innen drin alles vom Feinsten.

Das war verständlich, beherbergte doch dieses Gebäude deutsche Politiker und Karrierebeamte jeglicher Rangordnung während ihren Visiten, Verhandlungen und bei Kongressen in Bangkok.

Den gesamten Tag über hatte er versucht, den Neffen telefonisch zu erreichen. Von seinem ‚Schatten Chillavorn' hatte er nur die lapidare Auskunft erhalten, der Neffe sei morgens verschwunden und nicht wieder aufgetaucht.

Er mache sich auch Sorgen.

Er habe von Staatssekretär Lupini der Befehl bekommen, auf der Insel zu bleiben, bis der Neffe wieder auftauchen würde.

Auch Oy hatte keine Ahnung, wo der Neffe sein könne.

Gegen Abend hatte Gerhard Herrn Kellermann besucht, und ihm von dem Verschwinden berichtet. Dieser schüttelte nachdenklich den Kopf, meinte dann aber, für eine Fahndung sei es noch zu früh.

In Deutschland unternehme die Polizei auch nichts in den ersten vierundzwanzig Stunden des Verschwindens. In der Regel tauchten Vermisste zu 95% am ersten Tag wieder auf ...

Erst nach zwei oder drei Tagen nähme sie eine Vermisstenanzeige auf.

Er sei aber auch beunruhigt, weil er den Neffen nicht als ‚Luftikus' kennengelernt habe. Man müsse zunächst abwarten.

***

Der Neffe hatte sich langsam in sein Schicksal gefügt. Die Fahrt durch den Golf von Thailand war sicher interessant, wenn man auf Deck war. Nur hier unten bekam er ausser dem gleichmässigen Motorgeräusch und dem Gestank nach Dieselöl und Abgasen nichts mit.

An seinem Schicksal ändern konnte er hier im Laderaum sowieso nichts. Glücklicherweise war die See ruhig.

Wenn er seine Notdurft verrichten wollte, wurde er in den kleinen Verschlag am Heck gebracht. Für den Weg dahin wurden vorrübergehend seine Fussfesseln gelöst. Im Verschlag wurden die Füsse wieder gefesselt. Allerdings wurden nun seine Handschellen geöffnet. Danach durfte er bisweilen zehn Minuten an Deck zur Unterstützung der Blutzirkulation gymmnastische Übungen durchführen.

An Flucht war nicht zu denken, zumal der Glatzköpfige auch noch mit einer Pistole bewaffnet war.

Sicher hätte er manchmal über Bord springen können, nur gefesselt wäre er unweigerlich direkt untergegangen.

Zusätzlich erhielt er ab und zu die Erlaubnis, eine halbe Stunde auf den Stufen des Niedergangs zu sitzen. Die frische Meeresluft tat ihm gut, zumal es im Laderaum entsetzlich und von Tag zu Tag schlimmer nach Fisch stank.

Der mit dem Schleppnetz gefangene Fisch lag ungekühlt direkt neben ihm, nur getrennt durch ein paar Dielenbretter. Er fing schnell zu faulen an.

Zu essen und zu trinken bekam er genug. Die Entführer wollten ihn offenbar in guter Konstitution halten.

Was sie allerdings mit ihm vorhatten, war ihm nach wie vor ein Rätsel.

Bis jetzt war die Fahrt ohne Komplikationen verlaufen. Herr Saporn war zufrieden. Zwar waren zwei Mal Schiffe der Royal Thai Navy zu sehen gewesen, aber das kleine Fischerboot war nicht behelligt worden.

Treffen in Pattani

Am Nachmittag hatten sie in einem weiten Bogen nach Osten die Inseln Ko Samui, Ko Phangan und Ko Tao umfahren und befanden sich wieder auf direktem Südkurs.

Auf der Höhe von Ko Tao hatten sie wieder Handy-Empfang.

Herr Saporn erreichte seinen Schwager und teilte ihm mit, dass sie voraussichtlich zwischen ein und vier Uhr am kommenden Morgen auf der Höhe von Pattani sein würden.

Sein Schwager hatte vorgeschlagen, sie sollten acht Meilen hinter Pattani-City in einer kleinen, umwaldeten Bucht an Land gehen.

Als Lichtzeichen hatten sie das Erkennungssignal vereinbart, wie es die Fischer in Saporns Heimatdorf benutzt hatten. Vom Boot aus: Zweimal kurz, einmal lang, zweimal kurz, einmal lang. Wiederholung alle fünf Minuten. Die Antwort von Land aus dreimal kurz, einmal lang, dreimal kurz, einmal lang; ebenfalls alle fünf Minuten wiederholt.

Der Schwager würde sie mit einem kleinen bewaffneten Kommando an Land erwarten und in ein ‚sicheres Haus' bringen.

Als die Dunkelheit gerade einbrach, passierte es. Ein thailändisches Küstenschutzboot nahm Kurs auf sie.

Der Bootsführer reagierte nicht auf die gefunkte Aufforderung, beizudrehen. Er sagte in das kleine Handmikrophon, dass er in internationalem Gewässer sei, und nicht stoppen würde. Darauf gab das Navyboot eine Warnsalve vor den Bug ab, der das Wasser vor dem Bug des Fischerboot aufspritzen liess.

Der Bootsführer verringerte die Geschwindigkeit.

Das grosse, bewaffnete Boot ging längsseits, und zwei Soldaten kamen an Bord.

Ob und Herr Saporn hatten sich links und rechts auf beide Seiten neben den Neffen gelegt. Herr Saporn hielt Chris seine Pistole an den Kopf. Ob hielt dem Neffen, den er geknebelt hatte, ein grosses Messer an den Hals.

Herr Saporn war überzeugt, dass dies der sicherste Weg sei, den körperlich überlegenen Deutschen unter Kontrolle zu halten. Ausserdem wollte er Fragen vermeiden, warum das kleine Fischerboot eine Mannschaft von fünf Leuten habe. Fünf Besatzungsmitglieder hätten wahrscheinlich Misstrauen hervorgerufen.

Und er wollte verhindern, dass, falls auch hier im Süden nach ihm gefahndet würde, er nicht noch erkannt werden könne.

Od hatte über die Drei eine Plane gelegt und die Dielen weggehoben.

Die einen Meter hoch neben ihnen liegenden Fischkadaver hatten sich über die Plane ergossen und bildeten eine undurchsichtige, 30 Zentimeter hohe Schicht aus stinkendem Fisch.

Als die beiden Marinesoldaten einen Blick in den Laderaum warfen, mussten sie sich wegen des Gestankes die Nasen zuhalten.

Einer der Soldaten, der etwas Kambodschanisch reden konnte, fragte den Schiffsführer, was es mit dem faulen Fisch auf sich habe. Er erhielt die Antwort, die Ladung sei für eine Futtermittelfabrik in Südkambodscha bestimmt.

Beide Soldaten verliessen darauf, so schnell sie konnten, mit zugehaltenen Nasen das stinkende Schiff.

Der Bootsführer beschleunigte wieder, und Od und der Helfer beeilten sich, die drei Männer unter der stinkenden Fischschicht herauszuziehen. Der Neffe musste sich übergeben. Er kotzte auf die Fische, aber ihm war es egal, und den fauligen Fischen wohl auch.

***

Dem Deutschen ging es in der Folge schlecht. Alles an ihm stank nach faulem Fisch. Er musste sich immer wieder übergeben, auch als sein Magen längst leer war.

Herr Saporn und Od knoteten sich ein Tau um den Oberkörper. Der Bootsführer drosselte die Geschwindigkeit. Dann verknoteten sie die Taue mit der Reling und gingen ins Wasser. Sie liessen sich bei kleiner Geschwindigkeit von dem Boot ziehen und verloren so den fauligen Gestank fast ganz.

Als sich der Gesundheitszustand des Neffen weiter verschlechterte, hatte Herr Saporn ein Einsehen mit dem Neffen, der sichtlich litt.

Ernstlich krank sollte er nicht werden, er brauchte ihn noch.

Chris wurde an Deck gelassen, und fünf Minuten lang mit frischem Seewasser übergossen.

Der Bootsführer trieb sogar ein Stück Seife auf, mit dem Chris, nachdem man seine Handschellen geöffnet hatte, sich notdürftig im Sitzen waschen durfte.

Danach ging es ihm etwas besser, aber als man ihn wieder in den Laderaum brachte, fing die Würgerei wieder an. Der faule Fischgestank war überwältigend

Herr Saporn und der Bootsführer verständigten sich, dass von nun an der Neffe im Niedergang zur Kajüte sitzen durfte.

***

Herr Saporn blickte gespannt in Richtung Westen. Es war nun kurz nach vier Uhr.

Vor einer halben Stunde hatten sie die Lichter von Pattani auf der Steuerbordseite an Land gesehen. Den südlichen Kurs hatten sie noch wenige Minuten beibehalten und dann den Kurs auf West geändert.

Ohne jedes Positionslicht waren sie nun in extremer Schleichfahrt in Richtung Festland unterwegs. Sie waren etwas später als verabredet.

Alle fünf Minuten gaben Saporn das vereinbarte Lichtsignal.

Da! Tatsächlich! Direkt vor ihnen, blinkte es kurz auf: kurz, kurz, kurz, lang. Das mussten die Freunde an Land sein.

Mit einer langen Bambusstange stand der Helfer am Bugspriet und lotete die Wassertiefe aus.

Nach kurzem gab er dem Bootsführer ein Handzeichen, der weiter die Geschwindigkeit drosselte. Das Boot hatte einen Tiefgang von nur 60 cm.

Im Schritt-Tempo ging es nun weiter.

Bei einem Meter Wassertiefe sprang der Helfer mit einem langen Tau ins Wasser. Der Bootsführer schaltete die Maschine ab. Der Helfer watete vorn durch das flache Wasser auf das Lichtzeichen zu.

Aus dem Dunkel erschien ein Mann und ging auf den Helfer zu. Beide zusammen zogen das Boot noch ungefähr zehn Meter, bis es mit dem Kiel auf einem flachen Sandstrand aufsetzte.

Abdallah taucht auf

Herr Saporn kletterte über Bord, liess sich ins flache Wasser hinunter und ging an Land. Den kleinen Handkoffer trug er auf seinen Kopf. Er ging den Strand hinauf und blickte sich suchend um.
Er erkannte einen alten grünen Landrover und zwei Mopeds.

Neben dem Wagen stand ein hochgewachsener Mann, der grüssend die Hand erhoben hatte. Das musste Schwager Abdallah sein.

Der Mann sagte leise: „Pong?“

Pong war Herr Saporns Spitzname seit seiner frühesten Kindheit.

„Abdallah?“

Sie hatten sich lange nicht gesehen. Aber keiner der Beiden hatte sich sehr verändert. Sie schlossen sich in die Arme. Abdallah sagte: „Lass uns bald von hier verschwinden, Saporn, beeilt euch, es wird bald hell.“

Abdallah schickte zwei Leute auf das Boot, die mit Hilfe von Ob und Od den Neffen, dessen Fussfesseln gelöst waren, an Land brachten.

„Ist das der Deutsche, Saporn?“, fragte Abdallah.

Saporn nickte grinsend.

„Bringt ihn ins Auto und fesselt ihm wieder die Füsse!“

Saporn ging wieder zum Boot zurück, übergab dem Bootführer die vereinbarte Summe Geldes, verabschiedete sich und ging zurück an Land.

Bei Ob und Od blieb er stehen, gab jedem nochmals 5‘000 Baht und nickte. Beiden gingen zum Boot, holten das lange Tau ein, und drückten das Boot zurück ins tiefere Wasser.

Der Bootsführer liess den Motor an, und legte vorsichtig den Rückwärtsgang ein. Ob und Od zogen sich über Bord, und das Boot verschwand langsam rückwärts in der Dunkelheit.

Ad und Od wurden hier nicht mehr gebraucht – es würde genügend Helfer vor Ort geben.

***

Die gesamte Landungsaktion hatte höchstens fünfzehn Minuten gedauert. Aus dem dunklen Waldrand tauchten zwei weitere Männer auf, beide mit modernen Schnellfeuergewehren bewaffnet.

Sie bestiegen die hinteren Sitze des sechssitzigen Landrovers. Chris lag gefesselt auf der mittleren Sitzbank. Vorne nahmen Abdallah und Saporn Platz, und Abdallah steuerte mit Standlichtbeleuchtung auf den Wald zu.

Einer der Mopedfahrer fuhr ohne Licht an ihnen vorbei. Abdallah blieb drei Minuten stehen, und legte ein Handy-Headset an.

Er fragte, ob alles klar sei, und der erste Mopedfahrer bejahte per Handy. Dann setzte sich der Landrover in Bewegung, während der zweite Mopedfahrer langsam hinter ihnen her fuhr. Sobald sie eine schmale Strasse erreicht hatten, fuhr der hintere Mopedfahrer langsamer.

Abdallah erklärte seinem Schwager: „Die Schweine haben überall Kontrollposten eingerichtet, neuerdings sogar nachts. Der Mopedfahrer vorne warnt uns, wenn vor uns eine aufgebaut ist. Dann biegen wir rechtzeitig ab und nehmen eine andere Strecke.

Sofort übernimmt der hinter uns die Führung. Wir fahren zwar nur über Nebenstrassen, aber inzwischen kontrollieren sie dort auch.

In zwei Stunden werden wir in einem sicheren Haus in einem Vorort von Pattani sein. Dort haben wir Ruhe."

Die Fahrt führte immer wieder, wenn Abdallah eine Warnung vor einer Strassensperre erhielt, plötzlich abbiegend, auf kleineren Seitenstrassen weiter.

Währenddessen erläuterte Pong seinem Schwager seine Pläne.

Chris hatte es sich in der Mitte des Wagens so bequem wie möglich gemacht. Hier stank es wenigstens nicht nach Fisch. Er nickte ein.

Ein sicheres Versteck

Der Landrover fuhr hinter ein mittelgrosses Haus, das von einem grossen Park umgeben war, und hielt an. Das Areal war auf drei Seiten von einer hohen Mauer umgeben. Es lag in einer ruhigen Seitenstrasse der Phetkasem Road, ziemlich am Ende der Soi 7.

Die Vorderseite zur Strasse hin war durch eine undurchdringliche, hohe Hibiskushecke getrennt, die nur von dem eisernen Einfahrtstor und einem kleinen Eingangstürchen unterbrochen war.

Es war fast neun Uhr geworden.

Die Männer schleppten den Neffen durch den Hintereingang ins Haus. In dem grossen Küchenraum legten sie ihn auf den Boden.

Sie öffneten eine Falltür unter dem zur Seite geschobenen grossen Küchentisch. Von hier führte eine seitlich angelegte Leiter in einen Kellerverschlag.

Man öffnete die Fussschellen von Chris, und ermöglichten es ihm, die Leiter hinunterzusteigen.

Dieser Kellerverschlag war erst vor kurzem gegraben und mit Holz verkleidet worden. Es war angenehm kühl, und roch nach Erde.

In einer Ecke stand eine Pritsche, auf die der Neffe sich setzen musste. Dann wurden wieder die Fussschellen geschlossen. Darauf wurde das Verlies mit einer schweren Eisentür von oben abgedeckt.

Die Forderungen der Entführer

Währenddessen hatte Herr Saporn sein Laptop vor sich aufgebaut und schrieb eine Mail. Sie war adressiert an die deutsche Botschaft in Bangkok.

Der Text lautete:

Dies ist eine Nachricht der Moslemliga von Yala. Wir haben den deutschen Staatsbürger Chris Frings in unserer Gewalt. Wenn sie seine Hinrichtung verhindern wollen, müssen sie unsere Forderungen erfüllen:

1) Eine Million US-Dollar in fünfzig Dollar Noten

2) Freilassung der 23 inhaftierten Glaubensgenossen, die am 22. Dezember letzten Jahres verurteilt wurden und im Zentralgefängnis von Yala einsitzen

3) Freilassung unserer Freunde und Unterstützer Bam, Rung und Tong, die seit drei Tagen in Trat im Gefängnis einsitzen

4) Einführung der Scharia in der Provinz Yala

5) Einführung der Yawi-Sprache als offizielle Zweitsprache in der Provinz Yala

6) Bereitstellung des Geldes für die vollständige Wiederherstellung und Renovierung der Krue Sae Moschee. Dieses Heiligtum wurde von Buddhisten geschändet

Wenn unsere Forderungen innerhalb von drei Tagen nicht erfüllt werden, werden wir Herrn Frings bestrafen, so wie wir Pin Khotchathin und Praphan Ponlarak bestraft haben.

Morgen werden wir ihnen ein Lebenszeichen von Herrn Frings übermitteln.

Die Moslemliga von Yala, 26. Februar

Inschallah! Allah hu Akbar.

***

Nun zeigte Pong seinem Schwager, wie die Mail über W-LAN zu verschicken sei, ohne Spuren zu hinterlassen.

Abdallah solle den Laptop angeschaltet lassen. Die fertig verfasste

Mail blieb auf dem Bildschirm

Er müsse mit seinem Wagen in die Nähe eines grossen Hotels fahren. Wenn er das W-LAN Signal des Hotels erhalte, müsse er den Zugang zum Internet herstellen. Dann müsse er die Mail-Adresse eingeben, die gespeicherte Mail übertragen und den Senden-Knopf drücken. Das sei alles.

Dann müsse er den Laptop ausschalten, den Deckel schliessen und zurückkehren.

Abdallah hörte aufmerksam zu und fragte; „Pong, kann man nicht den Standort dieses Computers über deine Adresse ermitteln?"

„Nein, Abdallah, über die Absenderadresse kann man mir jederzeit eine Antwort zukommen lassen. Aber wenn versucht werden soll, herauszufinden, wessen Adresse das ist, wird man ins Leere laufen. Ich habe bei Einrichtung dieses e-Mail Kontos einen anderen Namen und die dazugehörende Adresse angegeben."

Riesenhektik macht sich breit

Zwei Stunden später erreichte die Mail die deutsche Botschaft in Bangkok und löste eine Riesenhektik aus.

Der deutsche Botschafter wurde informiert. Herr Kellermann wurde beim Botschafter einbestellt und musste ihn persönlich informieren. Herr Kellermann schilderte kurz und präzis den bisherigen Vorgang bis zum Verschwinden des Neffen auf Ko Chang.

Der Botschafter fragte: „Und wer zum Teufel, Kellermann, sind diese erwähnten Leute Pin Khotchathin und Praphan Ponlarak?"

„Die wurden von militanten Islamisten, Separatisten oder Glaubenskriegern, wie immer die sich nennen, geköpft, Herr Botschafter. Ganz einfache Leute. Insgesamt haben sie schon knapp 30 Leute geköpft! Meistens ganz normale Menschen: Bauern, Arbeiter in der Landwirtschaft und dergleichen. Damit wollen sie die verschiedenen Religionen gegeneinander aufhetzen – auch zwei Mönche waren dabei"

„Au weia, Kellermann".

Vorsichtshalber gab der Botschafter Kellermann den Auftrag, einen vollständigen Bericht zu erstellen und diesen zusammen mit der Botschaft der Entführer an den Krisenstab des Auswärtigen Amtes in Berlin übermitteln.

„Wenn die morgen tatsächlich beweisen, Kellermann, dass sie ihn haben, haben wir hier ein Problem – ein ganz grosses.“

Er erliess prophylaktisch eine vorläufige Urlaubssperre für das gesamte Botschaftspersonal.

***

Herr Kellermann kam noch am Nachmittag zu Gerhard Frings ins Gästehaus herüber und informierte ihn persönlich über die Neuigkeiten. Gerhard war tief erschüttert. Wegen ihm war der Neffe hier geblieben – Gerhard war jetzt fast frei, und der Neffe steckte noch tiefer im Schlamassel, als er gesteckt hatte.

Aber was konnte er tun? Er war ratlos.

Dann rief er seine Freundin Oy an. Sie überraschte ihn mit einer weiteren schlechten Nachricht. Sie erzählte ihm folgendes:

Vor vier Jahren hatte ihr Ehemann sie verlassen. Er hatte nun eine neue Freundin, und die sei schwanger.

Er wollte sich scheiden lassen. Aber Oy wollte nur zustimmen, wenn er ihr 150‘000 Baht bezahlte. Als Gegenwert für ihr gemeinsames Haus, das er jetzt übernommen hatte.

Nun hatte ihr Ehemann von ihrer Schwester erfahren, dass sie einen Ausländer als Freund hatte. Er war der Meinung, dass ihr ausländischer Freund nun für sie sorgen könne. So sei seine Zahlungspflicht hinfällig.

Das hiess dann im Klartext für Gerhard: wenn er das Verhältnis zu Oy aufrecht erhalten wolle, habe er ihr die 150‘000 Baht zu zahlen.

Sie bestand unnachgiebig auf diesem hohen Geldbetrag. Als er ihr klarzumachen versuchte, dass das auch für ihn sehr viel Geld sei, erklärte sie kurzerhand, dass sie dann halt wieder in ihre Heimatstadt Maha Sarakham zurückgehen würde.

Das ist, dachte er verbittert, das ist „wahre Liebe“ auf thailändisch!

Danach rief er sie nicht mehr an. Von ihr kam auch kein Anruf mehr.

Im Verlies

Im Haus der Entführer herrschte hingegen Ruhe. Dem Neffen ging es etwas besser. Man hatte ihn duschen lassen. Allerdings hatten seine Entführer mittels einer langen Kette seine rechte Hand mittels der Handschelle mit seinen Fussfesseln verbunden.
Mit der linken Hand konnte er sich waschen.

Man gab ihm genügend zu essen und zu trinken. In sein Verlies hatte man ein kleines Transistorradio gestellt.

So ungefähr muss sich wohl auch der Onkel gefühlt haben, in seinen vier Wochen im Knast! Obwohl, Radio hatte er keines gehabt. Dafür ist die Luft hier feuchter!

Später am Nachmittag hatte man dann mehrere Digitalphotos von ihm gemacht. Rechts von ihm war die Titelseite der Bangkok Post vom selben Tag zu sehen, links ein von ihm handgeschriebener Zettel

'Only 3 Days'

Hinter ihm postierten in ‚Al Quaida' Manier zwei vermummte Gestalten mit Maschinenpistolen. An der Wand hinter ihm war eine Flagge aufgehängt, die in Englisch und in Yawi die Aufschrift trug: 'Freiheit oder Tod', und darunter: 'Moslemliga von Yala'

Dieses Bild hatte Saporn als Attachement dem Text der schon einmal am Vormittag übermittelten Mail beigefügt.

Abgeschickt wurde die Nachricht wieder von seinem Schwager Abdallah, der aus Vorsichtsgründen ein anderes Hotel wählen wollte.

Aber wie er von Freunden erfuhr, gab es in den drei Provinzen nur ein internationales Hotel, das W-LAN Service anbot.

So sandte er die Mail wie vorher vom CS-Pattani Hotel in Pattani ab.

Der Premierminister wird informiert

Als die Nachricht die deutsche Botschaft erreicht hatte, auch an Staatssekretär Taksini, an den thailändischen Innenminister und den thailändischen Premierminister weitergeleitet war, brach überall dort noch hektischere Betriebsamkeit aus.

Vom thailändischen Innenminister wurde die Nachricht weitergeleitet an die Oberbefehlshaber der Südkommandos von Thailands Army, Air Force und Marine, an die Polizeipräsidenten, an die Gouverneure der Provinzen Yala, Nara Thiwat und Pattani, sowie an diverse Polizei-Spezialeinheiten in den südlichen Provinzen. Überall wurde höchste Bereitschaftsstufe angeordnet, und ebenfalls eine sofortige Urlaubssperre verhängt.

Auf einer Dringlichkeitssitzung im Governement Building in Bangkok, dem Sitz der thailändischen Regierung, die vom thailändischen Premierminister Bankot für 15.00 Uhr einberufen worden war, beriet am gleichen Nachmittag das vollständig anwesende Kabinett die Situation.

Zugezogen waren der Leiter des Inlandsgeheimdienstes SWAT, Staatssekretär Lupini sowie die Chefs von Marine, Luftwaffe, Heer und Polizei.

Man war sich sehr wohl des Ernstes der Lage bewusst. Die Oberkommandierenden von Streitkräften und Polizei plädierten für ein hartes Durchgreifen. Aber der Innenminister verwies darauf, dass der Aufenthaltsort von Entführtem und Entführern unbekannt sei. Ein Eingreifen würde derzeit ins Leere greifen. Obwohl in den drei Krisenprovinzen derzeit 65‘000 Soldaten, 11‘000 Polizisten sowie zahlreiche Sondereinheiten, von mobilen Eingreiftruppen über Sonderkommandos bis zu 5‘000 SWAT-Geheimdienstmitarbeitern anwesend waren, einigte man sich darauf, abzuwarten, bis etwas über den Aufenthaltsort bekannt war. Der Premierminister ordnete als erstes eine absolute Nachrichtensperre an. Als federführenden Koordinator schlug der Innenminister Staatsekretär Lupini vor, der bekanntermassen schon bei den vorhergegangenen Ermittlungen erfolgreich gewesen war. Er sollte mit den Entführern Kontakt aufnehmen. Die Frist von drei Tagen sei nicht zu halten. Er müsse unbedingt mehr Zeit rausschinden.

Die Antwort an die Entführer habe in etwa so auszusehen.

1. Auf die Geldforderung könne möglicherweise eingegangen werden.

2. Auf die Freilassung der Inhaftierten könne eingegangen werden. Allerdings sei eine Freilassung in Thailand nicht möglich. Die Gefangenen können aber in ein Land ihrer Wahl entlassen werden. Die Entführer seien aufzufordern, sich zu äussern, welches Land das sein solle; sie müssten verstehen, dass die Kontaktaufnahme und die Verhandlungen mit der entsprechenden Regierung des gewünschten Landes Zeit erfordere.

3. Die Einführung der Scharia in Thailand in ihrer harten, ursprünglichen Ausprägung sei unmöglich, da es undenkbar sei, dass zwei Rechtssysteme nebeneinander in einem Lande angewandt werden. Allerdings sei eine selektive Strafverschärfung für einzelne Delikte durchaus denkbar. So sei es möglich, die an sich schon drakonische Strafen für Drogendelikte noch weiter zu verschärfen. Ein Entgegenkommen bei Delikten wie Ehebruch sei ebenfalls denkbar, und wie ja wohl bekannt sei, seien Regelungen, die den Alkoholkonsum weiter einschränkten, schon seit einiger Zeit im Gespräch.

4. Die Einführung der Yawi-Sprache als offizielle Zweitsprache in den Südprovinzen sei schrittweise verhandelbar – als erster Schritt sei Druck und kostenlose Verteilung von Yawi-Schulbüchern in den Schulen der Südprovinzen denkbar

5. Die Reparatur und Restaurierung der 430 Jahre alten Krue Sae Moschee stelle kein Problem dar, die Restaurierung sei ohnehin schon in der Planung.

Man schlage zwei Vermittler vor:

1. den ehrwürdigen Iman der Moschee von Butterworth, dessen Integrität doch wohl für alle gläubigen Muslims feststehe. Thailändische Buddhisten verehrten ihn gleichfalls als alten Heiligen Mann.

2. den ehrwürdigen Abt Sunivorn vom heiligen Wat Po in Bangkok Man schlage die beiden hochverehrten Männer als Garanten für die Lösegeldübergabe vor. Sie könnten auch den Transport der Gefangenen ins Ausland begleiten.

Wenn die Befreiungsfront von Yala zustimme, würde man umgehend Kontakt zu beiden herstellen.

Man müsse aber unbedingt auf Verlängerung des Ultimatums um einige Tage bestehen.

Staatssekretär Lupini koordiniert

Dann wurde beschlossen: Nach Übermittlung dieser Botschaft solle sich der Staatssekretär Lupini umgehend ins Krisengebiet begeben.

Als Koordinator sämtlicher Massnahmen und aller beteiligten Kräfte würde er mit allen erforderlichen Sondervollmachten ausgestattet.

Einerseits erfüllte ihn dieser Auftrag persönlich mit Stolz. Andererseits war ihm klar, dass er Golfplätze und Bangkoker Freunde während der nächsten Tage vergessen konnte.

Er schickte die Botschaft, wie sie in der Kabinettssitzung beschlossen worden war, fast wörtlich an die Entführer per Mail .

Bevor er sich auf den Weg nach Süden machte, bestellte er alle die Ermittler, die schon bei der Aufklärung des Falles von Gerhard Frings involviert waren, nach Pattani City. Das waren die Polizisten Taksini, Abhesat, Kasikorn, Muang und Soy.

Die Sonderpolizisten Chillavorn und Supinda mussten erst vom Aussenminister die förmliche Erlaubnis erhalten. Das war reine Formsache. Sie erreichten Pattani mit einer Verspätung von einem halben Tag.

Regierungskrise

Noch am gleichen Abend hatte der Premierminister zu einer weiteren dringenden Besprechung gebeten.

Es war eine absichtlich klein gehaltene Runde. Er wollte keine langwierigen Diskussionen, die immer öfter ausarteten, weil jeder der Teilnehmer seine Meinung abgeben wollte, auch wenn die gleichen Argumente schon vorher zweimal vorgebracht worden waren.

Aber es war viel Eitelkeit im Spiel, und jeder empfand seinen Diskussionsbeitrag als besonders wichtig. So waren nur vier Gesprächsteilnehmer anwesend.

Es waren dies der Innenminister, der Generalsstabschef, der Justizminister und sein persönlicher Berater Pimanee, der zugleich die Funktionen des Stabschefs der Regierung und des Geheimdienstkoordinators innehatte.

PM Bankot eröffnete diese Sitzung: „Meine Herren, zunächst meinen Dank für ihr Erscheinen. Leider hat uns die Sitzung heute Morgen wieder in Erinnerung gebracht, dass wir ein Problem haben. Es ist das grösste Problem der letzten fünfzig Jahre, und es verschlimmert sich dramatisch.

Vor zehn Jahren, sie werden sich erinnern, hatten wir im Süden 2‘000 Soldaten stationiert, und das waren überwiegend Grenztruppen.

Von Jahr zu Jahr wurden es mehr – wir haben jetzt 65‘000 Militärs dort unten. Die Polizeikräfte wurden verzwölffacht. Und was hat es geholfen?

Heute Morgen nach der Sitzung bat mich der Oberbefehlshaber der Südregion um weitere 6‘000 Mann. Wo soll das hinführen? Bis jetzt sind dort 3‘000 Menschen umgekommen, die meisten Schulen sind geschlossen oder haben um Polizeischutz gebeten.

60 Schuldirektoren und Lehrer sind umgekommen, und bis vor einigen Tagen waren insgesamt 29 Leute enthauptet worden. Es wird immer schlimmer, die Schwere der Anschläge verstärkt sich zunehmend.

Für die Aufständigen kommt finanzielle Unterstützung aus dem Ausland. Im Ausland werden die jungen Leute zu Terroristen ausgebildet, und das Militär verlangt dort im Süden immer mehr Kräfte.“

An den Generalstabsschef gewandt, stellte er die direkte Frage:

„Was wäre, wenn sie 100‘000 zusätzliche Leute dort hätten, oder 200‘000, könnten sie garantieren, dass in absehbarer Zeit dort Ruhe einkehrt?

Oder würde sich dort unten alles weiter verschlimmern? Würde die Gewalt etwa noch mehr eskalieren?

Früher in der Schule habe ich mal gelernt: ‚Druck erzeugt Gegendruck’.

Wenn sie dann die Berichte der Menschenrechtsorganisationen lesen, sowohl die der offiziellen, als auch die der NGO's? Der Druck des Auslandes nimmt ständig zu.

Bedenken sie meine Herren: wir leben zu 30% vom Tourismus.

Gut, da unten lässt sich sowieso kein vernünftiger Ausländer mehr blicken. Schon lange nicht mehr."

Der Generalstabschef rutschte auf seinem Stuhl hin und her. Er fühlte sich sichtlich unwohl. „Also, mehr Militär dort würde auf jeden Fall zu einer Beruhigung beitragen."

„Und für wie lange, Herr General?"

Der Innenminister meldete sich zu Wort: „Und was ist nach ihrer Meinung die Lösung? Sollen wir das Militär abziehen und die Polizeikräfte auf 500 Mann je Provinz begrenzen.

Die Moslems würden direkt einen eigenen Staat ausrufen. Dann bekämen wir sofort Ärger mit Malaysia. Die Moslems dort unten träumen doch noch immer ihren Traum von vor 200 Jahren.

Damals gab es dort mal ein Königreich Pattani. Das erstreckte sich auch über die Malaysischen Nordprovinzen. Malaysia würde nie zustimmen, dass sich ein Teil des Landes abspaltet.

Wir als Thailänder könnten auch nicht einen Teil unseres Staatsgebietes hergeben.

Und wie jeder hier weiss, solch ein Staat wäre aus eigener Kraft gar nicht lebensfähig.

Und denken sie nur an die zahlreichen gescheiterten Vermittlungsversuche. Denken sie an Anand Panyarachun, an die National Reconciliation Kommission oder an Wan Kadir Che Man. Damals waren wir kompromissbereit. Was hat es gebracht: mehr Bomben, mehr Tote."

Er stand auf und wurde lauter: „Ich habe jedenfalls die Nase voll. Meine Polizisten werden erschossen. Tut mir leid, ich kann das nicht mehr verantworten. Morgen haben sie mein Rücktrittsgesuch auf ihrem Schreibtisch. Ich trete zurück!"

Wütend verliess er den Raum. Betretenes Schweigen machte sich breit.

Der PM dachte nach.

Jetzt auch noch eine Regierungskrise. Wo führt das hin? Aber diesen Hardliner hatte er noch nie gemocht. Die Meinungsumfragen waren schlecht für die Koalitionsregierung.

In drei Monaten waren schon Parlamentswahlen. Vielleicht waren sie doch noch zu gewinnen.

Ausserdem war es ihm tatsächlich ernst mit dem Anliegen, eine friedliche Lösung zu erreichen. Er liebte sein Land. Thailand war das Land seiner Vorfahren. Der zerrissene Süden band immer mehr Ressourcen, sowohl menschliche als auch finanzielle.

Während seiner Wahlkämpfe hatte er oft neben den offiziellen Jubelveranstaltungen und Kundgebungen die ländlichen Gebiete besucht. Da gab es immer und überall noch so viel zu tun.

So hatte er häufig die Städte des Isaan besucht. Sicher, Hunger leiden musste inzwischen auch hier niemand mehr, aber zufriedenstellend war die Situation bei weitem nicht.

Investitionen in die Infrastruktur waren weiterhin unbedingt notwendig.

Der Lebensstandard müsste erheblich angehoben werden, um die immer noch andauernde Landflucht einzudämmen. Viele arme Leute, vor allem die jüngeren, drängten unvermindert in Massen in die grossen Städte, die immer mehr aus ihren Nähten zu platzen drohten.

Bangkoks Bevölkerung wurde auf inzwischen 16 Millionen geschätzt. Vergleichbar war das nur noch mit den Megastädten in Südamerika.

Oder, ganz in der Nähe, mit den Wanderarbeitern in China, welche die riesigen Städte mit unüberschaubaren, unregierbaren Slums einkreisten. Und dort waren soziale Unruhen programmiert.

Dieses Schicksal wollte er Thailand auf jeden Fall ersparen. Sicher, einiges war schon getan worden, und einiges auf dem Weg.

So hatte man in Maha Sarakam drei neue staatliche Universitäten gegründet, vor allem auch, um die jüngeren Leute in ihrer Heimat zu halten und um das Bildungsniveau zu steigern.

Der Plan des PM

Um die drei Südprovinzen langfristig zu befrieden, brauchte es nicht nur ständig mehr Soldaten oder Polizisten. Es waren erhebliche Investitionen in die dortige Infrastruktur nötig, welche die Ansiedlung neuer Industrien ermöglichten.

Warum gab es dort unten keinen nennenswerten Tourismus?

Jenseits der Grenze in Malaysia dagegen boomte der Fremdenverkehr. Die Landschaft, das Meer sind dort nicht schöner.

Im Gegenteil. Und es ist bekannt, dass bei gleichen Voraussetzungen westliche Touristen ein buddhistisches Land einem muslimischen immer vorziehen. Aber es ist kein Wunder, dass laufend neue Schreckensmeldungen in der Presse die Touristen abschrecken.

Eins war klar: es musste zu einer Aussöhnung mit den Muslimen dort kommen: und vielleicht könnte jetzt der erste Schritt dazu getan werden.

Wenn es ihm tatsächlich gelänge, wenigstens eine Annäherung mit einigen Rebellengruppen zu erreichen. Sicher, alle zusammen würde er nie an einen Tisch bekommen.

Aber wenn nur die Hälfte der Rebellengruppen bei Verhandlungen vertreten wäre. Es wäre ein Anfang.

Wenn man sich dann auf den kleinsten gemeinsamen Nenner verständigen könnte, wären die nächsten Wahlen durchaus zu gewinnen.

Die, die draussen geblieben wären, würden die, welche verhandlungsbereit waren, danach sicher als Verräter bekämpfen.

Sollten sie sich ruhig danach die Köpfe einschlagen.

Eine einheitliche Linie aller Gruppen würde es nie geben, davon war er felsenfest überzeugt. Dazu waren auch in den einzelnen Gruppen zu viele Untergruppen, die eindeutig kriminell waren. Denen ging es wie immer um die Herrschaft bei Drogenhandel und Prostitution.

***

Er zog seine Schlüsse: er würde sich nicht nach den Hardlinern richten. Er würde in die Südprovinzen fahren und verhandeln. Er konnte nur gewinnen.

Wenn er die bisherige Politik weiterführte, wäre die Wahl sowieso verloren!

Er wandte er sich direkt an den Generalstabschef. „Was ist mit ihnen. Sie kennen jetzt meine Linie. Wollen sie auch ihren Abschied nehmen?“

Dieser wich seinem fragenden Blick aus. Nach kurzem Zögern antwortete er: „Nein, natürlich nicht, ich stehe loyal zur ihrer Regierung.“

Der Militär hatte noch sieben Monate bis zu seiner Pensionierung. Er wollte in allen Ehren in den Ruhestand gehen. Mit einer grossen Abschiedsparade und einigen neuen Orden. Vielleicht würde er sogar vom König verabschiedet. Das wäre die Krönung seiner Karriere.

Das alles wollte er jetzt nicht aufs Spiel setzen. Jetzt nicht mehr! Sollten die Politiker doch machen, was sie wollten. Er war Militär bis auf die Knochen. Und würde es auch bleiben.

***

Der Premierminister blickte nochmals in die Runde. Auf die anderen beiden Sitzungsteilnehmer, da war er sich sicher, war Verlass.

Der Justizminister war Bürokrat, der sich am liebsten mit neuen Gesetzesvorhaben befasste. Jegliche Auseinandersetzung war ihm zuwider. Sein persönlicher Berater war auch sein bester Freund. Beide kannten sich schon seit ihrer gemeinsamen Zeit an der Universität in Chiang Mai. Auf den war immer Verlass.

Er richtete das Wort an ihn: „Kümmerst du dich um die Vorbereitungen? Nimm Kontakt auf zu allen Gruppen. Lade jede ein zu einem Versöhnungsgipfel.

Wann? Lass’ mich überlegen. Am zweiten kommt der Juntachef aus Myanmar zu Besuch. Vom vierten an muss ich zum Asiengipfel. Und danach die zwei Besuche in Südamerika.

Versuche es mit dem dritten März. Eine knappe Woche noch. Aber vielleicht hat das auch etwas Gutes. Dann sind die unter Zeitdruck.

Für etliche kommt es mit Sicherheit zu schnell. Aber wenn alle kämen, gäbe es sowieso nur endloses Palaver. Nein, der dritte März ist schon gut. Versuche es auf jeden Fall. Und kein Wort vorher an die Presse.

Bezüglich der geplanten Reise gibt es keine Vorabinformationen an die Presse. Ich will nicht, dass die Sache schon vorher zerredet wird. Also mach mal."

Er wandte sich zum Justizminister: „Sie kommen auch mit, und nehmen einige ihrer besten Juristen mit. Falls wir uns auf irgendwas einigen können, werden die genügend zu tun haben."

Er stand auf und verabschiedete sich von den Anwesenden. Er war plötzlich wieder in Hochstimmung. Schluss mit der Lethargie. Morgen würde er sich einen neuen Innenminister suchen.

Ausserdem wartete im Gästehaus des Aussenministeriums seine neue Freundin...

Der Krisenstab des auswärtigen Amtes

In Berlin war die zweite Mail aus Bangkok mit dem Bild des gefangenen Deutschen am frühen Abend des Vortages angekommen.

Wie üblich in solchen Fällen wurde eine sofortige Nachrichtensperre verhängt.

Der Krisenstab des Auswärtigen Amtes wurde für den nächsten Morgen einberufen.

So tagte zeitgleich mit dem thailändischen Kabinett unter Berücksichtigung der Zeitverschiebung von sechs Stunden der Krisenstab des Auswärtigen Amtes um 9.00 Uhr Ortszeit.

Als Gast war der Thailändische Botschafter eingeladen worden, der wegen der Dringlichkeit der Angelegenheit tatsächlich persönlich erschien.

Neben den sechs ständigen Mitgliedern des Krisenstabes war er um drei Asienspezialisten verstärkt worden.

Ausserdem waren drei BKA-Beamte anwesend, die schon als Zielfahnder in Bangkok und Pattaya im Einsatz gewesen waren.

Der Chef des Krisenstabes, Staatssekretär Mueller, umriss in dieser Lagebesprechung kurz den Sachverhalt.

An einer grossen Landkarte von Thailand zeigte er den Teilnehmern die geographische Lage der Unruheprovinzen Yala, Pattani und Nara Thivat. Er wies auf die Probleme hin, die sich dort seit etwa 15 Jahren ständig verschärften.

Er wies darauf hin, dass die Punkte 1 und 6 des Ultimatums von deutscher Seite erfüllbar seien. Die Punkte 2 bis 5 lägen ausserhalb des Einflussbereiches der deutschen Bundesregierung. Er bat den thailändischen Botschafter um eine kurze Stellungnahme bezüglich der Punkte 2 bis 5.

Der Botschafter, der vorher schon vom thailändischen Aussenministerium auf den aktuellen Stand gebracht war, meinte skeptisch, dass die Punkte vier und fünf für Thailand nicht verhandelbar seien.

Dagegen sei unter gewissen Bedingungen die Freilassung der Gefangenen, auch wenn sie rechtskräftig verurteilt seien, unter Umständen möglich.

Es sei damit zu rechnen, dass sie in einen Nachbarstaat, wahrscheinlich nach Malaysia, überführt werden wollten. Es müssten mit der Regierung dieses Landes erst Verhandlungen aufgenommen werden.

Obwohl mit Sicherheit feststehe, dass sie sofort untertauchen würden. Sie würden direkt nach Thailand zurückkehren und ihre Verbrechen fortsetzen.

Als einer der BKA Beamte bemerkte, man könne sie ja in Malaysia unter verschärften Auflagen freilassen, bemerkte der Botschafter lächelnd, dass die Leute über kurz oder lang wieder über die grüne Grenze zurückkehren würden.

Obwohl – einige würden es vielleicht wirklich vorziehen, in Malaysia zu bleiben. Denn, bemerkte er süffisant, thailändische Gefängnisse seien bekanntermassen keine angenehmen Unterkünfte. Das Zentralgefängnis in Pattani, wo wahrscheinlich die meisten einsässen, sei in Bezug auf Terroristenbehandlung als besonders ‚unangenehm' bekannt.

***

Nach zwei Stunden vertagte sich die Runde auf den nächsten Morgen. Zwei Beschlüsse waren gefasst worden.

Zwei BKA Beamte, die anwesenden Hauptkommissare Schmidtbauer und Kaiser, würden umgehend mit der nächsten Maschine nach Thailand fliegen.

Nach Hinweisen des thailändischen Botschafters sei ihnen aber verboten, irgendwelche Waffen mit sich zu führen. Das geforderte Lösegeld sowie 100‘000 Dollar für die Renovierung der beschädigten Moschee seien sofort von der deutschen Botschaft zu beschaffen und bereitzuhalten.

Darüber hinaus würde der deutsche Aussenminister von Staatssekretär Mueller gebeten werden, in direkten Kontakt zu seinem thailändischen Kollegen zu treten, und ihn aufzufordern, darauf hinzuwirken, dass zurzeit von jeder polizeilichen oder militärischen Intervention Abstand zu nehmen sei. Man wolle unter keinen Umständen das Leben der deutschen Geisel gefährden.

Gebot der Stunde sei, Zeit zu gewinnen. Im Moment läge eine unblutige Lösung des Problems ganz besonders im thailändischen Interesse, um den Tourismus, der schon bisher starke Einbussen erlitten habe, nicht noch weiter zu schädigen.

Der deutsche Aussenminister solle seinen thailändischen Kollegen ruhig auf das Entsetzen hinweisen, das die Bilder von Enthauptungen in Irak, die von Al Quaida -Anhängern durchgeführt und ins Internet gestellt worden waren, in Deutschland, aber nicht nur dort, hervorgerufen hatten.

Dabei habe es sich nicht einmal um deutsche Staatsbürger gehandelt.

Nicht nur deutsche Geheimdienste hätten inzwischen Erkenntnisse über Verbindungen von thailändischen Terroristengruppen zu internationalen Terroristennetzwerken in Afghanistan, Pakistan und dem Irak gewonnen.

Zweifellos sei es zu einer Professionalisierung des Terrorismus in Südthailand gekommen.

***

Der anwesenden Psychologin, ebenfalls ständiges Mitglied des Krisenstabes, wurde der Auftrag erteilt, die Angehörigen der Geisel über den aktuellen Stand zu unterrichten, und diese zu bitten, besonders der

Presse gegenüber Schweigen zu bewahren.
Die Psychologin möge die Angehörigen darauf hinweisen, dass in den letzten Jahren alle im Ausland gekidnappten deutschen Staatsbürger freigekauft worden waren.

Auch in diesem Fall sei schon Kontakt mit den Geiselnehmern hergestellt.

Ausserdem war die Botschaft in Bangkok angewiesen worden, das geforderte Lösegeld zu zahlen. Also sei kein übergrosser Grund zur Sorge vorhanden. Es werde mit einer baldigen Freilassung der Geisel, wahrscheinlich schon in der ersten Märzwoche, gerechnet.

BKA-Leute in Thailand

Am selben Tag noch machten sich die BKA-Leute auf den Weg. Sie nahmen die nächste Maschine nach Frankfurt, dann ging es sofort weiter nach Bangkok, und von dort nach Hat Yai.

Als sie in Hat Yai das Flugzeug verliessen, fielen ihnen zwei Leute auf, die offensichtlich ebenfalls Deutsche waren. Nach einigen Begrüssungsworten stellte sich heraus, dass die beiden Mitreisenden der Botschaftssekretär Naumann und Gerhard Frings waren. Herr Naumann hatte Gerhard angeboten, ihn zu begleiten.

Er war vom Botschafter aufgefordert worden, vor Ort eventuell notwendige Hilfe von Deutscher Seite zu offerieren und ganz allgemein ein Auge auf die Entwicklungen vor Ort zu werfen.

So liess die Vierergruppe sich mit einem gemeinsamen Mietwagen nach Pattani fahren.

Naumann hatte herausgefunden, dass sich dort das einzige akzeptable internationale Hotel der drei Provinzen, das CS Pattani befindet.

Da es von dort aus nur 80 km nach Yala City waren, sagte er sich, ein Platz hier unten sei so gut wie jeder andere. Bisher hatte er lediglich die Information, dass sich die betreffende ‚Freiheitsbewegung'die Moslemliga von Yala nannte.

So kamen sie noch am selben Tag um Mitternacht an und checkten etwas ermüdet im CS- Pattani ein. Über ein mitgebrachtes Satellitentelefon mit automatischer Verschlüsselung konnten die BKA Leute jederzeit abhörsicher mit dem Krisenstab kommunizieren.

Am Nachmittag des gleichen Tages waren Staatssekretär Lupini und die fünf von ihm angeforderten Polizisten auch in Pattani angekommen. Lupini hatte sich ebenfalls im CS Pattani einquartiert – es war das einzige vernünftige Hotel in der Gegend.

Die Polizisten dagegen hatten sich in der zum Polizeihauptquartier von Pattani gehörigen Kaserne eingefunden.

***

Im Haus der Entführer tat sich am nächsten Tag nichts Neues.

Der Neffe fühlte sich schlecht. In dem kleinen Kofferradio gab es lediglich zwei lokale Sender zu hören, die zwischen Wortbeiträgen, die er nicht verstand, überwiegend arabische Musik ausstrahlten.

Man hatte ihm am Vorabend sechs Bücher in englischer Sprache gegeben, von denen das dickste ein Koran war. Sein Hauptproblem beim Lesen war das Licht. Es stammte von einer alten 25 W Glühbirne. Es war nicht hell genug, so dass er in der Regel nur maximal eine halbe Stunde lang lesen konnte.

Dann schmerzten ihm die Augen so sehr, dass er mindestens 15 Minuten lang Pause machen musste. Erst danach hatten sich seine Augen soweit erholt, dass er fortfahren konnte.

Seine Stimmung verschlechterte sich noch mehr, als er daran dachte, dass man jetzt in Deutschland Karneval feierte. Er sass stattdessen hier in einem Erdloch mit ungewisser Aussicht.

Einigung mit den Entführern

Staatssekretär Lupini hatte die aus Bangkok angereisten Polizisten zu sich ins CS Pattani Hotel gebeten. Man traf sich einem kleinen Konferenzraum. Er eröffnete das Gespräch mit einer Zusammenfassung der Dinge, die sehr kurz ausfiel.

„Der wichtigste Punkt ist: Vor zwei Stunden ist eine weitere Mail der Entführer in der deutschen Botschaft in Bangkok eingetroffen. Die Entführer haben in allen wesentlichen Punkten Zustimmung signalisiert

Das Land, wohin die Gefangenen zu überführen sind ist Malaysia.

Auch mit den beiden Vermittlern haben sie sich vorläufig einverstanden erklärt. Ich habe schon persönlich mit dem Iman von Butterworth telefoniert, und ihn um seine guten Dienste als Vermittler gebeten.

Nach kurzer Bedenkzeit hat er zugesagt, am zweiten März nach Pattani zu kommen.

Der berühmte Abt Sunivorn vom Wat Po hat ebenfalls sein Erscheinen zugesagt. Er will am zweiten März abends in Pattani sein, falls die Entführer den Zeitpunkt akzeptierten. Davon, denke ich, ist auszugehen."

Als Lupini seine Ausführungen beendet hatte, begann eine kurze Diskussion.

Herr Soy meldete sich als Erster zu Wort: „Diese Terroristengruppe 'Moslemliga von Yala' ist hier noch nie in Erscheinung getreten."

Er zählte alle acht bekannten Widerstandsgruppen auf, und wies darauf hin, dass keine so straff geführt wurde, dass man mit irgendeinem Anführer in Verhandlung treten könne.

„Sie arbeiteten fast alle spontan, sodass sie oft nur schwer zu erkennen bzw. zu bekämpfen seien.

Manchmal arbeiteten sie auch gegeneinander, besonders wenn es ums Geld geht. Fast alle Organisationen schöpften Geld aus dem Drogenhandel und der Prostitution ab.

So kommt es immer wieder zu unübersichtlichen Querverbindungen zur gewöhnlichen kriminellen Szene. Eine zweite Einnahmequelle sind die Tom Yum Restaurants in den beiden südlichen Grenzprovinzen Malaysias.

Deren Betreiber müssen Zwangsabgaben für den ‚Befreiungskampf' abführen. Und um die Verteilung dieser eingetriebenen „Freiheitsabgaben" gibt es immer wieder Auseinandersetzungen, die oft in tödlichen Schiessereien enden.

***

Staatssekretär Lupini ergänzte: „Seit Jahren werden von Militär und Polizei Strassensperren errichtet, aber Verhaftungen seien bis jetzt immer nur nach Zufallsfunden von Waffen oder Sprengstoff erfolgt.

Undercoveragenten in die Terrornetze einzuschleusen, hat sich als fast unmöglich erwiesen. Die einzigen halbwegs erfolgreichen Infiltrierungen hat es über das kriminelle Drogendealermilieu gegeben, doch auch über diese Schiene sind Fahndungserfolge meist zufälliger Art gewesen. Es herrsche eine Kultur des Schweigens.

Falls jemand in den Verdacht gerät, Polizeiinformant zu sein, wird er umgehend beseitigt.

Es hat, wie sie wissen, immer wieder Aussöhnungs- und Vermittlungsversuche von thailändischer Seite gegeben. Aber da es auf der Gegenseite so gut wie nie ernstzunehmende Ansprechpartner mit Führungsqualitäten und Verantwortungsbewusstsein für die eigene Terrorgruppe gegeben hat, verlaufen diese Bemühungen regelmässig im Sande.

Im Gegenteil: nach dem Scheitern der Kontakte hat die Brutalität der Anschläge regelmässig zugenommen. Insbesondere Lehrer und Schulleiter, die als Vertreter der Staatsmacht gelten, werden immer häufiger das Ziel von Attentaten.

Vielleicht ist die ‚Moslemliga von Yala' eine Neugruppierung. Sie ist sehr ernst zu nehmen, da zum ersten Male ein Ausländer Entführungsopfer ist. Das ist eine neue Qualitätsstufe.

Es gibt Gerüchte über junge ‚Freiheitskämpfer', die in Afghanistan ausgebildet worden sind. Über diese Schiene sollen in letzter Zeit grössere Geldmittel, bessere Waffen und effektiverer Sprengstoff bis hin zu hochwirksamen Minen ins Land gekommen sein.

Sogar von Boden- Luft Raketen des Typ Stinger wird gemunkelt; Ausrüstung und Waffen eben, die bei Überfällen in Pakistan und Afghanistan erbeutet wurden. Was eine Zunahme des Terrorismus für den Tourismus nach Thailand bedeutet, brauche ich ihnen nicht auseinander zu setzen".

Saporn gibt Rätsel auf

Was ich nicht ganz verstehe“, bemerkte Herr Muang „ist folgendes: Dass die Entführer Gefängnisinsassen hier freipressen wollen, ist plausibel. Das wurde schon öfter versucht – immer ohne Erfolg.

Nur: wo ist die Verbindung der drei in Trat inhaftierten Polizisten mit der Moslemliga?“

Herr Abhesat stimmte zu: „Ja, es ist schon seltsam. Die Drei sind mehr oder weniger gläubige Buddhisten; sie hatten noch nie etwas mit dem Islam zu tun. Aber irgendeine Verbindung muss es geben, da bin ich sicher. Nur wir kennen sie noch nicht“.

„Was ist eigentlich aus dem Polizisten Saporn geworden?, fragte der Polizist Kasikorn.

Herr Soy antwortete: „Besonders der gibt uns Rätsel auf. Der ist immer noch spurlos verschwunden. Wir vermuten, dass er sich nach Laos abgesetzt hat.

Er hatte, noch bevor wir zugreifen konnten, seinen Wagen in Chantaburi verkauft. Dann hat er sein Bankkonto leer geräumt und ist offenbar mit dem Bus in Richtung Nordosten, in Richtung Korat, verschwunden. Dort verlor sich seine Spur.

Wir haben ihn genau durchleuchtet: seine Herkunft und seinen Werdegang. Er stammt aus Sai Buri, nicht weit von hier. Er besuchte die Polizeiakademie in Chiang Mai, wo er wegen eines Zwischenfalls mit einer Barfrau gefeuert wurde.

Sein Vater war Muslim, sein Schwager der hier in Pattani wohnt, ist Muslim, und diesem werden gelegentliche Verbindungen zu diversen Muslimorganisationen nachgesagt. Es konnte aber nie irgendwas bewiesen werden.

Vielleicht ist dies die Verbindung zu den Polizisten in Trat.

Vielleicht sollte man die Fahndung nach Saporn hier unten intensivieren, und seinen Schwager unter Beobachtung stellen.

Denn dieser Saporn ist das einzige bekannte Verbindungsglied zwischen den Muslims im Süden und den drei verhafteten Polizisten in Trat.

Mit diesen war er eng befreundet, und er war auch mit Sicherheit an deren illegalen Geschäften beteiligt.

Er hatte immerhin in der Asservatenkammer direkten Zugriff auf beschlagnahmtes Rauschgift gehabt. Er war wohl auch verantwortlich für die grossen Mengen an verschwundenem Rauschgift.

Aber seltsamerweise, und das ist besonders ungewöhnlich: Die Drei waren voll geständig, aber keiner hat den Saporn irgendwie belastet."

Man einigte sich darauf, dass nach Saporn hier im Süden verstärkt gefahndet werden sollte, und sein Schwager Abdallah 24 Stunden täglich zu überwachen sei.

Ausdrücklich ordnete der Staatssekretär an, dass, wenn der flüchtige Saporn irgendwo auftauchen sollte, er keinesfalls verhaftet werden solle.

„Aber wenn man an ihm dran ist soll man ihn auch ja nicht aus den Augen lassen – vielleicht kommen wir über ihn zu neuen Erkenntnissen über die Terroristenszene. Also nach diesem Objekt: nur eine verdeckte Fahndung. Verstehen wir uns, meine Herren?"

Alle nickten. Einige machten sich Notizen

Er fuhr fort: „Im Übrigen muss man abwarten, was die Politiker bezüglich der Forderungen der Entführer beschliessen würden. Die Einführung der Scharia werden sie sicherlich ablehnen: Es kann nicht sein, dass zwei Rechtssysteme in einem Land gelten. Und die Einführung der Yawi Sprache ist auch illusionär. Im Moment", schloss der Staatssekretär seine Ausführungen, „heisst es abwarten, wann und wie sich die Entführer wieder melden. In Bangkok hat man sich lange Gedanken darüber gemachte, welche Persönlichkeit man als Vermittler einsetzen könne. Das war wohl eine schwierige Sache, jemanden zu finden, der auch von Muslimseite anerkannt werden würde. Das mit dem Geld ist keine grosse Schwierigkeit; die Deutschen haben schon signalisiert, dass sie zahlungsbereit sind. Und was die Freilassung der Gefangenen angeht, ist das Justizministerium gerade dabei, eine Stellungnahme auszuarbeiten".

***

Fast zeitgleich fand einen weitere Besprechung im selben Hotel statt. Es waren die beiden BKA Beamte Schmidtbauer und Kaiser, Botschaftssekretär Naumann, und Gerhard Frings anwesend.

Gerhard war froh, in das Geschehen eingebunden zu sein. Er fühlte sich wieder etwas wohler, seit er nicht mehr im Gästehaus der Botschaft untätig die Wände anstarren musste.

Vielleicht kann ich ja sogar in irgendeiner Form behilflich sein. Er wusste zwar im Moment nicht, wie überhaupt. Schliesslich sind das alles Profis hier. Aber trotzdem, vielleicht ja doch!

Der Botschaftssekretär begann mit einer kurzen Zusammenfassung des ihm Bekannten.

BKA-Mann Schmidtbauer fragte als erster: „Die Kontakte kamen nur per e-Mails zustande. Es gab nie einen Versuch mit einem Telefon?"

„Nein",antwortete Naumann, „das wäre ja auch zu schön gewesen. Irgendwie liessen sie sich ja dann immer orten. Offenbar haben sie gelernt. Die Amis haben ja sogar Bin Laden und Scheich Omar in Afghanistan geortet, als die ein Satellitentelefon benutzt hatten. Beinahe hätten sie die Beiden dann ja auch erwischt. Aber mit Mails geht das nicht".

Herr Schmidtbauer erwiderte: „Ich habe trotzdem und für alle Fälle vor meiner Abreise noch bei meinem Chef das neueste verfügbare Ortungsgerät für Telefone bestellt. Nur für den Fall, dass doch mal telefoniert wird.

Er wollte zuerst nicht mitspielen, weil das Gerät verdammt teuer ist. Aber dann hat er sich doch breitschlagen lassen. Es müsste schon per Kurierpost in der Botschaft angekommen sein.

Herr Naumann, können sie da mal nachhaken, und veranlassen, dass es auf schnellstem Wege hierher weitergeleitet wird?"

Herr Naumann nickte, und machte sich eine Notiz auf den vor ihm liegenden Block.

***

Gerhard hatte aufmerksam zugehört:

„Bei Mails gibt es also wirklich keine Möglichkeit, festzustellen, wo sie herkommen?"

„Leider nein“ antwortete Herr Kaiser. Vielleicht in fünf Jahren; wahrscheinlich arbeiten Amis, Russen und Israelis auch schon daran, aber noch gibt es nichts Greifbares in dieser Richtung.“

Herr Schmidtbauer nickte zustimmend. „Vielleicht ja auch noch schneller, heute überschlagen sich die Entwicklungen. Aber in unserem Hause ist darüber noch nichts bekannt. Tut mir leid!“

Bei Gerhard Frings geisterte während dieser negativen Auskünfte dauernd etwas im Hinterkopf herum. Er konnte nicht mehr ruhig sitzen, stand auf, lief im Kreis herum.

.Nach einiger Zeit begann er zögerlich, abgehackt: „Vor ein paar Wochen habe ich mit Karsten Wiegand, einem guten Bekannten, auf der Insel Ko Chang zusammengesessen, nachdem er freundlicherweise erfolgreich ein paar chinesische Trojaner, Viren und Rootkits von meinem Laptop entfernt hatte.

Nun fragen sie mich bitte nicht nach Rootkits und dergleichen.

Dabei hatte es einige Zwangspausen gegeben, als er irgendwelche spezielle Suchmaschinen in meinem Computer herumwühlen liess. Auch einige Bierpausen hatten wir einlegen müssen, bei den Temperaturen.

In einer dieser Pausen erzählte er mir irgendetwas zur Ortung von Wireless-Laptops. Da ich in Computerhinsicht nun völlig unbedarft bin – leider –, konnte ich ihm damals kaum folgen.

Ich halte ihn aber für einen absoluten Profi, der allerdings laufend mit mir unbekannten Fachausdrücken um sich wirft. Es war fachchinesisch, dem ich nicht folgen konnte. Aber er hatte da irgendetwas gesagt, was sich auf die Ortung von LAN-Quellen bezog.

Ich werde ihn mal anrufen.“

Karsten der Spezialist

Nach etlichen vergeblichen Versuchen und vier Stunden später, hatte Gerhard Karsten dann in der Leitung.

Er erzählte ihm kurz, was inzwischen vorgefallen war und kam dann zum Kern.

„Die Entführer halten Kontakt über E-Mails. Zum Telefonieren sind die zu klug. Als wir neulich mal bei dir gesessen haben, und du meinen Laptop gecleant hast von den chinesischen Viren, hast du mir was erzählt über die Ortung von wireless übersandten Mails. Erinnerst du dich noch?“

„Keine Ahnung, aber so was ist machbar. Bei jeder Mail findet man eine IP-Adresse.“

„Augenblick, ich muss es mir aufschreiben. Was ist IP?“

„IP ist die Abkürzung für Internet- Provider. Nehmen wir zum Beispiel Thailand, da ist es meistens die TOT, die Telecom of Thailand. Das ist hier einer der grössten Provider. Die wissen, wem sie die in Frage kommende Adresse vergeben haben. Von dort wurde die Mail verschickt. Jede Station vergibt für jede Mail, die aus ihrem Bereich generiert wird, eine neue IP- Adresse. Diese Nummer ist einem bestimmten Laptop zugeordnet. Diese Nummern werden gespeichert. Es ist unerheblich, wer den Laptop gekauft hat, oder in wessen Besitz er sich im Moment befindet. Ist einmal eine Mail bekannt, lässt sich immer wieder eindeutig identifizieren, welche Mail später von diesem Laptop stammt.

Wenn du ein Notebook kaufst, dann hat der Verkäufer, wenn er gut arbeitet, deine Adresse plus Kennnummer. Das ist wichtig, wenn du später mal Garantieansprüche stellen willst. Also, es lässt sich immer wieder feststellen, von welchem Computer eine Mail versandt wird.“

Karstens Vortrag zog sich hin, und Gerhard notierte.

„Gut, vielleicht hast du mir sehr geholfen, ich halte dich auf dem Laufenden. Mach’s gut, bis bald. Und schönen Gruss an Nok.“

Gerhard versuchte all das, was ihm Karsten eben gesagt hatte, zusammen zu fassen – stichwortartig. Das war alles absolut neu und fremd für ihn

Dann rief Gerhard Herrn Neumann an, und fragte ihn, ob er wisse, wo die beiden BKA- Leute seien. Die trieben sich irgendwo im Polizeihauptquartier ’rum, meinte er.

Aber die Telefonnummern habe er. So nahm Gerhard Kontakt zu Herrn Kaiser auf, der zunächst widerwillig etwas von ‚beschäftigt’ grummelte.

Doch dann lauschte er offenbar zunehmend interessiert seinen Worten. „Ich werde mit der Zentrale in Wiesbaden reden. Dort haben sie gute Leute. Sie sollten wissen, ob und was da möglich ist.“

***

Tatsächlich rief er eine halbe Stunde später aufgeregt zurück.

„Herr Frings,es ist tatsächlich so ähnlich, wie sie gesagt haben. Es lässt sich sekundengenau feststellen, von welchem Laptop eine Nachricht wohin versandt wurde.

Die schicken mir gleich eine lange Mail zur Erklärung, und auch das Ganze noch mal in Englisch. Da muss dann der Kellermann für eine anständige thailändische Übersetzung sorgen. Aber es soll dann wirklich funktionieren, tatsächlich!

Mit Hilfe von Kellermanns Botschaftsdolmetscher lag dann auch drei Stunden später eine thailändische Anleitung vor, wie der Laptop lokalisiert werden kann. So kann eindeutig die Identität des Laptops geklärt werden. Es muss lediglich die Mailadresse des Empfängers und der Empfangszeitpunkt geklärt werden.

***

Nun bat Herr Kaiser die Herren Soy und Muang zu sich. Jeder erhielt eine Kopie der Übersetzung, die sie aufmerksam studierten.

Darauf nahm Herr Soy sein Telefon zur Hand, und telefonierte etliche Minuten. Zunächst wurde der Ton barsch. Dann klang er zunehmend freundlicher. Er machte sich ab und zu Notizen. Als er geendet hatte, wedelte er grinsend mit seinem Notizzettel vor Kaisers Nase.

„Halten sie sich fest: Beide Botschaften wurden über das Netzwerk dieses Hotels versandt. Ja. Sie haben richtig gehört. Sie wurden über dieses Hotel versandt. Sogar die genauen Uhrzeiten lassen sich nun ermitteln.

Jetzt müssen wir dieses Hotel überwachen. Auch den Parkplatz draussen, und die Aussenseiten. Wir müssen herausfinden, wo das Signal stark genug ist. Es ist auch anzunehmen, dass der Empfang der Antworten auf gleichem Weg verläuft. Hoffentlich wechseln die Gangster nicht den Platz.

Natürlich könnten sie auch Internet-Cafés benutzen. Es gibt zwei davon hier in Pattani-City, die W-LAN-Service anbieten. Aber die TOT- Leute haben mir gesagt, dass die Signalstärke in den Internetcafés absichtlich gering gehalten wird, so dass man nur innerhalb der Cafés Empfang hat.

Das ist ja auch logisch, denn sonst würden sich die Kunden mit ihren Laptops vor den Cafés rumdrücken, und kostenlos die Dienste in Anspruch nehmen.

Zuerst müssen wir mal checken, wo im Aussenbereich dieses Hotels der Empfang gut genug ist. Ich kann mir kaum vorstellen, dass die Gangster hier im Hotel wohnen. Sie werden ab und zu herkommen, um Mails zu empfangen oder zu verschicken.

Ich werde gleich ein Notebook anfordern, dann können wir locker schon mal die Plätze erkunden, wo ausserhalb von Rezeption, Restaurants und Toiletten W-LAN-Empfang möglich ist."

Er nahm sein Handy zur Hand.

Mit dem Notebook den Entführern auf der Spur

Stopp", rief Gerhard. „Mein Notebook ist so ausgerüstet. Ich geh' schnell in mein Zimmer und hole es 'runter. Ich bin gleich wieder da".

Nach drei Minuten war er zurück, das Notebook unter dem Arm. Der Akku war voll geladen. Er schaltete es an. Das Signal für W-LAN leuchtete auf. Er ging auf ‚Firefox', und hatte gleich darauf Zugang zu seinen Mails.

„Wir haben Pech und Glück, meine Herren. Ich weiss nicht, wieweit sie sich da auskennen. So ziemlich alle guten Hotels haben heutzutage W-LAN.

Es gibt da drei Spielarten: Manche bieten ihren Gästen diesen Service gegen Gebühr an. Oft teurer als im Internet-Café. Manche wollen zwei Baht pro Minute, manche verkaufen auch Karten für ab 30 Minuten aufwärts. Das sind dann sogenannte gesicherte Netze.

Für den Zugang braucht man dann den Code, der auf der Karte steht. Wenn das hier der Fall wäre, brauchte man nur an der Rezeption fragen, wer vor zwei Tagen so eine Karte gekauft hat. Dann hätten wir schon vielleicht den Gangster.

Manche Hotels geben aber auch den Code kostenfrei an ihre Hotelgäste ab. Dann wäre es komplizierter für uns. Die dritte Variante ist die: es gibt Hotels wie unseres hier, die den Service frei anbieten. Da kann sich dann wirklich jeder bedienen, so wie ich jetzt.

Das kompliziert die Situation für uns, vor allem, wenn man auch ausserhalb des Hotels freien Zugang hat. Aber das Gute daran ist, dass die Entführer wegen dieses freien Zugangs wohl diesen Servicepunkt gewählt haben.

Stellen Sie sich nur mal vor, in Pattani gäbe es 20 Internet-Cafés mit starkem Sender, die auch den Aussenempfang ohne Anmeldung drinnen ermöglichen. Dann müssten 20 Plätze überwacht werden. Können sie mir folgen?

So betrachtet, haben wir Glück. Denn es gibt hier nur zwei von diesen Cafés, und die haben ihre Sendeleistung gedrosselt!“

***

Die beiden thailändischen Ermittler warfen sich untereinander Blicke zu, erfreute Blicke, wie Gerhard es deutete.
Jetzt halten sie mich sicherlich für einen Spezialisten, obwohl ich gar keine Ahnung habe.

Dann ging es nach draussen. Zuerst checkten die thailändischen Polizisten, die von den Herren Abhesat, Kasikorn und Taksini verstärkt worden waren, alle 14 auf dem Hotelparkplatz stehenden Wagen.

Herr Taksini hielt sich mit einem Walky Talky an der Einfahrt zum Parkplatz auf, um die Kollegen zu warnen, falls gerade ein Wagen auf den Parkplatz führe. Es könnte der gesuchte Kontaktmann sein, und nichts wäre fataler, als wenn er durch die in die einzelnen Autofenster blickenden Leute gewarnt werden würde und wieder das Weite suchte.

Als alle Autos sich als unbesetzt erwiesen, gingen die Herren Abhesat, Kasikorn und Taksini los. Das Notebook trug Gerhard vor sich her, und hielt die Signalstärke im Auge. Ungefähr 10 Meter vor der Hotelfront war das Signal gänzlich verschwunden.

Er stellte fest: „Wenn jemand auf dem Parkplatz Empfang haben will, muss er in den beiden ersten Parkplatzreihen parken oder mit Fahrrad oder Motorrad ziemlich nahe an das Hotel heranfahren.

Dann begannen sie das Hotel zu umrunden.

Die rechte Seite bot ebenso wie die Rückseite, die an den Strand grenzte, keinerlei, nicht einmal schwache Empfangsmöglichkeiten.

Nur die linke Seite, wo sich die beiden Swimming-Pools befanden, bot exzellenten Empfang.

Somit war klar: wenn die Entführer diesen Platz wieder zur Übermittlung oder auch für den Empfang nutzen wollten, mussten sie an das Hotel sehr nahe heranfahren, oder in den Swimmingpoolbereich kommen.

Das war zwar unwahrscheinlich, aber nicht undenkbar.

Es wurden vier zusätzliche Räume angemietet. Alle lagen im ersten Stockwerk.

Durch die dunkel verspiegelten Fenster sollten ab sofort die kritischen Aussenbereiche rund um die Uhr überwacht werden. Jeder der Überwacher hatte ein Funkgerät griffbereit. Alle waren informiert worden, dass für Übermittlung oder Empfang einer Nachricht nur wenige Sekunden benötigt würde.

Zusätzlich wurden an der Hoteleinfahrt vier Polizisten in Zivil in zwei neutralen Polizeiwagen platziert.

Ausserdem wurden ein Moped und ein dickes Motorrad mit Fahrern in Zivilkleidung, auf der andere Strassenseite positioniert.

Diese mobile Einheit würde ebenfalls rund um die Uhr ihre Positionen besetzt halten.

Alle eingesetzten Polizisten hatten den strikten Befehl erhalten, im Einsatzfall so verdeckt wie möglich die Zielpersonen zu verfolgen. Sie dürften keinesfalls bemerkt werden.

Sie sollten in ständigem Kontakt mit der Einsatzzentrale, die inzwischen ebenfalls im ersten Stockwerk untergebracht war, bleiben.

Jetzt hiess es abwarten.

***

Gegen 20.00 Uhr ereignete sich die erste interessante Begegnung. Ein grüner Landrover fuhr auf den Hotelparkplatz. Er fuhr im Schritt-Tempo an der Hotelfront vorbei und hielt nur kurz, vielleicht dreissig Sekunden, an.

Darauf beschleunigte er langsam wieder und fuhr die Ausfahrt hinaus.

Gleich drei Überwacher notierten die Wagennummer, und eines der zivilen Polizeiautos fädelte sich drei Autos dahinter in den fliessenden Verkehr ein.

Am nächsten 7/11 Supermarkt hielt der Wagen, der Fahrer stieg aus, und kam wenige Minuten später mit zwei vollen Einkaufstüten wieder heraus.

Dann fuhr der Wagen zur Ausfallstrasse in Richtung Yala. Allerdings verlor nach etwa einer halben Stunde das verfolgende Fahrzeug an einer Baustelle den Kontakt zu dem Wagen. Eines der schweren Baustellenfahrzeuge, ein Sattelzug, blockierte direkt hinter dem Landrover die gesamte Strasse.

Da er mit dem Ausladen eines Schaufelbaggers beschäftigt war, machte er volle fünf Minuten für das Polizeifahrzeug die Weiterfahrt unmöglich.

Als der Polizeiwagen dann weiterkonnte, war es zwei Kilometer weiter an einer grossen Kreuzung unmöglich, zu erkennen, welchen Weg das gesuchte Fahrzeug genommen hatte.

Obwohl der Polizeiwagen nun auf gut Glück mit höchstmöglicher Geschwindigkeit die geradeausführende Strasse nach Yala noch eine halbe Stunde weiterfuhr, war von dem gesuchten Auto keine Spur mehr zu entdecken.

Man hatte die Autonummer des Wagens und ermittelte noch in der gleichen Nacht den Halter, der tatsächlich in Yala wohnte. Man stellte das Haus ab sofort unter verdeckte Observation. Allerdings war und blieb der grüne Landrover zunächst verschwunden.

So wurde im Grossraum Yala eine verdeckte Fahndung nach diesem Wagen eingeleitet.

Schein-Einigung

In diesem Wagen hatte Abdallah Wassala gesessen. Er hatte im Vorbeifahren und während des kurzen Stopps vor dem CS-Pattani Hotel drei Mails erhalten und gespeichert.

Dann hatte er für seinen Onkel in Yala im nächsten 7/11 Supermarkt einige Lebensmittel gekauft.

Der Wagen gehörte seinem Onkel, der ihn aber nicht mehr benutzte.

Abdallah kümmerte sich um die Verpflegung seines Onkels. Im Gegenzug dafür durfte er dessen Auto benutzen.

Er machte sich, nachdem er die Lebensmittel abgeliefert hatte, sofort wieder auf den Rückweg nach Pattani und erreichte gegen 24.00 Uhr dort das sichere Haus.

Als Pong Saporn die drei Mails gelesen hatte, informierte er strahlend: Abdallah

„Alles läuft planmässig. Die Deutschen werden zahlen. Eine Million Dollar. Sie haben schon einen Botschaftssekretär hergeschickt zur Geldübergabe.

Sie wollen wieder ein Lebenszeichen von dem deutschen Gefangenen. Gut, das können sie haben. Nachher machen wir wieder eine Aufnahme.

Am ersten März, also schon morgen, werden meine drei Freunde aus Trat ins Gefängnis nach Yala überführt. Sie werden zusammen mit den 23 Gefangenen am dritten März vormittags zum zentralen Treffpunkt für unseren Übergabedeal, der Krue Sae Moschee, gebracht.

Dorthin, Abdallah, werden auch um 11.00 der Iman von Butterworth und der Abt Sunivorn des Wat Po in Bangkok kommen. Die beiden Persönlichkeiten werden für den ordnungsgemässen und sicheren Ablauf des Deals garantieren.

So werden wir vor einem Polizeiangriff geschützt sein. Unser Verhandlungspartner, der Staatssekretär Lupini, hat uns zwar freies Geleit nach Malaysia versprochen. Aber sicher ist sicher.

Kein thailändischer Polizist wird uns angreifen, solange diese beiden bekannten heiligen Männer unter uns sind."

„Richtig, Pong, zum Wort von diesen Männern hat jedermann hier im Süden absolutes Vertrauen."

„Ich bin noch nicht am Ende mit den guten Nachrichten. Der Iman von Butterworth hatte seinen ganzen Einfluss auf die zuständigen Behörden in Malaysia dazu genutzt, dass die Gefangenen ins Land gelassen werden.

Er hat auch veranlasst, dass am Pier von Muang Pattani am dritten März eine malaysische Fähre ab 10.00 Uhr morgens bereit liegt, um uns alle nach Malaysia zu bringen. Das Geld, der Iman und der Abt werden ebenfalls an Bord sein.

Allerdings werden die Thailänder die Fähre erst dann fahren lassen, wenn der Deutsche frei ist. Also werden wir der Polizei, wenn alle an Bord sind, die Adresse des Verstecks mitteilen. Sie werden dann den Deutschen befreien, und die Fähre kann losfahren. Durch die Anwesenheit des Imans und des Abts werden wir dann tatsächlich ohne Probleme nach Malaysia kommen; die Thailänder werden nichts unternehmen können.

In Malaysia erhalten dann alle Gefangenen politisches Asyl. Meine drei Freunde sind dann auch in Freiheit, und das Geld teilen wir uns. Eine Million Dollar reicht für uns, für lange, lange Zeit. Wenn du willst, kannst du ja dann von Malaysia aus den Freiheitskampf weiter organisieren. Ich werde mich jedenfalls absetzen. Wohin, in welches Land ich will, weiss ich noch nicht."

***

Darauf gingen beide ins Kellerverlies. Christian schlief tief.
Abdallah sagte: „Er wollte Schlaftabletten haben. Ich habe ihm zwei gegeben."

Es dauerte etliche Minuten, bis Chris völlig wach war.

Saporn sagte zu ihm: „ Sie sollten sich freuen. Am dritten März werden sie frei sein! Wir brauchen jetzt noch ein aktuelles Bild von ihnen. Für ihre Botschaft, damit sie zahlen."

Er öffnete die Handschellen und legte ihm die aktuelle ‚Nation' auf den Schoss. „Halten sie die vor ihre Brust und lächeln sie."

Der Neffe brachte mit Müh' und Not ein schiefes Grinsen zu Stande, und Saporn machte drei Aufnahmen.

Er verabschiedete sich mit: „Dann schlafen sie mal gut weiter, und träumen sie was Schönes, am besten vom dritten März."

Er verschloss wieder die Handschellen.

Wieder oben schrieb Herr Saporn eine Mail an die Botschaft. „Es geht dem Gefangenen noch gut. Bei der Übergabe des Geldes und der Gefangenen muss ein Angehöriger der deutschen Botschaft anwesend sein; also bis zum dritten März in der Krue Sae Moschee, MVY". Er fügte als Attachement das Beste der drei Bilder an.

Zu Abdallah sagte er: „Ich bringe die Mail selbst weg, geh du schon mal schlafen."

Er fühlte sich in seiner Mönchskutte inzwischen so sicher, dass er keine Bedenken mehr hatte, erkannt zu werden.

Sein Aussehen hatte sich enorm verändert durch die Glatze, die er jeden Tag neu rasierte.

Der alte, geflickte, safrangelben Umhang tat ein Übriges, sodass er wirklich ein anderer geworden zu sein schien.

Darüber hinaus hatte er sich oft in der Sonne aufgehalten; vorsätzlich.

Früher hatte er wie alle Thailänder die Sonne gemieden, wo immer das möglich war. So war seine bleiche Farbe einem Mittel- bis Tiefbraun gewichen, wie sie für Landarbeiter in Südthailand typisch ist.

Er war sich sicher, nicht einmal seine alten Freunde würden ihn an seinem Äusseren wieder erkennen. Höchstens an seiner Sprache…

Abu Sia kehrt heim

Um ein Uhr morgens fuhr der grüne Landrover langsam auf den Hotelparkplatz. In der ersten Reihe parkte er in eine freie Lücke ein.

Der Fahrer drückte auf den Senden-Botton.

Die Übermittlung ging reibungslos vonstatten, dauerte aber wegen der Versendung des Bildes im Anhang einige Sekunden länger als eine normale Textnachricht.

Gleich nach Erscheinen der SEND-Massage setzte sich der Wagen wieder in Bewegung und verliess das Hotelgelände. Auf der Strasse draussen herrschte nur wenig Verkehr.

Es dauerte etwa eine halbe Minute, bis sich ein weisser Nissan hinter ihn hängte und bis auf fünfzig Meter aufschloss.

Ein Moped und ein Motorrad nahmen ebenfalls die Verfolgung auf; sie konnten einen weiten Abstand zum Nissan einhalten.

Der Fahrer des Landrovers bemerkte nichts von seiner Verfolgung. Er war völlig arglos, und schaute auch während der vier Kilometer weiten Fahrt nicht in den Rückspiegel.

In Gedanken versunken träumte er von der Zukunft.

Er würde viel Geld haben und überall hinreisen können, wohin immer er wollte.

Er war zufrieden mit sich und der Welt. Endlich!

Im Hause angekommen, herrschte Stille. Abdallah schlief schon.

Er setzte sich in die Küche, und öffnete eine Flasche australischen Rotwein.

Er war zu erregt zum Schlafen. Stattdessen musste er grinsen.

„Wenn mich jemand so sähe, wäre er erschüttert. Er würde denken: Da sitzt ein Mönch am Küchentisch und trinkt Alkohol. Unfassbar!“

Er nahm die halbleere Flasche und das Glas, und ging nach oben in sein Schlafzimmer.

***

Nach einem Tag Fahrt mit dem Überlandbus von Phuket nach Pattani war Nob Wattaya hundemüde.

Kein Wunder: vier Tage Schiffsreise mit dem Zypriotischen Seelenverkäufer von Karachi um den indischen Subkontinent herum bis nach Phuket war schon bei unruhiger See eine Belastungsprobe für jeden stabilen, jungen Menschen.

Aber für eine ausgewiesene Landratte wie den jungen Thailänder, der jetzt in Pattani im Busbahnhof auf ein TUK TUK wartete, war der Höllenritt durch zwei ausgewachsene Stürme die grösste Tortur seines Lebens gewesen. Mehr als einmal hatte er mit dem Leben abgeschlossen.

Er war bitter enttäuscht. Er war so sicher, dass er jetzt einen herausragenden Platz unter Allahs Kriegern finden würde.

Doch nun käme das Ende und er würde nie die Bewährungsprobe bestehen. Alle seine Mühen in dem Ausbildungscamp waren überflüssig, wenn er seine Fähigkeiten nie anwenden könnte, die er sich in den afghanistanischen Bergen erworben hatte.

Aber Allah hatte ihn nicht umkommen lassen.

Nob Wattaya wählte stolz die auswendig gelernte Telefonnummer und meldete sich mit Abu Sia. Er nannte das Codewort Krue Sae.

Der Teilnehmer am anderen Ende bestellte ihn für 16 Uhr nachmittags zur einer Adresse nach Tak Bai.

Dort angekommen, öffnete sich die Tür, bevor er anklopfen konnte. Man erwartete ihn schon.

Er wurde in einen der hinteren Räume geführt, und von einem etwa 40-jährigen, stämmigen Mann empfangen. Dieser stellte sich als Commander Abu Sae vor.

Er war der Führer der National Moro Front, NMF. Er kam direkt zur Sache.

„Am zweiten oder dritten März wird der Premierminister nach Pattani kommen. Er wird wieder einen der verlogenen Versuche machen, uns Muslime zu spalten.

Wir werden ihm einen Denkzettel verpassen, der ganz Thailand erschüttern wird. Du, Abu Sia, wirst unser Werkzeug sein.

Deine Heldentat wird nie vergessen werden. Du wirst ihn seiner gerechten Strafe zuführen. Du wirst ihn töten.

Unsere Glaubensbrüder auf der ganzen Welt werden deinen Namen rühmen. Abu Sia, bist du bereit, notfalls dein Leben für unsere Sache hinzugeben?“

Für Nob Wattaya, alias Abu Sia, ging doch noch der Traum in Erfüllung. Schneller, als er es in seinen kühnsten Träumen zu hoffen gewagt hätte. Er würde als Märtyrer sterben und ins Paradies mit all seinen Wundern eingehen.

„Commander Abu Sae, es wird für mich eine heilige Pflicht und die grösste Ehre sein, meinem Volk mein Allah geweihtes Leben zu geben“

„Keine andere Antwort habe ich von dir erwartet, aber von nun an bin ich nicht mehr für dich Commander Abu Sae, sondern der Mitkämpfer Abu Sae.

Er griff hinter sich in eine Schublade und zog zwei grüne Stirnbinden heraus, wie sie von Mitgliedern von Hamas-Selbstmordkommandos getragen werden.

Er legte sich selbst eine an, und streifte die zweite dem jungen Krieger über die Stirn.

Auf Arabisch stand da zu lesen: Tod den Feinden!

Dann griff er aus der gleichen Schublade ein dickes Buch.

„Dies ist das Buch der Bücher, in arabischer Schrift und in unserer Yalaschrift. Es sind die Schriften Mohammeds, des Propheten.

Lies es, wann immer du Zeit hast, zur Erbauung und zur Einstimmung auf den Kampf!

Wir werden später zu einem Platz fahren, wo du deine Einweisungen erhalten wirst!“

Der Minenspezialist

Damit ging er aus dem Zimmer und liess den stolzen jungen Mann alleine. Zwei Stunden später wurden beide Männer ins Industriegebiet von Tak Bai gefahren, und Abu Sae zeigte dem neu ernannten Mitkämpfer Abu Sia das gesamte Arsenal der jetzt eingetroffenen Waffen.

Abu Sia war beeindruckt. Abu Sae fragte: „Junger Kämpfer, bist du in der Lage, in diese Minen eine Fernsteuerung einzubauen, sodass man sie mit einem Funksignal zünden kann?

Ich habe gelesen, dass so ganze Truppenkonvois in Afghanistan in die Luft gejagt wurden.“

Abu Sia öffnete vorsichtig zwei mitgelieferte Kartons, die diverse Zubehörteile enthielten. Er schaute kritisch hinein, und fing an, darin herumzukramen.

Dann verteilte er vorsichtig den gesamten Inhalt auf dem Boden. Er sah sich die Teile aufmerksam an. Dann nickte er:

„Absolut kein Problem. Die grossen runden Minen hier sind Panzerminen. Aber mit diesen Empfängern hier lassen sie sich in ferngesteuerte Minen umbauen. Hier ist die Öffnung für die Empfangseinheit. Wenn man den Empfänger hineinschiebt, und dann diese Klappe wieder schliesst, ist sie einsatzbereit.

Man kann sie bis zu einem halben Meter tief vergraben. Sie bleibt harmlos in der Erde, bis sie über ein Funksignal gezündet wird.

Hier, dieses kleine Kästchen ist der Sender. Wir brauchen nur neue sechs Volt Batterien. Dann haben wir eine Reichweite von bis zu 80 Metern. Sie stammen aus China, Abu Sae"

„Beeindruckend, und kennst du dich auch mit Panzerfäusten wie dieser hier aus, Abu Sia"

„An den Panzerfäusten war ich einer der besten Schützen."

„Gut, wir werden wahrscheinlich bald deine Dienste brauchen, vielleicht schon sehr bald sogar. In etwa zwei oder drei Tagen, denke ich, wird es für dich so weit sein.

Unser Ziel ist der Premierminister, das habe ich dir vorhin schon gesagt. Er bringt eine ganze Schar Leute mit. Es sind alles ungläubige Teufel!

Also halte dich bereit. Lies zur Erbauung im Koran. Übermorgen werden wir nach Vorbild der Hamas ein Video von dir machen, das wir, falls du bei deiner Arbeit ins Paradies eingehst, für deine Freunde und Feinde ins Internet stellen werden. Du wirst ab sofort bei uns wohnen und keinerlei Kontakt mehr zu deiner alten Umgebung haben "

Der junge Kämpfer nickte zustimmend. Daraufhin fuhren die Beiden zurück.

Taktische Besprechung

Schon um sieben Uhr herrschte in der Einsatzzentrale im ersten Geschoss des CS-Pattani-Hotels hektisches Treiben.

Staatssekretär Lupini hatte noch in der Nacht von der deutschen Botschaft die Nachricht erhalten, dass am frühen Morgen eine neue Botschaft der Entführer eingetroffen war.

Man hatte die Botschaft direkt weitergeleitet, und Lupini hatte acht Ausdrucke, inklusive Bild der Geisel, mit der gestrigen Tageszeitung vor sich liegen. Alle Ermittler sassen vor ihm.

Er verteilte die Ausdrucke und begann: „Wir können davon ausgehen, dass wir den Aufenthaltsort eines Entführers oder einer der Kuriere der Entführer kennen.

Vielleicht halten sie sogar die Geisel dort gefangen. Und sie lebt, jedenfalls lebte sie gestern noch.

Das Haus steht am Ende der Soi 7, einer Seitenstrasse der Phetkasem Road.

Wir überwachen das Haus seit heute Nacht. Es gehört einem Abdallah Wassallah.

Er wird verdächtigt, Mitglied einer Widerstandsbewegung zu sein. Er soll zur Moslemliga von Yala gehören. Sporadisch soll er für sie arbeiten. Er ist der Neffe des Halters des grünen Landrovers, den wir neulich aus den Augen verloren haben.

Das Verrückte ist: Der, der den Wagen fuhr, ist ein Mönch – jedenfalls hatte er das gelbe Gewand eines Mönchs an. Und was noch seltsamer ist: Die Einführung der Scharia wird von den Entführern nicht mehr erwähnt, ebenso nicht mehr die Einführung der Yawi-Sprache als Zweitsprache. Von der Krue Sae Moschee ist nur noch die Rede im Zusammenhang mit der Geldübergabe und der Freilassung der Geiseln die Rede.

Ich vermute, wir haben es mit normalen Lösegelderpressern zu tun. Mit ganz gewöhnlichen Kriminellen, die nur den Deckmantel der Glaubensfanatiker benutzen"

„Warum stürmen wir das Haus nicht – vielleicht finden wir die Geisel, Herr Staatssekretär?“, fragte Herr Kasikorn.

„Ich denke, dazu ist es noch zu früh. Wir müssen zuerst wissen, wie viele Leute dort sind. Denn es ist nicht sicher, ob sich die Geisel auch dort befindet. Wenn wir jetzt hineingehen, Polizist Kasikorn, und wir treffen auf mehrere Bewaffnete, und der Deutsche ist nicht drin, besteht Lebensgefahr für ihn, weil die Entführer dann gewarnt sind. Wenn er aber im Haus ist, und wir schalten die Gangster nicht schnell genug aus, besteht ebenfalls Lebensgefahr für ihn.

Nein. Noch nicht! Zuerst müssen wir mehr wissen. Leider sind die

Fotos des Mönches, die heute Nacht gemacht wurden, unbrauchbar.

Wir überwachen das Haus jetzt von allen vier Seiten. Ich habe aus Bangkok Richtmikrophone angefordert. Es sind die neuesten, die es gibt.

Damit soll man jedes Wort hören können, das in einem Raum gesprochen wird, auch wenn die Fenster geschlossen sind. Sie treffen noch heute ein.

Sobald wir ein halbwegs vernünftiges Bild des Mönches oder einer anderen Person dort haben, schicke ich es nach Bangkok zum SWAT. Die können anhand der biometrischen Daten des Gesichts vielleicht herausfinden, wer das tatsächlich ist. Biometrische Daten gehören ebenfalls zu den Neuentwicklungen auf dem Markt hier in Thailand. Ein wirklicher Mönch ist der wahrscheinlich nicht, aber man kann nie wissen.

Ich denke, wir sind auf dem richtigen Weg. Allerdings haben wir nur noch zwei Tage Zeit. Die Deutschen bestehen auf einer schnellen Lösung.

Ich glaube nicht, dass wir noch eine Verlängerung der Frist herausschlagen können. Es ist alles schon arrangiert für den dritten März vormittags. Das war's, meine Herren.

Noch etwas: keiner von ihnen verlässt ohne meine ausdrückliche Genehmigung dieses Hotel."

Alle Anwesenden nickten zustimmend.

Das Versteck wird lokalisiert

Am Nachmittag des selben Tages gegen siebzehn Uhr, bat Herr Lupini die sieben Polizisten zu einer neuen Besprechung.

„Also, meine Herren, wir haben eine Fotografie des Mönches aufnehmen können. Er legte sich hinter dem Haus in die Sonne. Vielleicht, um brauner zu werden. Ich habe das Bild sofort nach Bangkok zum SWAT geschickt. Die haben das Bild durch alle Dateien gejagt, wo irgendwann mal Fotos gespeichert worden waren. Und jetzt halten sie sich fest: Unser Mönch ist ein Polizist. Ein ehemaliger Polizist... Es ist der Herr Saporn, der bis vor kurzem die Asservatenkammer bei der Polizei in Trat geleitet hat. Er ist eindeutig identifiziert.

Das Haus, zu dem er fuhr, gehört, wie wir ja schon wissen, einem gewissen Wassala. Er ist tatsächlich ein Schwager von diesem ehemaligen Polizisten Saporn.

Die Richtmikrophone, die ich angefordert habe, sind vor zwei Stunden eingetroffen. Sie werden gerade installiert.

Ich bin gespannt, welche Erkenntnisse sie uns bringen. Im Moment bleibt uns nichts anderes zu tun, als abzuwarten.

Das war's auch schon wieder, meine Herren."

Er stand auf und verliess den Raum. Die zurückgelassenen Polizisten diskutierten die neue Lage.

***

Kurz darauf bat Herr Lupini die deutschen BKA Leute sowie Herrn Kellermann und Gerhard zu sich. Er informierte sie über den neuesten Stand der Dinge, und merkte an: „Wenn die Mikrophone installiert sind, und sich tatsächlich herausstellt, dass sich in dem Haus nur zwei Menschen aufhalten, erwägen wir, das Haus morgen früh um vier Uhr zu stürmen."

Daraus ergab sich ein Disput mit Herrn Kellermann, der darauf hinwies, dass nicht sicher sei, dass Herr Frings überhaupt in dem Hause sei. Dessen Leben habe Vorrang; vor allem anderen. Der BKA Mann Keller lobte zuerst die Mittel und die bisherige Art und Weise des Vorgehens der Thailänder.

„Das hätten wir in Deutschland auch nicht besser machen können. Meine Hochachtung, Herr Lupini"

Aber dann stimmte er Herrn Kellermann zu. „Solange wir noch nicht mehr wissen, würden wir nicht zugreifen.

Was ist, wenn sie einen Kellerraum haben, und die Geisel befindet sich dort. Wenn sie einen eigenen Bewacher für die Geisel abstellen, und oben geht die Schiesserei los?

Im Moment wissen wir, äh, wissen sie, noch nicht genug!

Auf jeden Fall ist das Risiko für die Geisel noch zu hoch, Herr Staatssekretär."

„Sie reden dauernd von einem Keller. Wir haben selbstverständlich die Baupläne des Hauses vorliegen. Es gibt keinen Keller. Hier in der Region gibt es keine Keller."

Verärgert schlug er auf den Tisch. „Ausserdem sind es unsere Ermittlungen und unsere Polizisten und wir sind hier ist Thailand, wo wir immer noch das Sagen haben, Herr Kellermann".

„Und es ist unser Staatsbürger, dessen Leben auf dem Spiel steht", antwortete Herr Kellermann und sprang von seinem Stuhl auf.

Die Nerven aller lagen blank.

Beschwichtigend bemerkte BKA Mann Kaiser: „Es könnte ja auch sein, dass man einen Keller nachträglich ausgehoben hat. Wenn es wirklich ein Terroristenunterschlupf ist, wäre es nicht das erste Mal, dass man im Keller ein ganzes Waffenlager findet. Oder hier, in diesem Fall, vielleicht eine Geisel.

Die ETA in Spanien ist bekannt dafür, dass sie alles Verdächtige in Kellern lagert, obwohl dort ebenfalls Keller unüblich sind. Ausser Weinkeller, ha ha."

Er bemühte sich sichtlich um eine Entspannung.

„Eine Frage, Herr Staatssekretär Lupini, könnten wir mal einen Blick auf das Haus werfen?"

„Unmöglich, hier gibt es so gut wie keine Weissen. So etwas würde höchstes Aufsehen erregen Auch wenn wir einen Wagen mit verdunkelten Scheiben nähmen. Das Haus liegt am Ende einer Sackgasse. Wenn da nur jemand aus dem Fenster schaut…"

Der Staatssekretär hatte sich wieder beruhigt, Kellermann ebenso. Die Beiden entschuldigten sich gegenseitig für ihre Ausraster. Der Staatssekretär stand auf.

„Ich muss gehen. Ich halte sie auf dem Laufenden."

Kellermann sagte: „Bitte unternehmen sie nichts, ohne uns vorher zu informieren."

Lupini nickte, und verliess den Raum.

Sicherlich, für einen Zugriff war es noch zu früh, dachte er auf dem Weg zu seinem Zimmer.

Aber auf alle Fälle werde ich ein Spezialeinsatzkommando anfordern und es in der Nähe unterbringen. Für alle Fälle...

***

Er rief die Herren Taksini und Kasikorn zu sich.
„Stellen sie mal fest, ob es in der Nähe, und ich meine ganz in der Nähe dieses Hauses, ein leer stehendes Haus gibt. In der Soy 5 oder 9, oder sogar am Anfang der Soy 7, wo man ein Spezialeinsatzkommando unterbringen könnte. Man muss unbemerkt hineinkommen. Also mit einer Einfahrt hinter dem Haus. Am besten mit hohen Büschen umrahmt; oder mit einer hohe Mauer drumherum – na ja, sie wissen schon."

Taksini und Kasikorn nickten und verliessen den Raum.

Die Situation spitzt sich zu

Am nächsten Tag waren die Herren Taksini und Kasikorn schon seit dem frühen Morgen unterwegs.

Zuerst hatten sie mit dem Wagen die Soi 9 abgefahren; jetzt waren sie in der Soi 5 unterwegs. Sie suchten ein leeres Haus, dessen Umgebung von aussen nicht einsichtbar war. Von dort aus sollte ein Spezialkommando binnen kürzester Zeit das Haus in der Soi 7, wo sie die Entführer vermuteten, erreichen können, falls die Erstürmung angeordnet würde.

Den idealen Platz fanden sie nicht. Dann fuhren sie die Seitenstrassen auf der anderen Seite der Phetkasem Road ab.

. In der Soi 6 fanden sie, was sie suchten. Im Haus war vor einiger Zeit ein Reislager gewesen.

Es gab eine grosse Einfahrt, durch welche LKW in die Lagerhalle gefahren waren.

Ein Schild am Haus wies darauf hin, dass es zu verkaufen oder zu vermieten sei. Nachforschungen ergaben, dass der Eigentümer vor einem Jahr verstorben war und die Erben in Bangkok den Besitz loswerden wollten.

Von hier aus war das verdächtige Haus innerhalb von einer Minute mit den Einsatzwagen zu erreichen. In der Lagerhalle war für mehrere Einsatzwagen genügend Platz vorhanden.

Der Nachbar hatte einen kompletten Schlüsselsatz, um eventuellen Kauf- oder Mietinteressenten den Zugang zu ermöglichen. Mit den

Eigentümern in Bangkok war vereinbart worden, dass sie in zwei Wochen nach Pattani kommen würden, um den Kaufvertrag für das Anwesen abzuschliessen.

Die Kaufinteressenten wollten angeblich ein Möbellager hier einrichten.

Bis dahin sei es den neuen Interessenten schon erlaubt, das Lager zu benutzen, und mit der Renovierung zu beginnen.

Hier wurden drei Minivans mit insgesamt 15 Spezialpolizisten untergebracht, die sich im Obergeschoss halbwegs komfortabel einrichteten.

Sie befanden sich in permanenter Bereitschaft; bereit, binnen weniger Minuten auszurücken.

Die drei Polizisten werden überführt

Gegen Mittag hatte Staatssekretär Lupini von den Überwachungseinheiten einen ersten Bericht bezüglich der neu eingetroffenen und installierten Richtmikrophone erhalten.

Es schienen sich tatsächlich nur zwei Personen und die Geisel in dem Haus aufzuhalten.

Die Geisel war anscheinend zweimal im Lauf des Tages zur im Erdgeschoss gelegenen Toilette und Dusche gebracht worden, offenbar mit metallenen Hand- und Fussfesseln.

Das hatte die Auswertung der entstandenen und aufgezeichneten Geräusche ergeben.

Gegen Nachmittag fand wieder eine Besprechung zwischen Lupini, Herrn Kellermann, den beiden BKA Leuten und Gerhard statt. Herr Lupini begann sofort :

„Es sind eindeutig nur drei Leute im Haus. Eindeutig. Wir sollten stürmen."

„Können wir die Aufzeichnung anhören?", fragte Herr Keller.

„Bitte, Herr Keller", sagte Herr Lupini, und setzte das vor ihm befindliche Aufzeichnungsgerät in Gang.

Es klang etwas verzerrt, aber Gerhard konnte sofort die Stimme von Chris heraushören. „Es ist mein Neffe, ganz sicher", sagte er.

„Sie wollen also stürmen. Was ist, wenn die der Geisel nach Hamas-Manier einen Sprengsatz auf den Körper gebunden haben, den sie jederzeit mit einer Fernbedienung zünden können?“, warf Herr Schmidtbauer ein.

„Wir glauben ihnen ja gerne, dass tatsächlich nur zwei Geiselnehmer existieren. Aber stürmen würden wir nur, wenn beide Geiselnehmer das Haus verlassen haben“.

„Gut“, stimmte Herr Lupini zu, „ich muss gestehen, dass ich die Möglichkeit einer Körperbombe nicht in mein Kalkül einbezogen habe. Also, sobald beide draussen sind, gehen wir vorsichtig hinein.“

„Achten sie auch auf mögliche Sprengfallen und dergleichen. Man sollte mit allem rechnen“,gab Herr Keller zu bedenken

„Halten sie uns für Amateure?“, fragte Herr Lupini scharf zurück, „denken sie, wir setzen das Leben unserer eigenen Leute leichtfertig aufs Spiel? Es sind alles bestens ausgebildete Anti- Terror Spezialisten. Ich weiss nicht, ob sie etwas Vergleichbares in Deutschland haben.“

„Bitte, Herr Lupini, wir wollen die Qualität und Professionalität ihrer Leute wirklich nicht anzweifeln. Würden sie uns informieren, wenn es zum Zugriff kommt? Wir, Herr Kaiser und ich wären gerne dabei“, meinte Herr Schmidtbauer.

Herr Lupini schaute auf: „Gut, aber nur als Beobachter. Ich werde sie informieren“

Damit ging die Runde auseinander.

Auf dem Gang sagte Herr Kaiser zu Herrn Schmidtbauer:

„Glaubst du dem Staatssekretär das?“

„Mal sehen, erzwingen können wir nichts. Leider.“

Im Lauf des Nachmittags verliess der „Mönch“ zweimal für kurze Besorgungen das Haus. Abdallah Wassalah blieb im Haus.

Am Abend fuhr Wassalah zu seinem Onkel nach Yala und kam gegen Mitternacht zurück.

Beide verliessen das Haus nicht gleichzeitig.

„Mal sehen, was der morgige Tag bringt. Spätestens, wenn die Beiden zur Geldübergabe das Haus verlassen, gehen wir rein, das kann ich ihnen jetzt sagen“, meinte Lupini bei der abendlichen Lagebesprechung zu den versammelten sieben Polizisten.

„Das Warten zerrt an den Nerven“ sagte Kasikorn.

„Also dann bis Morgen früh! Gute Nacht, meine Herren.“

***

Um 18.00 Uhr öffnete sich das automatische Haupttor an der Südseite des Zentralgefängnisses in Yala.

Ein Minivan fuhr hinein, und das Tor schloss sich sofort wieder.

Ausser dem Fahrer und zwei bewaffneten Begleitern stiegen drei Gefangene aus, nachdem man ihre Fussschellen geöffnet hatte.

Sie sahen sich neugierig um. Man hatte ihnen in Trat gesagt, sie würden verlegt. Warum, und wohin dagegen nicht.

Sie wurden in den Hochsicherheitstrakt geführt. Eine leere Zelle wartete auf sie. Es stank hier bestialisch.

Aus den Nachbarzellen wurden sie neugierig beäugt.

Ein Zelleninsasse der Nachbarzelle fragte: „Wo kommt ihr denn her?“

„Aus Trat“

„Warum seid ihr hier?“

„Keine Ahnung.“

„Dann kommt ihr morgen wohl auch frei?“

„Frei, wieso?“

„Morgen werden hier 23 Gefangene nach Malaysia entlassen,

Was habt ihr angerichtet?“ Keiner der Dreien antwortete. Es musste keineswegs bekannt werden, dass sie früher Polizisten waren. Das könnte übel ausgehen. Sie legten sich auf die beiden nebeneinander geschobenen Pritschen.

Schlafen konnten sie nicht. Dazu waren sie zu aufgeregt.

Wenn sie sich unterhielten, dann nur im Flüsterton. Sie konnten sich keinen Reim darauf machen, warum man sie in ein Gefängnis hier im Süden verlegt hatte. Warum wurden hier 23 Leute nach Malaysia entlassen.

Die Insassen in den Nachbarzellen sahen sehr elend aus, elend und abgemagert. Und krank. Gegen das Gefängnis hier war das in Trat offensichtlich ein Seniorenheim. Hoffentlich wollte man sie hier nicht verrotten lassen.

Um acht Uhr abends machte ein Wärter mit einem Clipboard einen Rundgang. Er zählte die Gefangenen. Dann erlosch die einzige Glühbirne auf dem langen Flur vor den Zellen.

Noch ein paar Minuten war Gemurmel zu hören – dann wurde es von Minute zu Minute stiller.

***

Im Governement Building in Bangkok hatte der persönliche Berater des PM, Pimanee, um eine kurze Besprechung mit dem PM gebeten. Wenn sie alleine waren, duzten sie sich.

Er begann: „Um es kurz zu machen: Die Sicherheitslage im Süden verschlechtert sich von Woche zu Woche. Ich habe die Führer bzw. hochgestellten Mitglieder der Befreiungsbewegungen von deinem Wunsch nach Verhandlungen auf gleicher Augenhöhe informiert. Fünf haben zugesagt, nach Pattani ins Wat Chang Hai zu kommen. Ich habe angekündigt, du kämest um elf Uhr vormittags mit dem Hubschrauber von Hat Yai. Das ist allerdings undurchführbar, weil der SWAT sicher ist, dass einige Gruppen über Stinger Raketen verfügen. Sie würden dich beim Landeanflug vom Himmel holen.

Ich schlage vor, von hier nach Bo Thong zu fliegen. Das ist da unten die grösste Air Force Basis, und sie ist sicher. Von da nehmen wir einen normalen gepanzerten Polizeibus über Yala nach Pattani.

Das ist der beste Weg. Wir sollten jedes Aufsehen vermeiden, deshalb nehmen wir nur zwei motorisierte Polizisten als Vorhut.

So bewegen sich Polizisten und Militärs da unten immer. Also kein Aufsehen!

Zurück nehmen wir eine Fregatte der Marine die in Pattani Muang anlegt. Damit wird keiner rechnen, und wir sind sicher. Die Fregatte wird uns nach Ao Sapparot bringen. Von da sind es nur 20 km nach Trat Airport.

Diesen Plan kennen bis jetzt nur du und ich. Der Justizminister mit seinen Beratern erfährt erst am Morgen des dritten März, wie wir hinkommen. Wir müssen gegen 6.30 Uhr am Morgen in Bangkok starten. Wir nehmen zwei Jets der Flugbereitschaft.

Auch dort braucht vorher niemand zu wissen, wohin es geht. Ich werde lediglich anordnen, dass die zwei Lear Jets ab sechs Uhr morgens startbereit gehalten werden sollen. Das Ziel bekommen sie von uns erst gesagt, wenn wir einsteigen.

Ich denke, so können wir es schaffen. Ich will schliesslich auch lebendig zurückkommen."

Der Premierminister dankte und verabschiedete sich. „Ich muss nun zu einer Fragestunde im Finanzausschuss, du weisst ja, der ewige Streit der Politiker ums Geld

Also morgen früh um 6.30 am Don Muang Flughafen. Mach's gut"

Die Befreiung

Der ‚Mönch' Saporn und Abdallah machten sich am nächsten Morgen kurz nach neun Uhr auf den Weg.

Christian hatte Abdallah zwei Schlaftabletten in seiner morgendlichen Reissuppe aufgelöst. Er schief jetzt.

Sie überprüften noch einmal die Hand- und Fussschellen auf ordnungsgemässen Sitz und verriegelten die schwere Eisenfalltür zum Verlies.

Dann verliessen beide das Haus. Jeder trug einen Rucksack.

Sie bestiegen den hinter dem Haus befindlichen grünen Landrover und fuhren los in Richtung Krue Sae Moschee. Sie wurden unauffällig von drei zivilen Polizei-Pick-Ups verfolgt.

Abdallah hatte darauf bestanden, im nächsten 7/11 Supermarkt eine grosse Menge Lebensmittel für seinen Onkel in Yala zu besorgen.

„Aber die Zeit reicht nicht mehr, um nach Yala zu fahren", wendete Saporn ein.

„Kein Problem, ich kaufe und bezahle, dann wird die Auslieferung vom Supermarkt übernommen. Bei Einkäufen über 5'000 Baht fahren sie auch bis Yala."

Mit diesen Worten stieg er aus und betrat den Supermarkt.

Herr Saporn trug noch immer das gelbe Mönchsgewand.

Er freute sich, seine alten Freunde Rung, Tong und Bam bald wieder zu sehen.

Würden sie ihn wiedererkennen? Auf jeden Fall würden sie ihn als

Befreier feiern, wenn er sich zu erkennen gäbe.
Ganz besonders freute er sich auf das Geld

***

Staatssekretär Lupini wurde um 9.20 Uhr informiert, dass die beiden Geiselnehmer das Haus verlassen hatten.

Er rief umgehend die beiden BKA-Leute an und informierte sie.

Falls die beiden Gangster nicht vorzeitig zurückkämen, würde um 10.00 Uhr gestürmt werden.

Wenn sie schon dabei sein wollen, sagte er sich, sollten sie auch als erste das Haus betreten. Wenn irgendeine Sprengfalle deponiert sein sollte, warum sollte er seine Leute opfern. Wenn sie ja wirklich so klug waren, wie sie taten, bitte schön, nur zu!

Die beiden Deutschen trafen um 9.45 Uhr an der Ecke zur Soi 7 ein, wo das Einsatzkommando und Herr Lupini auf sie warteten.

In den Minivans mit den verdunkelten Scheiben fuhren sie zusammen mit den Spezialpolizisten hinter das Haus der Entführer. Mit gezogenen und entsicherten Waffen postierten sich die Thailänder rechts und links vom Hintereingang.

Einer der Polizisten machte sich am Türfenster zu schaffen. Er fixierte einen Griff mit einem starken Saugnapf in der Mitte der Scheibe. Dann ritzte er mit einem Glasschneider einen Kreis rund um den Saugnapf.

Ein kurzer Ruck, und er zog das gelöste Glasstück aus dem kleinen Fester geräuschlos heraus.

Er griff durch das Loch und entriegelte das Türschloss von innen.

Dann gab Lupini den beiden Deutschen das Zeichen, das Haus zu betreten.

Sie wollten ja unbedingt, dachte er.

Die BKA-Leute gingen in die Knie.

Einer drückte von der Seite vorsichtig gegen die Tür, die sich langsam öffnete.

Der zweite näherte sich dem Eingang von vorne, und wartete einige Sekunden, bis sich seine Augen an das Zwielicht drinnen gewöhnten. Er nickte, und schlich in gebückter Haltung hinein.

Er winkte nach draussen.

Nun betraten auch die anderen Polizisten das Haus. Sie hielten ihre Waffen im Anschlag und vermieden jedes Geräusch.

Sie bewegten sich katzengleich von Zimmer zu Zimmer.

Das Erdgeschoss war leer.

Vier Beamte schlichen die Treppe ins Obergeschoss hinauf, und kamen nach zwei Minuten wieder herunter.

Sie sahen sich wortlos an. Ratlosigkeit machte sich breit

Niemand war da! Aber wo war die Geisel?

***

Einer der deutschen BKA-Leute, Herr Kaiser, deutete auf einen schweren Riegel unter dem Küchentisch.

Sie überprüften den Tisch. Sie suchten die Sprengfalle, fanden nichts.

Dann schoben sie den Tisch langsam zur Seite, Die Falltür wurde vollständig sichtbar.

Sie schoben den Küchentisch vorsichtig an die Seitenwand. Die eiserne Falltür war frei zugänglich.

Behutsam zog BKA Mann Schmittbauer den Riegel zurück und hob die schwere Falltür um wenige Zentimeter an.

Er liess sich von seinem Kollegen Kaiser eine leere Pfanne, die auf dem Herd stand, geben. Diese schob er in den Zwischenraum zwischen der eisernen, etwas angehobenen Tür und den Fussboden.

Dann zog er aus seiner Jackentasche eine kleine LED- Taschenlampe und legte sich auf den Bauch. Den Kopf legte er auf den Boden. Mit dem Strahl der Taschenlampe leuchtete er die schwere Platte von unten ab und suchte nach Verkabelungen oder elektrischen Kontakten.

Er hatte gelernt, mit allem zu rechnen, und war deshalb oft zum Spott seiner Kollegen geworden. Aber er wollte sicher gehen, so kurz vor dem vermeintlichen Ziel.

Nachdem er sich überzeugt hatte, dass die Platte keinerlei seitliche Zugverbindungen oder sonstige Drahtverbindungen aufwies, bedeutete er seinem Kollegen Kaiser, die Tür etwas mehr anzuheben.

Sobald sie hoch genug gehoben war, steckte er seinen Kopf durch den Spalt und leuchtete mit der Taschenlampe den Raum darunter aus.

Er suchte nach optischen oder akustischen Kontaktgebern.

Als er sich vergewissert hatte, dass nichts dergleichen vorhanden war, und auch eine seitlich angelehnte Leiter frei dastand, flüsterte Schmidtbauer in Richtung seines Kollegen Kaiser: „Ich denke, der Zugang ist frei. Du kannst die Klappe öffnen."

Er lauschte nach unten. Stille!

Auf einen Wink hin hob Kaiser die Tür weiter an, und öffnete sie gänzlich.

Unten brannte eine schwache Glühbirne. Über die seitlich angelehnte Leiter stieg er hinunter.

Er sah sich um.

„Alles klar, hier ist er", rief er nach oben. Kaiser stieg ebenfalls nach unten. Der Neffe lag vor ihnen auf einer Pritsche, mit Hand- und Fussschellen gefesselt. Schlafend.

Schmittbauer griff vorsichtig an den Kopf des Neffen, schüttelte ihn und gab ihm einige leichte Klapse auf die Backe.

Der Neffe schlug die Augen auf und schaute schläfrig und misstrauisch um sich.

***

„Guten Tag Herr Frings, wie geht's. Gut geschlafen? Mein Name ist Kaiser vom BKA. Das ist Kollege Schmidtbauer. Haben sie gesundheitliche Beschwerden? Können sie aufstehen?" Die Stimme Kaisers klang munter, erleichtert.

„Au verdammt, es ist langsam Zeit geworden. Ist dieser Horrorfilm endlich zu Ende? Aufstehen? Gern. Wenn sie mir die Fesseln abnehmen." Der Neffe räkelte sich

„Ja, es sieht gut aus, Herr Frings. Wie fühlen sie sich?"

Staatssekretär Lupini kam herabgestiegen. Kaiser stellte ihn vor.

„Das ist der Herr Lupini, der hat hier alles geleitet und organisiert, und das hier ist Herr Frings."

Lupini nickte freundlich und griff sofort nach seinem Telefon.

„Seid ihr noch an den Beiden dran?"

„Gewiss", antwortete eine Stimme, wir sind hier vor einem grossen seven eleven Markt. Abdallah ist schon seit zehn Minuten drin, und der ‚Mönch' wartet im Wagen"

„Sofort verhaften", ordnete Lupini an und beendete das Gespräch.

Lupini drehte sich wieder dem Neffen zu. „Sie haben uns ganz schön in Atem gehalten".

Der Neffe schüttelte ihm die Hand. „Auf jeden Fall vielen Dank ihnen und ihren Männern"

Noch etwas benommen und leicht schwankend, aber von mehreren kräftigen Armen gestützt, stieg der Neffe die Leiter hoch.

Herr Supinda ging grinsend auf ihn zu. „Hallo,sei gegrüsst!"

Chris ging auf ihn zu, und grinste ebenfalls: „du auch hier? Wie geht es? Ich habe leider deinen Vornamen vergessen, aber heute Abend gehen wir feiern, O.K.?"

„Das geht klar, aber nur noch unter Polizeischutz. Ich will dich nicht noch mal verlieren. Ich bekam deswegen viel Ärger". Dabei schaute er grinsend auf den Staatssekretär Lupini.

Chris fragte den Staatssekretär:„Gehen sie auch mit? Die beiden deutschen Polizisten sind bestimmt auch dabei. Und wo ist mein Onkel?"

Herr Sapinda antwortete: „Der wartet mit dem Herrn Kellermann von der Botschaft im Hotel, gar nicht weit von hier".

Heilige Männer treffen ein

Langsam, langsam, Cha Chaa", sagte Herr Lupini. „Zuerst wollen wir sehen, wie sich die Lage mit den Entführern entwickelt."

Er nahm wieder das Telefon zur Hand und wählte Kellermanns Nummer. „Wir haben die Geisel, unverletzt. Sagen sie bitte seinem Onkel Bescheid. Das Geld können Sie übrigens wieder zur Bank bringen. Wir sprechen uns später, Herr Kellermann."

„Augenblick bitte, Herr Staatssekretär, geben sie mir bitte noch kurz den Herrn Frings"

Lupini reichte sein Telefon an Christian weiter.

„Hier Kellermann, guten Tag, Herr Frings. Alles klar, und sie sind unversehrt?"

„Ja, mir geht es ganz gut, Herr Kellermann. Ich könnte eine ausgiebige Dusche und frische Kleidung brauchen. Ich rieche wie eine Fischfabrik. Noch etwas zum Lösegeld: Lassen sie doch etwas übrig, dann könnten wir gut feiern gehen! Mit den Polizisten hier. Die hätten das wirklich verdient. Durch sie haben sie doch viel Geld gespart,"

Empört antwortete Kellermann: „Herr Frings, was denken sie denn? Das sind öffentliche Gelder der Bundesrepublik Deutschland aus einem Fonds, der für die Öffentlichkeit gar nicht existiert. Wir können kein Geld der BRD für Saufereien ausgeben. Wo kämen wir denn da hin?

Aber, wenn ich mir das so überlege. Wenn man sie alle nach Bangkok ins Gästehaus einlädt? Wir haben da auch so etwas wie einen Partykeller. Das wäre natürlich etwas anderes. Bewirtungskosten für Gäste der Botschaft wären das dann. Warum nicht, das würde passen. Das würde sogar mir Spass machen. Also wenn sie wollen: ich bin einverstanden. Der Botschafter ist manchmal ganz schön trinkfreudig und – trinkfest. Nur informieren sie mich bitte vorher, wie viele kommen werden. Dem Lupini bin ich sowieso noch eine Einladung schuldig. Also bis dann, ich werde mich so schnell wie möglich nach Bangkok auf den Weg machen. Die Arbeit, verstehen sie."

„Ja ja, die Arbeit; also machen sie es gut, bis bald!" Damit reichte Christian das Telefon an Herrn Lupini zurück.

***

Zusammen mit den beiden deutschen BKA-Leuten fuhr der Neffe ins CS-Pattani Hotel.

In der Rezeption sass Gerhard Frings und sah den Dreien entgegen. Er und sein Neffe fielen sich in die Arme. Gerhard sagte schmunzelnd: „Guten Tag Chris, na, wie war's. Alles gut überstanden? Du hast ganz schön abgenommen – wohl zu viele Damen, oder was? Und du riechst ziemlich rustikal. Da standen die Damen wohl drauf?"

„Damen waren da im Keller, wo ich zuletzt wohnte, eher weniger, dafür aber mehr Ratten. Und die dauernden Reis-Menus sind mir auch ganz schön auf den Keks gegangen. Aber im Gegensatz zu dir hatte ich sogar ein Radio. Ich bin halt mehr Komfort gewohnt. Das hat man sofort gemerkt. Allerdings nur Radio mit Allah-Gejodele. Na ja, jetzt wird es Zeit für uns, die Fliege zu machen. Nach Bangkok und dann nach Germany."

***

Schon am Vorabend dieses Tages, am zweiten März, war der Iman von Butterworth in Pattani angekommen. Er hatte im Haus des Imans der Krue Sae Moschee übernachtet.

Sie hatten bis spät in der Nacht über die politische Situation in der Unruhegegend diskutiert. Zeitweise war die Diskussion sehr kontrovers geführt worden.

Der Iman der Krue Sae Moschee hatte darauf hingewiesen, dass noch vor zwölf Jahren Muslime hohe Positionen in der regionalen Verwaltung, bei Polizei und Militär innegehabt hatten. Sogar die Position des Parlamentspräsidenten in Bangkok war fünf Jahre lang von einem Muslim aus Yala, dem ehrenwerten Wan Muhammad Nor Matha ausgeübt worden, der danach sogar den Posten des Innenministers ausgeübt hatte. Damals hatte es auch mehrere Parlamentsmitglieder und etliche Senatoren gegeben, die Muslime waren.

Das Hauptproblem war seiner Meinung nach die finanzielle Situation der Muslime. Arme Muslims schicken ihre Kinder früh zum Arbeiten und nicht gerne in öffentliche Schulen – sie legen wenig Wert auf Bildung. Aber finanziell lukrative Posten werden eher an gut ausgebildete Leute vergeben. Das sind nun mal überwiegend Buddhisten."

***

Der Iman von Butterworth führte ins Feld: „Sehen sie, bei uns in Malaysia gibt es die grosse Gruppe der überwiegend muslimischen Malaien. Sie sind den chinesischen und indischen Volksgruppen wirtschaftlich absolut unterlegen.

Es ist nun mal so, dass Chinesen und Inder mehr Wert auf moderne Bildung legen, und auch Geld für die Erziehung ihrer Kinder ausgeben, wohingegen viele Malaien, besonders auf dem Lande, es oftmals vorziehen, die Kinder schon in früher Jugend auf den Feldern mitarbeiten zu lassen.

Hier in Thailand ist es bei den Muslimen ähnlich, obwohl eine sechsjährige Schulpflicht besteht.

Wenn Eltern ihre Kinder auf Koranschulen schicken, werden sie zwar in den Heiligen Schriften unterrichtet – viele lernen alle Suren des Korans auswendig. Wenn diese jungen Leute das Ziel haben, religiöse Lehrer zu werden, sind sie dafür gut ausgebildet.

Aber die Mehrheit der jungen Leute will später in die Städte und Geld verdienen wie alle anderen auch. Wenn sie nur über eine geringe Allgemeinbildung verfügen, werden sie ihr Leben lang ‚religiöses Lumpenproletariat' bleiben. Diese Leute bilden dann die arme Unterschicht und fühlen sich sozial und wirtschaftlich benachteiligt.

Bei uns in Malaysia werden junge Malaien manchmal unter Zwang und gegen den Willen ihrer Eltern gut ausgebildet, so verschwinden im Laufe der Zeit immer mehr die wirtschaftlichen und damit auch die sozialen Unterschiede.

Doch da lässt sich nicht innerhalb von wenigen Jahren etwas ändern. Es ist ein Prozess über Generationen. Dazu kommen leider immer mehr Einflüsse von muslimischen Radikalen aus Ländern wie Palästina, Pakistan und Afghanistan. Das wird auch bei uns mit grossem Misstrauen und Argwohn beobachtet"

Der Thailändische Iman stimmte teilweise zu, erinnerte aber auch an das Königreich von Sriwijayan, das die drei Provinzen Pattani, Yala, Narativat in Thailand umfasste, aber auch grosse Teile des nördlichen Malaysia.

Seit dem 11. Jahrhundert bis vor ungefähr 200 Jahren war es ein eigenständiges Königreich, das später zwischen Malaysia und Thailand aufgeteilt worden war.

Er führte weiter aus: „Dieser Staat kann nie mehr neu entstehen, das ist Vergangenheit. Weder Malaysia noch Thailand werden auf Teile ihres Staatsgebietes verzichten, ausserdem wäre dieser Staat heute nicht lebensfähig.

Weiter zur Yawi Sprache: Die kann man, wenn man will, als Folklore einordnen.

Eine Patentlösung zu finden, ist so gut wie unmöglich."

Der Iman von Butterworth erwähnte abschliessend gegenüber seinem thailändischen Kollegen , wie viel Mühe es ihn gekostet habe, die malaysischen Behörden dazu zu bringen, den Gefangenen und vor allem den schon rechtskräftig Verurteilten, politisches Asyl zu gewähren.

Man sei sicher, dass unter ihnen ein grosser Anteil ganz normaler Krimineller sei. Deshalb werde sicher auch bald Druck auf diese Leute ausgeübt werden, Malaysia wieder zu verlassen. Es sei nur an eine vorübergehende Aufnahme gedacht. Kriminelle gäbe es in Malaysia zur Genüge. Die Gefängnisse dort seien seit langem überfüllt.

Der PM auf dem Weg

Gegen Morgen des dritten März traf dann der hochverehrte Abt Sunivorn aus Bangkok ein, der sich strikt weigerte, irgendeine Stellungnahme zu politischen Fragen abzugeben. Er erinnerte lediglich daran, dass schon einige buddhistische Mönche ermordet worden waren, Männer des Friedens und der Spiritualität.

Er persönlich strebe lediglich noch nach höheren Ebenen der Erkenntnis im Buddhismus und habe die Bitte nach seinem Erscheinen hier nur widerstrebend angenommen.

***

Als der Premierminister an diesem dritten März gegen fünf Uhr aufstand, war es noch dunkle Nacht. Seine Partnerin wollte ihn unbedingt begleiten.

„Dann musst du dir das Wat Chang Hai oder eine andere Sehenswürdigkeit anschauen. Bei den Gesprächen kannst du nicht dabei sein. Es tut mir leid, aber es ist Männersache“, hatte er ihr am Vorabend beschieden.

Zuerst hatte sie geschmollt, aber sich dann damit abgefunden. Sie flog nun einmal für ihr Leben gern.

Jetzt standen sie in der Morgenluft des dritten März bei angenehm kühlen 20 Grad Celsius auf dem abgetrennten Flugfeld für Sondereinsätze des Don Muang Flughafens.

Der Justizminister war soeben mit sechs Beratern eingetroffen.

Der persönliche Berater des Premierministers Pinawee wurde von zwei Vertrauten und weiteren Beratern begleitet.

Man verteilte sich auf die beiden Jets. Im ersten Düsenflugzeug flogen die Juristen. Der zweite Jet war für den Ministerpräsidenten, seine Entourage und seine beiden Leibwächter bestimmt.

Pinawee hatte beiden Piloten erst wenige Minuten vor dem Start als Ziel die Luftwaffenbasis Bo Thong angegeben.

Um 6.25 Uhr hoben beide Maschinen nacheinander ab und nahmen eine Rechtskurve in Richtung Süden.

Noch während des Fluges rief Pinawee den diensthabenden Offizier der Basis an und verlangte die Bereitstellung eines gepanzerten Busses für die geplante Ankunftszeit in dreissig Minuten sowie von vier motorisierten Polizisten am Flugfeld.

Auf der Basis brach Hektik aus, aber als die beiden Jets eine halbe Stunde später landeten, war alles vorbereitet.

Es war von Bo Thong aus ein grosser Umweg, über Yala nach Pattani zu fahren. Aber aus Gründen der Sicherheit hatte sich Pinawee für diesen Weg entschieden.

Damit würde niemand rechnen, da war er sich ganz sicher. Bis elf Uhr würden sie in Pattani am Verhandlungsort sein.

Die beiden ersten Motorradpolizisten machten sich zur Streckenkontrolle sofort auf den Weg, der graue gepanzerte Toyota Coster würde sich in zehn Minuten mit den beiden übrigen Polizisten als Vorhut in Bewegung setzen.

***

Im Zentralgefängnis von Yala hatte der Tag wie immer um sechs Uhr früh mit der Essensausgabe begonnen.

Im Gegensatz zum Gefängnis in Trat gab es hier nur Sticky Rice und Wasser. Trotzdem wurde dieses Frühstück von allen Insassen binnen kurzem verschlungen.

Dann wurden die Zellen aufgeschlossen. Ein Wärter mit einem Klemmbrett ging langsam an den geöffneten Türen vorbei und las im Vorbeigehen Namen vor.

Die genannten Insassen traten durch die geöffneten Türen und stellten sich an der gegenüberliegenden Wand schweigend nebeneinander auf.

Auch die Zelle der gestern neu Angekommenen war offen.

Auf dem Gang rief der Wärter die Namen der Drei auf: „Rung, Tong, Bam.“

Sie sahen sich fragend an, stellten sich aber ebenfalls an die gegenüberliegende Wand.

Es folgte ein kurzes Kommando, das sie nicht verstanden.

Die an der Wand Stehenden machten eine halbe Drehung nach links.

Die drei Fremden machten es nach.

Darauf verschloss ein Wärter wieder die Zellen mit den Zurückgebliebenen.

Auf ein weiteres Kommando hin ging die Reihe der Aussenstehenden im Gänsemarsch durch das Treppenhaus am Ende des Ganges drei Etagen nach unten und durch eine geöffnete Tür, die in einen grossen Innenhof führte.

Dort stellten sie sich unaufgefordert in einer Reihe auf.

Zwei Gefangene kamen mit einem Handwagen, der frische gewaschene Gefängniskleidung enthielt.

Sie fuhren an der langen Reihe vorbei. Ein dritter Insasse warf jeweils eine Hose und ein Hemd vor den in Reihe Stehenden auf den Boden.

Wieder auf Kommando kam Bewegung in die Reihe.

Die Gefangenen zogen Hemd und Hose aus, warfen diese neben sich, und zogen die vor ihnen liegenden frischen Sachen an.

Dann ertönte ein weiteres Kommando. Die Gefangenen gingen durch ein geöffnetes, weiteres Tor in einen anschliessenden Hof, der deutlich kleiner als der vorherige war, und setzten sich auf den Boden.

Alle diese Aktivitäten waren in einer gespenstigen Stille abgelaufen.

Auch die drei Neuzugänge hatten sich schweigsam verhalten- keiner wollte auffallen.

Sie sassen, weiter schweigsam ungefähr eine halbe Stunde auf der gleichen Stelle, bewacht von, sechs Wärtern.

Gegen acht Uhr ertönte ein neues Kommando. Alle standen wieder auf und reihten sich zu einer langen Schlange hintereinander.

Eine kleine Tür öffnete sich. Zwei Gefangene mit einem kleinen Handwagen kamen herein. Der Wagen enthielt Handschellen und Fussketten.

Zwei Wärter fesselten die im Gänsemarsch an ihnen vorbeiziehenden Männer an Händen und Füssen. Die Fussketten liessen Schritte von etwa 40 cm. Länge zu.

Dann stellten sich wieder alle still hintereinander. Nach zehn Minuten Warten öffnete sich eine weitere Tür.

Auf ein weiteres kurzes Kommando hin bewegte sich der Zug durch das geöffnete Tor. Direkt vor dem Tor stand mit laufendem Motor ein grauer mittelgrosser Toyota Coaster Bus mit dunkelbraun getönten Scheiben.

Seit dem Tak Bai Massaker im Jahre 2004 wurden keine Gefangenen mehr in Lastwagen transportiert. Damals wurden von Armeeangehörigen nach Unruhen mehrere Hunderte des Terrorismus Verdächtige gefesselt auf LKW verfrachtet.

Die Gefangenen lagen in bis zu sechs Schichten übereinander und sollten in das fünf Fahrstunden entfernte Army Camp bei Pattani transportiert werden.

Dort angekommen, waren 78 der Gefangenen tot.

Der damalige Premierminister Taksin erklärte in einer Pressekonferenz ihren Tod damit, dass die Gefangenen sehr geschwächt waren, weil sich der Zwischenfall im Monat Ramadan ereignet habe. Bekannterweise essen Muslime während der Fastenzeit tagsüber nichts.

Aufbruch im Gefängnis

Die Gefangenen bestiegen diesen bequemen Bus langsam nacheinander. Er hatte Air Con und alle fanden einen Sitzplatz.

Immer noch sprach keiner ein Wort. Auf den Sitzen neben dem Fahrer sassen zwei bewaffnete Polizisten. Langsam setzte sich der Bus in Bewegung, und allmählich erhob sich ein leises Gemurmel.

Als der Bus durch das geöffnete Tor fuhr, setzten sich zwei Polizisten auf ihren Motorrädern vor den Bus. Der Konvoi fuhr langsam durch Yala City.

Als die Fahrzeuge den Highway Nr. 4106, der von Betong über Yala nach Pattani führt, erreichten, und links in Richtung Pattani einbogen, rief ein Insasse von den hinteren Plätzen auf Yawi: „Freiheit“; ein anderer rief „Inschallah“.

Davon, dass einige bald freikämen, war zwar in den letzten Tagen öfter gemunkelt worden, aber richtig davon überzeugt war kein einziger.

In der hinteren Reihe fingen zwei der Gefangenen an, ein Freiheitslied zu summen. Mehr und mehr Gefangene fielen in das Summen ein.

Offen zu singen wagten sie nicht, sie wussten, dass die Bewacher vorne nicht zimperlich waren. Wenn sie sich provoziert fühlen würden, müsste man mit allem rechnen.

Aber die Bewacher reagierten überhaupt nicht.

Langsam machte sich gespannte Erwartung unter den Gefangenen breit.

Konnte es sein? War das wirklich die Fahrt in die Freiheit?

Vorbereitungen für das Attentat

Am frühen Vormittag des ersten März hatte gegen neun Uhr ein Bautrupp eine Baustelle auf eben diesem Highway 4106 in Fahrtrichtung Pattani kurz hinter der Abfahrt nach Talubo eingerichtet.

Die Strassen im Süden bedurften wegen der tropischen Temperaturen laufend der Ausbesserung.

Bautrupps waren ständig unterwegs, um Schlaglöcher, mit frischem Asphalt zu füllen.

An dieser frisch eingerichteten Baustelle geschah Ungewöhnliches.

Zuerst wurde mit einem Minibagger ein Loch ausgehoben. Ein dunkelgrüner, sechseckiger Gegenstand wurde in etwa 40 Zentimeter Tiefe waagerecht abgelegt. Darüber kam eine 15 cm dicke Schüttung aus Sand.

Darüber schaufelten Arbeiter Asphalt , und stampften ihn fest, bis das Niveau des umschliessenden Strassenbelags erreicht war.

Schliesslich wurde alles mit frischem Sand abgestreut. Vor dem verschlossenen Loch wurden im Abstand von je 50 Metern drei Warnbaken aufgestellt, die den ankommenden Verkehr auf die Gegenfahrbahn leiteten.

Auf der Gegenfahrbahn waren schon ein Kilometer vorher kurz hintereinander drei Überholverbots-Warnschilder aufgestellt worden.

Einem neugierigen Beobachter wäre während der eine Stunde dauernden Arbeiten höchstens aufgefallen, dass die Arbeiten koordiniert und mit einer für Südthailand ungewöhnlichen Schnelligkeit ausgeführt worden waren. Am frühen Nachmittag wurden von einem Baustellenfahrzeug die aufgestellten Warnbaken und Überholverbotsschilder wieder eingesammelt.

Der Asphalt war abgetrocknet und fest.

***

Am selben Tag gegen Mittag, liess Abu Sae den jungen Abu Sia zu sich kommen.

„Du sollst nun die neuesten Informationen erhalten. Unser Hauptfeind, der Premierminister, wird tatsächlich am dritten März, also übermorgen, nach Pattani kommen. Er will sich mit den Führern der verschiedenen Widerstandsgruppen treffen.

Er will ihnen wieder Honig ums Maul schmieren. In drei Monaten sind Wahlen. Er will die nächsten Wahlen gewinnen, und wird unseren Glaubensbrüdern deshalb Erleichterungen versprechen, nur, um als Friedensstifter bekannt zu werden.

Nach den Wahlen wird es wieder mehr Druck von Polizei und Militär geben.

Versprechungen, nichts als Versprechungen!

Er hat auch mich als Vertreter unserer Vereinigung NMF nach Pattani einladen lassen.

Natürlich werden wir nicht hingehen. Wir werden ihn treffen, aber nicht so, wie er sich das vorgestellt hat.

Er wird auf dem Flughafen von Hat Yai landen, aber noch wahrscheinlicher auf dem Militärflughafen von Bo Thong.

Von dort wird er mit dem Hubschrauber nach Yala fliegen.

Nach Pattani kann er nicht im Hubschrauber fliegen.

Dort, in Pattani, verfügen unsere Glaubensbrüder von der Pattani Muslim Movement über Stinger Raketen. Das wissen leider auch die

Geheimdienste. Es ist zu unsicher für einen Hubschrauber.

Deshalb wird er auf der grossen Militärbasis von Yala landen. Das ist inzwischen der einzige sichere Landeplatz hier im Süden.

Dann wird er im Polizeibus nach Pattani kommen. Sie werden mit Sicherheit den Highway 4106 nehmen.

Das ist die einzige gute Verbindung nach Pattani. Es wird nur ein einzelner Omnibus sein mit vielleicht zwei Polizeimotorrädern davor oder dahinter. Er will die Verhandlungen für den Fall, dass sie scheitern, geheim halten

Deshalb werden auch keine Pressevertreter dabei sein. Also wird es kein grosser Konvoi sein. Falls die Verhandlungen scheitern- und das werden sie sicherlich – würden sich die Reporter nur über ihn lustig machen.

Also, es wird sicher nur ein einzelner Polizeibus sein. Es soll nicht auffällig sein. Du kennst diese mittelgrossen, grauen Polizeibusse für dreissig Leute. Sie heissen Toyota Coaster.

Vielleicht wird der Bus gepanzert sein. Aber deine Panzermine wird ihn aufhalten.

Dann wird er vernichtet werden. Abu Sia, merke dir alles , was ich dir eben verkündet habe."

Letzte Einweisungen

Am späten Nachmittag dieses Tages hielt ein alter Toyota Corolla links neben der frisch asphaltierten Stelle auf dem schmalen Standstreifen des Highway 4106.

Der Motor lief weiter, die Klimaanlage arbeitete mit Vollleistung, erzeugte aber nur eine geringe Kühlung.

Im Auto sassen zwei Personen. Der Ältere, Abu Sae, sagte zu dem jüngeren neben ihm Sitzenden: „Das hier ist der Platz, Abu Sia. Du siehst die frisch asphaltierte Stelle dort. Dort haben wir deine Mine in vierzig Zentimeter Tiefe vergraben." Er zeigte auf einen alten riesigen Baum mit einer dichten, weiten Krone.

„Dieser Hu Kwang Baum rechts von der Strasse wird dein Kampfplatz sein.

Du wirst übermorgen im Morgengrauen hierher gebracht werden, du wirst den Baum besteigen und warten.

Abu Wiria, dein Kampfgenosse bei diesem Einsatz, wird einen Kilometer von hier ebenfalls einen solchen Baum besteigen und warten.

Ihr Beide werdet grüne Kampfanzüge tragen. Damit werdet ihr in den Bäumen unsichtbar sein. Du wirst eine Panzerfaust neben dir liegen haben.

Wenn Abu Wiria den Bus des Premierministers kommen sieht, wird er dich mit seinem Handy anrufen. Du wirst die Panzerfaust schultern und auf die Strasse zielen.

Wenn der Bus einen Meter vor der frisch asphaltierten Stelle ist, wirst du den Zünder mit der linken Hand drücken. Der Bus wird auf keinen Fall mehr weiterfahren können.

Mit der Panzerfaust wirst du eine Granate in den Bus schiessen, mitten hinein. Darauf wirst du sofort vom Baum herabsteigen und hier rechts über diese kleine Anhöhe rennen. Von hier aus sind es nur 40 Meter. Aber die andere Seite sieht man vom Highway hier nicht mehr.

Vergiss die Panzerfaust nicht! Schau nicht zurück!

Auf der anderen Seite, hinter der Anhöhe ist ein schmaler Feldweg. Dort wird Abu Wiria auf dich mit einem Moped warten.

Ihr werdet direkt losfahren.

Nach einem Kilometer, kurz vor dem nächsten Dorf, steht ein Hühnerstall auf der rechten Seite des Weges.

Dort wirst du die Panzerfaust ablegen. Dort werdet ihr euch umziehen.

Für alle Fälle deckt ihr etwas Stroh über die Panzerfaust und die Kampfanzüge. Hast du alles bisher verstanden?”

„Ja, ja, so werde ich mich verhalten, Abu Sae.“

„Dann steigt ihr wieder auf das Moped, und fahrt ganz langsam zu unserem Haus zurück. Versucht lebendig zurück zu kommen.

Das Paradies ist zwar der schönste Platz, den man sich denken kann, aber wir brauchen euch noch für unseren weiteren Kampf! Besonders dich und deine Kenntnisse“.

Abu Sae fuhr mit dem stolzen Abu Sia an seiner Seite zurück in die Stadt.

***

Am nächsten Morgen gegen 5.30 Uhr befuhr der selbe alte Toyota die gleiche Strasse.

Abu Sae sass am Steuer, neben ihm Abu Sia. Sie hielten zuerst an dem Baum, den Abu Wiria morgen besteigen sollte.

Abu Sae deutete auf die ausladende Krone.

„Abu Wiria sitzt schon in diesem Baum. Wie du siehst, ist er von hier unten kaum zu entdecken. Er ist angewiesen worden, auf einen Anruf von dir, Abu Sia zu warten."

Dann fuhr der Wagen weiter bis zu dem Baum, der direkt neben der frisch asphaltierten Stelle stand. Der Junge stieg aus, der Ältere fuhr weiter. Abu Sia bestieg den Baum.

Er suchte sich eine breite Astgabel in etwa 2,50 Meter Höhe aus. Hier war das Laub schon so dicht, dass man ihn ebenfalls kaum mehr sehen konnte. Wenn er morgen seinen grünen Tarnanzug tragen würde, wäre er praktisch unsichtbar.

Dann nahm Abu Sia, wie von Abu Sae angeordnet, sein Telefon zur Hand. Er wählte Abu Wirias Nummer, sagte wie vereinbart: „Jetzt bin ich einsatzbereit" und drückte die rote OFF-Taste.

Einige Minuten später klingelte sein Telefon. Abu Wirias Stimme sagte: „Da kommt der Hilux."

Nach etwa zehn Sekunden fuhr die selbe Stimme fort: „Jetzt ist er vor mir."

Abu Sia sah auf seine Armbanduhr.

Es vergingen genau 55 Sekunden, und der Hilux war vor ihm an der Stelle angekommen, wo morgen die Mine explodieren würde.

Der erste Teil der Generalprobe war vorbei.

Abu Sia hangelt sich vom Baum und spurtete die kleine Anhöhe hinter der Böschung hinauf.

Als er den höchsten Punkt erreicht hatte, sah er Abu Wiria mit seinem Moped auf dem kleinen Weg unten kommen

Dieser hielt an, und Abu Sia stieg auf. Sie fuhren in Richtung des nächsten Dorfes und hielten nach etwa einem Kilometer neben einem kleinen Schuppen. Die Tür war verriegelt, aber unverschlossen. Abu Sia entriegelte sie. Beide warfen einen kurzen Blick hinein. Sie fanden den Stall bis auf einen Haufen Stroh leer, so, wie es morgen auch sein würde. Sie bestiegen wieder das Moped, und fuhren gemütlich ins Haus nach Tak Bai zurück, wo sie von Abu Sae begrüsst wurden. „Gut, ihr jungen Kämpfer, hat alles funktioniert? Wie war die Verbindung?“

„Einwandfrei, es gab kein Funkloch!“

„Vergesst nicht eure Handys heute Nacht ans Ladegerät zu hängen. Und lest jetzt zur Ertüchtigung im Koran!“

Damit entliess er die beiden jungen Kämpfer.

Eine tragische Verwechslung

Heute war der grosse Tag gekommen, der dritte März.

Dieser Tag würde in die Annalen des Freiheitskampfes im Süden eingehen.

Die Nacht über hatten die beiden jungen Kämpfer Abu Sia und Abu Wiria vor Aufregung wenig geschlafen. Wenn sie wach wurden, hatten sie immer wieder Suren aus dem Koran rezitiert.

Jetzt sassen sie in ihren Bäumen am Highway 4106. Beide hatten die grünen Tarnanzüge angezogen.

Beide Kämpfer hatten es sich nicht nehmen lassen, das rote Stirnband der arabischen Freiheitskämpfer, die oft im Fernsehen zu bewundern waren, anzulegen.

Abu Sia hatte sich den tödlichen Sender mit einer Kordel um den Hals gehängt. Sein Handy steckte in der rechten Hosentasche. In einer sehr grossen Astgabel rechts neben ihm stand angelehnt die geladene olivfarbene Panzerfaust.

Beide jungen Kämpfer warteten nun schon drei Stunden auf den Bus. Abu Sia träumte von seiner nun beginnenden Karriere als Freiheitskämpfer.

Da: das Handy vibrierte in seiner Hosentasche.

Aufgeregt hielt er es an sein Ohr. Es war Abu Wiria.

„Ich sehe jetzt den Bus kommen; davor sind die zwei Polizeimotorräder. Er ist gleich vor mir.“ Er schwieg ein paar Sekunden.

Dann sagte er: „Jetzt. Verstanden?“

„Ja“ sagte Abu Sia, und steckte das Telefon wieder in seine Hosentasche.

***

Abu Sia griff nach der Panzerfaust, und visierte die Strassenmitte an. Das hatte er heute morgen bestimmt schon zehn Mal getan. Er entsicherte den Abzugshebel.

Alles war Routine.

Er war aufgeregt.

Er schaute durch das Okular; Der Mittelstreifen der Strasse war klar im Blickfeld.

Er griff mit der linken Hand an den Sender. Sein Daumen lag auf dem Sendeknopf. Ein kurzer Blick nach links.

Da war der graue Bus. Zehn Meter davor näherten sich die beiden schweren Motorräder.

Jetzt war der Bus kurz vor der immer noch gut erkennbaren, frisch asphaltierten Stelle. Acht Meter, Fünf Meter. Er drückte den Sendeknopf bis zum Anschlag.

Es erfolgte eine furchtbare Explosion. Wie von Geisterhand gehoben, stieg der hintere Teil des Busses ungefähr einen Meter über die Strasse. Dann prallte der Bus, oder besser, er flog halb gegen die Böschung auf der rechten Strassenseite. Dort kam er zum Stillstand und kippte langsam auf die linke Seite. Das Dach war teilweise weggesprengt.

Abu Sia holte tief Atem und hielt die Luft an.

Ganz ruhig zielte er genau in die Mitte der Busunterseite, genau zwischen Vorder- und Hinterräder.

Er zog langsam, aber gleichmässig den Abzugsbügel durch.

Zischend verliess die Rakete das Abschussrohr, suchte und fand exakt ihr Ziel.

Eine Detonation, welche die vorherige noch um einiges an Lautstärke übertraf, erfolgte. Aus dem Flammeninferno seitlich von ihm flogen Trümmer- und Menschenteile durch die Luft.

Gebannt und fasziniert starrte Abu Sia auf das Flammenmeer, das durch den verbrennenden Treibstoff des Busses noch verstärkt wurde.

Er spürte die Hitze. Er konnte den Blick nicht losreissen.

„Das war es“, sagte er zu sich.

Er schaute noch einmal hin, und noch einmal. Es war zu faszinierend.

Das war sein Werk, das Werk des Freiheitshelden Abu Sia.

Jetzt schnell weg von hier!

Er schulterte das Abzugsrohr der Panzerfaust und machte sich an den Abstieg vom Baum. Den letzten Meter sprang er; sah noch einmal stolz zur Strasse.

Panik und Verwirrung

Er erstarrte.

Einer der motorisierten Polizisten, die dem Bus vorausgefahren waren, rannte direkt auf ihn zu. Dieser Polizist hatte wie der zweite gestoppt, als die Mine hochging.

Er hatte zum Bus zurückgesehen, und die kurze Rakete erkannt, wie sie mit einem kleinen Feuerstrahl aus dem Baum vor der Böschung kam, in den Bus raste und das Inferno dort noch verstärkte. Er wendete, fuhr 12 Meter zurück, stieg ab und blickte zu dem Baum hin, den Abu Sia gerade herabstieg.

Er rannte los. Er schrie: „Halt“

Er hatte seinen schweren Revolver in der rechten Hand und zielte in Richtung Abu Sias.

Der rannte, sowie er den Boden erreicht hatte, so schnell er konnte, auf den Hang zu. Aber er hatte keine Chance. Eine Kugel durchschlug sein Schulterblatt, eine zweite traf ihn ins rechte Bein.

Der Polizist rannte, nachdem er die beiden Schüsse auf ihn abgegeben hatte, auf ihn zu.

Oben auf der Hangspitze erschien Abu Wiria.

Er hatte, wie angeordnet, direkt nach der abgegebenen Meldung seinen Baum verlassen,war zu seinem Moped gespurtet und losgefahren.

Er wartete am vereinbarten Treffpunkt auf Abu Sia.

Er hörte die beiden Detonationen und sah durch die Luft fliegende Teile.

Doch Abu Sia erschien nicht .

Wo war er?

Er stieg vom Moped ab und sah unschlüssig zur Hangspitze. Er stellte es auf den Ständer, und wollte nach seinem Mitkämpfer suchen.

Vielleicht hat er den Fuss verstaucht, oder sich sonst wie verletzt?

Als er über die Hügelspitze kam, lag Abu Sia am Boden und ein Polizist rannte auf ihn selbst zu.

Abu Wiria drehte sich sofort um, und lief zum Moped zurück. Der Polizist vermutete sofort in ihm einen Komplizen, und spurtete den Hügel hinauf. Als den Gipfel erreichte, sah er den Flüchtenden, der ebenfalls eine rote Stirnbinde trug, schon nahe beim Motorrad.

Der Uniformierte stoppte. Er zwang sich, langsam zu atmen.

Ganz ruhig legte er den Revolver über den linken Arm und zielte in aller Ruhe von seiner erhöhten Position auf den Flüchtenden. Ein Schuss, und Abu Wiria stürzte vornüber, nur noch einige Schritte von seinem Moped entfernt.

Der Polizist rannte bergab auf den jungen Mann zu, den Revolver immer noch auf ihn zielend.

Abu Wiria konnte sich nicht mehr bewegen. Die Kugel hatte den jungen Mann in der Hüfte getroffen.

Als der Polizist über ihm stand, blickte der Kämpfer ihn hasserfüllt an. Der Polizist legte ihm eine Handschelle um sein rechtes Handgelenk und verschloss sie.

Dann zerrte er den stöhnenden Mann über den Hügel zurück hinter sich her. Er zog ihn auf der anderen Seite herunter, bis sie Abu Sia erreicht hatten. Mit der zweiten Handschellenhälfte fesselte er dessen linke Hand. Beide Attentäter waren mit einem Paar Handschellen aneinander gekettet.

Er bückte sich und tastete beide nach versteckten Waffen ab. Als er nichts fand, liess er die Beiden da liegen, wo sie gerade lagen, und ging zur Strasse zurück. Sie waren beide verletzt, aber bei Besinnung.

Abu Wiria stöhnte: „Warum bist du nicht gekommen?“

Abu Sia antwortete nicht.

Stattdessen schaute er mit leuchtenden Augen zu den Überresten des völlig zerstörten Busses hin und keuchte: „Wir haben es geschafft“.

***

Es folgte die Ernüchterung. Von links näherte sich ein zweiter grauer Bus langsam dem Trümmerfeld.

Die diesen Bus eskortierenden Polizisten auf ihren schweren Motorrädern hielten ebenso wie der Bus an und stiegen ab.

Sie gingen mit gezogenen Waffen zu den rauchenden Trümmern nach vorne.

Vor den Überresten des Busses knieten die beiden Polizisten der ersten Eskorte am Strassenrand. Sie kümmerten sich um drei uniformierte Insassen, die sie notdürftig versorgten.

Es waren der Fahrer und die beiden Bewacher des Gefangenentransportes.

Als die Mine unter dem hinteren Teil des Busses explodiert war, und ein grosses Loch in den Boden des Busses gerissen hatte, waren sie durch die entstandene Druckwelle aus ihren vorderen Plätzen nach vorne aus dem Bus geschleudert worden.

Die grosse Öffnung, in der vorher die Frontscheibe gesteckt hatte, war leer.

Durch den Explosionsdruck der Mine waren alle Glasscheiben des Busses in kleine Teile zerlegt und unmittelbar darauf aus ihren Einfassungen herausgedrückt worden.

Als danach die Panzerfaustrakete in den Bus einschlug, lagen die drei Uniformierten schon fünf Meter vor dem beschädigten Bus in den Büschen am Strassenrand.

Sie wurden von einigen kleineren Trümmer- und Menschenteilen, die umherflogen, getroffen. Aber sie waren von der Hauptexplosion und dem anschliessenden Flammeninferno verschont geblieben.

Alle drei waren erheblich verletzt. Sie wurden mit den ersten aus Pattani eintreffenden Ambulanzwagen sofort ins Militärhospital überführt. Die beiden Attentäter liess man zunächst auf der Böschung liegen.

Klarheit

Auf der Strasse war unterdessen der Premierminister mit seinem Gefolge aus dem unversehrten Bus gestiegen, um sich einen Überblick zu verschaffen.

Einer der eskortierenden Polizisten trat auf ihn zu, salutierte und berichtete: „Was da vorne liegt sind die Reste eines Busses, mit dem Terroristen transportiert wurden, die aus dem Gefängnis von Yala freigepresst wurden.

Wahrscheinlich galt das Attentat ihnen, Herr Ministerpräsident und ihren Begleitern. Durch Zufall war der Bus mit den Gefangenen vor ihrem Bus auf der Strasse unterwegs, und so hat es diesen getroffen.

Alle Insassen sind tot, zerfetzt, aber die Bewacher und der Fahrer werden wohl überleben. Sie sind schon auf dem Weg ins Armeehospital. Dort am Hang liegen die vermutlichen Attentäter."

Der Premierminister liess sich zu den beiden jungen Männern führen, die ihm mit hasserfüllten Augen musterten.

Abu Sia stöhnte zu Abu Wiria gewendet, als er den Premierminister erkannte: „Wir haben den falschen Bus erwischt. Wie konnte das nur passieren?"

Mit all seiner Kraft rief er: „Tod unseren imperialistischen Feinden durch die ‚Pattani Moro Movement'."

Er versucht krampfhaft, die geballte rechte Faust zu erheben.

Der Premierminister sagte leise: „Die, die ihr da umgebracht habt, waren alle eure Kampfgenossen aus Yala, die heute freigelassen werden sollten"

Erschüttert schlossen die Beiden am Boden liegenden die Augen und Abu Wiria flüsterte mit tonloser Stimme: „Dann sind sie jetzt im Paradies angekommen".

Der Premierminister schüttelte den Kopf und ging langsam zu seinem Gefolge zurück.

In der Krue Sae Moschee

Kaum hatte Staatssekretär Lupini das Gespräch mit Herrn Naumann beendet, wurde er angerufen. Er meldete sich, und hörte lange zu.

Sein Gesicht versteinerte sich mehr und mehr. Dann sagte er: „Herr Pimanee, sind die beiden Attentäter transportfähig? Besteht Lebensgefahr?“

Die Antwort kam direkt: „Wie ich die Sanitäter verstanden habe, sind die Schussverletzungen schwer, aber nicht lebensbedrohlich, Herr Staatssekretär“

„Können sie veranlassen, dass sie sofort zur Krue Sae Moschee gebracht werden. Ich will sie den Imanen von Butterworth und dem Iman der Krue Sae Moschee vorführen, um ihnen zu zeigen, dass wir nicht falsch gespielt haben.

Vielleicht lassen sie sich überzeugen. Denn wenn nicht, wird hier unten wieder die Hölle ausbrechen. Wenn dagegen die anderen Bewegungen überzeugt sind, dass die Pattani Moro Movement allein für das Morden verantwortlich ist, werden die anderen Bewegungen sich mit unserem Premierminister vielleicht doch noch an den Verhandlungstisch setzen. Vielleicht werden sie sich wieder untereinander bekämpfen. Das ist jedenfalls besser, als wenn sie ihre Anschläge gegen uns koordinieren“.

„Sie sind ein kluger Mann, Herr Lupini. Die Ambulanz mit den Beiden ist zwar schon unterwegs, aber ich werde veranlassen, dass sie umdirigiert wird. Verlassen sie sich auf mich.“

„Gut, ich werde sofort zur Krue Sae Moschee aufbrechen. Ich werde sie informieren!“

Er rief die Polizisten Muang und Soy zu sich, und ordnete die sofortige Fahrt zur Moschee an. Sie nahmen einen der Vans der Spezialkräfte.

Unterwegs sagte er zu den Beiden: „Die Attentäter werden Handys dabei haben. Diese stellen sie sicher. Wenn sie noch funktionieren, stellen sie fest, mit wem die in den letzten vier Wochen Kontakt hatten. Alle Verdächtigen werden verhaftet. Das wird grosse Teile ihrer

Bewegung ausser Gefecht setzen. Und wenn sie vermutliche Anführer der PMM festsetzen, verfahren sie ebenso mit deren Handys. Wahrscheinlich wird die PMM aufhören, zu existieren. Sie haben genug Polizeikräfte zur Verfügung. Aber vermeiden sie ein Blutbad, versuchen sie, so rechtsstaatlich wie möglich, vorzugehen. Haben sie mich verstanden?"

Die Polizisten Muang und Soi sahen sich an. „Also mit Bangkok wird wieder nichts in den nächsten Tagen!" stand in ihren enttäuschten Augen zu lesen.

Sie nickten.

***

An der Krue Sae Moschee angekommen, standen schon zwei Ambulanzwagen im Innenhof. Der Staatssekretär und die beiden Spezialpolizisten betraten den kühlen, schattigen Innenraum, dessen Wände immer noch die Beschädigungen von Schüssen aufwiesen.

Diese Moschee war die älteste, heiligste und schönste Moschee der Südprovinzen. Ungezählte handbemalte Wand- und Bodenfliesen und Fresken gaben Zeugnis von der hohen Handwerkskunst vor über 400 Jahren.

In einem offenen Seitenflügel sassen in einer mit bunten Sitzteppichen ausgelegten Ecke drei alte Männer.

Sie schwiegen, als die drei Neuankömmlinge hereinkamen. Alle drei legten die Hände vor der Brust zusammen und verneigten sich tief.

„Seien sie gegrüsst, sie heiligen, weisen Männer. Ich bin Staatssekretär Lupini aus Bangkok."

Zu den Herren Muang und Soy gewandt, sagte er: „Warten sie bitte draussen auf mich, meine Herren".

Lupini wandte sich wieder den weisen Männern zu: „Ich muss sie leider darüber informieren, dass unser Treffen hier und heute seinen Sinn verloren hat. Der Bus, der die Gefangenen herbringen sollte, ist nicht weit von hier vor gut einer Stunde in die Luft gesprengt worden. Alle Gefangenen sind tot. Die thailändischen Behörden haben nichts damit zu tun. Glauben sie mir bitte."

Es entstand ein ungläubiges Gemurmel unter den drei alten Herren.

Der Staatssekretär fuhr fort. „Es war ein Attentat auf unseren thailändischen Premierminister und seine Begleiter geplant, der zu Versöhnungsgesprächen hergekommen ist. Offenbar haben die Attentäter die Busse verwechselt. Es waren Aktivisten der Pattani Moro Movement. Diese Bewegung war auch zu diesem Versöhnungsgespräch eingeladen worden. Aber sie nutzten ihr Wissen, um dieses Attentat zu planen. Ein Glücksfall war es für den Premierminister- eine schlimme Sache für die Gefangenen."

„Das sollen wir ihnen glauben?",fragte der Iman der Krue Sae Moschee.

„Meine weisen Herren, ich kann den traurigen Beweis antreten. Wenn sie mir bitte folgen wollen!"

Die Drei musterten voller Zweifel den Staatssekretär. Dann standen sie doch auf.

In einem Nebenraum, gleich beim Eingang, standen zwei Tragbahren am Boden. Zwei Sanitäter und vier Polizisten, die offenbar die Betreuung und Bewachung sicherstellen sollten, verliessen unaufgefordert den Raum.

Draussen warteten die SWAT-Männer Muang und Soy auf sie.

„Hatten die Attentäter Handys bei sich?"

„Ja, antwortete der älteste der vier Polizisten. Wir haben sie selbstverständlich sichergestellt. Hier sind sie. Dies ist das von ‚Abu Sia'. Das andere gehörte dem Zweiten, ‚Abu Wiria'".

Herr Soy nahm die beiden Handys entgegen, und verliess mit seinem Kollegen die Moschee.

***

Die drei alten Männer und Staatssekretär Lupini waren in dem Raum, wo die beiden jungen Leute auf ihren Bahren lagen, mit diesen allein. Die beiden Attentäter waren an Armen, Beinen und Köpfen bandagiert, aber offenbar nicht schwer verletzt.

Sie sahen den Staatssekretär hasserfüllt an. Einer spuckte vor ihm auf den Boden. Sie trugen immer noch die Stirnbinden der Märtyrer.

In der für Lupini unverständlichen Yawi-Sprache sprachen die beiden Imane abwechselnd ungefähr zehn Minuten mit den beiden jungen Männern.

Während des Gespräches versuchten die Beiden immer wieder, die rechte Faust zu heben.

Sichtlich erschüttert wandte sich darauf der Iman der Krue Sae Moschee an den Abt Sunivorn und an den Staatssekretär. „Leider haben sie Recht, Herr Staatssekretär. Diese verblendeten, jungen Männer wollten töten. Sie wollten töten, um jeden Preis, auch um den Preis ihres eigenen jungen Lebens. Oh Allah, wo sind wir angekommen. Und wo soll das hinführen?“

Der Iman aus Butterworth schüttelte entsetzt den Kopf. „Gewalt, nur Gewalt, allerorten hier. Wenn ihre Regierung wirklich einen Ausgleich sucht, sollte man die Imane zu den Verhandlungen hinzuziehen. Wir aus Malaysia würden unsere Hilfe gerne anbieten, denn diese sinnlose Gewaltwelle kann auch in unser Land überschwappen. Die Schuldigen sind zum grossen Teil in den Koranschulen zu suchen, die Lehrer einsetzen, die in radikalen Ländern ausgebildet wurden. Die Schulen werden aus dem Ausland finanziert. Wenn es mehr echte Muslime unter den Lehrern gäbe, wären diese Probleme nicht so gravierend.“

Staatssekretär Lupini dankte für dieses Angebot.

„Sobald ernst gemeinte Gespräche zu Stande kommen, werden wir gerne auf ihr Angebot zurückkommen. Vielleicht könnten sie als Vermittler erfolgreich sein, falls die Gespräche sich festhaken oder zu scheitern drohen. Wenn es zu einer Einigung zwischen Regierung und Rebellengruppen kommen sollte, wären wir natürlich dankbar, wenn sie bei ihren Freitagsgebeten auf beiden Seiten der Grenze die Gläubigen von den Ergebnissen verständigen könnten. Denn die Verankerung im Volk ist für uns sehr wichtig.

Ich werde mich mit dem Sicherheitsberater Pimanee besprechen. Wenn Gespräche unter ihrer Schirmherrschaft zu Stande kämen, wäre das ein grosser Erfolg für beide Seiten. Nun muss ich sie alleine lassen, meine Herren. Meine Zeit ist knapp. Nochmals vielen Dank“

Man verabschiedete sich unter Bekundung des grössten Respekts.

Sobald Staatssekretär Lupini den Raum mit den Imanen und dem Abt verlassen hatte, ordnete er die Verlegung der beiden verletzten Attentäter ins Zentralgefängnis von Pattani an.

Der Attentatsversuch zeigt Wirkung

Von der Begegnung mit den beiden jungen Attentätern war der Premierminister sichtlich erschüttert.

So jung, und schon so hasserfüllt! Es muss, es muss unbedingt etwas verändert werden!

Der Sicherheitsberater Pimanee kam auf den PM zu und sah ihn fragend an.

„Ich habe eben mit der Marine geredet. Die bestellte Fregatte liegt einen Kilometer von Land entfernt in Höhe des Piers von Pattani.

Wir können direkt zum Pier fahren. Dort wird uns ein Beiboot aufnehmen und zum Schiff bringen.

Da sind wir in Sicherheit. Wir können auf Umwegen mit dem Bus dorthin fahren, falls ein weiterer Anschlag geplant sein sollte. Dann sollten wir auf schnellstem Weg zurückfahren! “

„Du willst nach Bangkok zurück? Nein. Ich möchte durchaus an der Besprechung teilnehmen. Die Gegner sollen nicht denken, ich sei ein Hasenfuss. Ein Mann ohne Rückgrat.“

„Wir haben es versucht. Es wäre Wahnsinn, die Mission zu Ende bringen zu wollen. Es wäre falscher Stolz. Du hast versucht, was möglich ist.“

„Schau‘ dir die jungen Täter an. Es sind noch halbe Kinder. Und all‘ die Toten da vorne im Bus. Hat dich das alles nicht erschüttert? Schliesslich sind wir schon mal hier unten!“

„Denkst du nicht an deine Begleiter und Berater, oder an deine Partnerin? Als dein Sicherheitsberater muss ich stärkste Bedenken anmelden. Wenn du dich in diesem Wat blicken lässt, trete ich zurück. Es tut mir leid. Das kann ich nicht mehr verantworten.“

Der Premierminister ging zum Bus zurück. „Lass mich etwas nachdenken.“

Im Bus sass immer noch verängstigt seine Partnerin. Sie hatte den Bus nicht verlassen.

„Ich will zurück nach Bangkok, so schnell wie möglich“, schluchzte sie.

„Cha Chaa, langsam, langsam. Lass mich bitte zuerst etwas nachdenken. Werde jetzt bitte nicht hysterisch".

Er ging zur hintersten Sitzreihe im Bus. Er setzte sich, überdachte gründlich die Situation. Dann rief er seinen Sicherheitsberater zu sich.

„Also gut, ich stimme dir zu. Das Risiko in dem Wat ist vielleicht in der Tat wirklich zu hoch. Aber ich will auch nicht einfach aufgeben. Was hältst du von folgendem Plan?"

Er sprach fünf Minuten eindringlich auf den Berater und Freund ein. Dann hatten sie eine Einigung gefunden.

Ein neuer Plan

Herr Pimanee zog sein Telefon aus der Tasche und rief auf der Fregatte an. Der Erste Offizier der Fregatte Chilalok meldete sich.

„Guten Tag, hier Pimanee. Der Sicherheitsberater des Premierministers. Sagen sie dem Kapitän bitte, er solle ein paar bewaffnete Beiboote in genau vierzig Minuten bereithalten, um den Premierminister an Bord zu holen. Wenn der Premierminister kurz vor dem Pier angekommen ist, erhalten sie einen Anruf von uns, dann sollen diese unverzüglich kommen, und ihn an Bord holen. Wir fahren mit einem grauen Polizeibus. Sie können aus einem Kilometer Entfernung den Bus gut erkennen. Haben sie das verstanden?"

„Yes, Sir"

„Dann wiederholen sie bitte den Befehl."

Der Erste Offizier wiederholte den Befehl. Er ärgerte sich, so von einem Zivilisten behandelt zu werden, aber dessen Auftraggeber war der Premierminister.

Herr Pimanee, der Justizminister und seine Berater stiegen in eines der vielen Polizeiautos, die inzwischen die Anschlagstelle abgesperrt hatten, und Pimanee nannte dem Fahrer das Ziel: „Zum Wat Chang Hai"

Das Gefolge des Premierministers, die übrigen Berater sowie die Leibwächter warteten inzwischen am Bus auf dessen Abfahrt. Dann stiegen alle mit dem Premierminister ein, und mit deutlich vergrösserter Polizeieskorte ging es in Richtung Pattani Pier.

***

Um 11.15 erreichten die beiden Beauftragten des Premierministers mit ihren Beratern das besagte Wat, wo sich inzwischen fünf Anführer der verschiedenen Befreiungsbewegungen, beziehungsweise deren Beauftragte oder Stellvertreter, eingefunden hatten.

Als Herr Pimanee und der Justizminister den Raum betraten, erhob sich ein leises Raunen im Saal. Herr Pimanee begann eine kurze Ansprache:

„Guten Tag, meine Herren. Mein Name ist Pimanee. Ich bin Sicherheitsberater des Premierministers. Der Herr neben mir ist Justizminister Surivat. Zunächst möchte ich mich für unsere Verspätung entschuldigen.

Wie sie wahrscheinlich schon wissen, gab es heute Morgen einen Anschlagsversuch auf den Premierminister.

Glücklicherweise wurde er nicht getroffen. Er ist unversehrt. Stattdessen haben die Attentäter einen Bus in die Luft gesprengt, in welchem 26 Gefängnisinsassen, die freikommen sollten, transportiert wurden.

Das feige Attentat wurde von der Pattani Moro Movement verübt.

Diese Bewegung war auch zu diesem Treffen hier eingeladen.

Aber diese Terroristen haben leider ihr Wissen dazu benutzt, einen Anschlag zu verüben.

Das ist nicht gut. Nun ist das Sicherheitsrisiko – und ich bin der erste Sicherheitsberater des Premierministers – zu gross, als dass er noch hierher kommen könnte.

Wir haben uns lange beraten, wie es weitergehen soll.

Der Premierminister hat grosses Interesse daran, den Konflikt hier endlich zu entschärfen oder gar zu beenden, oder wenigstens erste Schritte für eine mögliche Lösung zu besprechen.

Wir sind gekommen, um mit ihnen ohne Vorbedingungen zu verhandeln.

Der Konflikt ist in den Augen vieler schon so verfestigt, dass es für beide Seiten keine einfache, schnelle Lösung geben können wird. Es werden lange Vorgespräche nötig sein, bevor vielleicht eine Lösung, die von beiden Seiten akzeptiert werden kann, in Sicht kommt.

Aber für die friedliche Entwicklung der drei Südprovinzen sollte uns keine Mühe zu gross sein. Friedliche Entwicklung bedeutet wirtschaftlichen Aufschwung, an dem alle teilhaben werden.

Um solche Gespräche zu führen, sind wir hierhergekommen. Wegen der augenblicklichen prekären Sicherheitslage hier hat mich der Premierminister beauftragt, sie an einen anderen Verhandlungsort einzuladen.

Er befindet sich jetzt an Bord der Fregatte HTMS Chulalok am Pier von Pattani. Der Justizminister und ich, wir beide, garantieren ihnen freies Geleit zum und vom Verhandlungsort an Bord.

Ich hoffe, dass sie unserer Einladung Folge leisten werden.

Der Premierminister erwartet sie an Bord".

Absprache

Die anwesenden Mitglieder der Befreiungsbewegungen redeten wild durcheinander, zum Teil in der Yawi-Sprache.

Geduldig warteten die beiden Mitarbeiter des Premiers.

Nach einigen Minuten hatten die fünf Gesprächsteilnehmer eine Einigung erzielt.

Der Älteste unter ihnen stand auf. Es war Abu Muab, der Führer der Pattani Indepence Movement. Er ergriff das Wort: „Morgen früh um zehn Uhr können wir uns treffen. Wir kommen an Bord und werden ohne Vorbedingungen verhandeln. Aber nur auf gleicher Augenhöhe!"

Der Sicherheitsberater schüttelte energisch den Kopf. „Es tut mir leid, meine Herren. Aber morgen muss der Premierminister wieder in Bangkok sein. Er wird den Asiengipfel eröffnen.

Es geht nur jetzt und heute. Wenn sie heute einem Treffen nicht zustimmen, werden wir notgedrungen abfahren müssen. Wir können ja dann später einen neuen Termin vereinbaren, vielleicht in vier Wochen. Es tut mir leid."

Damit stand er auf.

„Halt!", rief einer der versammelten Anführer. Ich würde auch einem Treffen heute zustimmen. Wenn es nicht anders möglich ist, auch auf dem Schiff.

Es ist schon so viel Blut geflossen, und je länger wir warten, desto grösser wird der Einfluss von radikalen Bewegungen aus dem Ausland. Die Ziele, die sie verfolgen, sind Andere als unsere Ziele.

Mir liegt das Wohlergehen meiner muslimischen Mitbürger am Herzen.

Den Ausländern geht es darum, Chaos zu verbreiten, wie zum Beispiel in Afghanistan. Wir wollen in Frieden leben, aber nicht auf einem Schlachtfeld."

Bis auf Abu Muab stimmten die Übrigen ebenfalls zu.

Der Justizminister machte einen letzten Versuch und sah Abu Muab direkt an. „Herr Muab, es wäre für den Premierminister sehr wichtig, dass auch sie an diesem Gespräch teilnehmen.

Es wäre ihm eine Ehre, denn wie er wohl weiss, sind sie ein Verwandter des hoch geachteten Herrn Nor Matha, der lange Jahre Parlamentspräsident und dann Innenminister unter Ministerpräsident Taksin war. Er war Muslim, und ich kann ihnen versichern, Karrieren wie diese stehen auch heute allen Muslimen offen. Aber sie müssen sich, wie alle Anderen auch, an die demokratischen Spielregeln halten."

Abu Muab hob die Hand.

„Alles schön und gut, aber ich lasse mich nicht unter Druck setzen. Auch nicht von ihrem Premierminister."

Er stand auf und verliess den Raum.

„Schade, aber da ist nichts zu ändern."

Herr Pimanee blickte die verbliebenen Vier an. „Sie sind für das Treffen bereit." Sie nickten.

Sie standen auf, und man ging zum draussen wartenden Van. Der grosse Wagen fuhr direkt zum Pier.

Während der Fahrt rief Herr Pimanee den Premierminister an..

„Ich habe gerade die Besprechung hinter mir. Einer ist abgesprungen, aber vier sind zu Gesprächen bereit.

Wir sind jetzt unterwegs zum Pier.

Schicke uns bitte ein Boot zum Pier, das uns abholen kann.

Wir sind in einer halben Stunde da"

„Gut", antwortete der Premierminister. „Wir erwarten euch."

Auf der Fregatte

Als der Van den Pier erreicht hatte, standen bereits vier bewaffnete Marinesoldaten am Kai. Sie gingen in Hab-acht-Stellung, als die Insassen den Wagen verliessen.

Ein mittelgrosses Beiboot lag am Pier. Nachdem die Zivilisten das Boot bestiegen hatten, gingen die Soldaten ebenfalls an Bord, das sofort darauf ablegte.

Auf der Fregatte wurden sie in die Offiziersmesse geführt, die in einen provisorischen Konferenzraum umgestaltet worden war.

Der Kapitän stand neben dem Premierminister, und beide begrüssten die Neuankömmlinge. Als der Kapitän den Raum verlassen hatte, betraten die Berater des Justizministers die Messe.

Die Anwesenden setzten sich an einen runden Tisch.

Der Ministerpräsident stand auf und sah in die Runde: „ Meine Herren, zunächst muss ich mich dafür entschuldigen, dass wir uns hier treffen müssen.

Aber sie sind schon von dem bedauerlichen Attentat informiert-hier sind wir sicher.

Nun zum Thema: Leider herrscht hier ein Klima der Sprachlosigkeit. Diese Sprachlosigkeit sollten wir überwinden. Oder zumindest einen Anfang damit machen. Ich möchte ihnen noch einmal für ihr Erscheinen danken.

Wo sollen wir beginnen? Vielleicht sollten wir einige der Forderungen besprechen, die im Rahmen der Entführung des Deutschen, von der sie sicher auch erfahren haben, erhoben wurden.

Da war die Rede von der Einführung der Yawi-Sprache als offizielle Zweitsprache im Süden. Das ist eine Maximalforderung. Wir haben das im Kabinett schon einmal besprochen. Wir könnten uns vorstellen, dass…“

Er wurde mitten in seiner Ansprache unterbrochen. Das durfte nur sein Freund Pimanee. Dann musste es dringend sein!

***

Herr Pimanee hatte soeben einen Anruf erhalten. Er war aufgestanden, und zum Premierminister gegangen.

Er beugte sich herab, und sagte im Flüsterton:„Entschuldigen sie, Herr Premierminister, ich muss sie dringend unterbrechen.

Ich habe soeben einen Anruf bekommen, vom stellvertretenden Führer der Pattani Independence Movement.

Sein Name ist Abu Halal. Er hat mir folgendes mitgeteilt:

Der Führer der Bewegung ist Abu Muab. Er war heute Morgen bei unserem Treffen dabei. Er hatte sich geweigert, an dieser Konferenz teilzunehmen.

Er plant ein neues Attentat auf sie, aber nicht nur auf sie, sondern auch auf die anderen verhandlungsbereiten Konferenzteilnehmer.

Er ist ein absoluter Hardliner. Er hat vor zehn Minuten drei Taucher losgeschickt. Sie haben Magnethaftminen bei sich und sollen dieses Schiff hier in die Luft jagen."

Der Premierminister schaute seinen Sicherheitsberater zweifelnd an.

„Sind sie da ganz sicher?"

„Ich kann nur wiedergeben, war er gesagt hat."

Der Premierminister stand auf und sagte zu den Anwesenden:

„Sie müssen mich für ein paar Minuten entschuldigen, meine Herren".

Er stand auf und verliess die Offiziersmesse. „Wo finde ich den Kapitän?", fragte er den erstbesten Offizier, den er sah.

Dieser salutierte, ging an ihm vorbei und führte ihn auf die Kommandobrücke direkt zum Kapitän.

Der Premierminister ging direkt auf ihn zu.

„Herr Kapitän, es kann sein, dass wir ein Problem bekommen.

Ich wurde eben informiert, dass drei Taucher zu diesem Schiff unterwegs sind, die es mit Magnet-Haftminen in die Luft sprengen wollen. Drei Taucher und drei Minen."

Der Kapitän dachte kurz nach und sagte. „Dann steuere ich dieses Schiff am besten auf die hohe See, Herr Ministerpräsident. In zehn Minuten können wir fünf Meilen von hier weg sein. Kein Taucher kann uns dann noch gefährlich werden".

Der Premierminister erwiderte: „Nein, bitte warten sie einen Augenblick. Besteht nicht die Möglichkeit, über Radar die Angreifer sichtbar zu machen?“

„Nein, Herr Ministerpräsident, unsere Radarempfänger sind bauartbedingt nicht für Objekte solch geringer Grösse geeignet. Das Hauptproblem bleibt die exakte Ortung der Angreifer.

Die einzige Möglichkeit, die sich zur Bekämpfung anbietet, ist der Einsatz von Wasserbomben. Wir setzen sie ein zur U-Boot Abwehr.“

„Herr Kapitän, es wäre wichtig, die Objekte zu orten.“

„Wir können die Wasseroberfläche absuchen nach den Luftblasen, die von jedem Taucher aufsteigen.“

Er schaute zum Himmel.

„Heute wäre es möglich die See ist spiegelglatt .Man müsste sie entdecken, wenn sie sich uns nähern. Dann eine kleine Wasserbombe, und sie sind weg, Herr Ministerpräsident.“

„Herr Kapitän, wenn wir es so einrichten könnten, wäre das wunderbar. Meine Gespräche mit den Leuten da unten würden erheblich erleichtert, wenn sie sehen, dass man sie ebenfalls beseitigen will. Alle im selben Boot, verstehen sie.

Auf jeden Fall würden sie dann wohl selbst gegen diese Pattani Independence Movement vorgehen.

Es wäre für uns eine Gruppierung weniger, ein Gegner fiele aus. Sicherlich hilft es auch, die Verhandlungsbereitschaft unserer Gesprächspartner zu erhöhen.“

Der Ministerpräsident grinste listig. „Auf jeden Fall könnten wir unseren Gesprächspartnern ein Abenteuer bieten.“

Der Kapitän schickte sofort acht Leute mit den stärksten verfügbaren Ferngläsern in den obersten Ausguck. Sie beobachteten die Wasseroberfläche. Der Kapitän gab seinem Ersten Offizier den Befehl, eine Wasserbombe klar zum Einsatz zu machen.

Kurz darauf meldete einer der Beobachter, die Wasseroberfläche etwa 700 Meter vom Boot entfernt sei bewegt.

Ein zweiter Beobachter bestätigte diese Meldung; es handele sich offensichtlich um aufsteigende Luftblasen.

Neuer Anschlag

Der Premierminister ging zur Versammlung der schon ungeduldig werdenden Verhandlungsführer in die Offiziersmesse zurück.

„Meine Herren, wir haben eben eine Warnung erhalten. Abu Muab, der Führer der Pattani Independence Movement, plant einen neuen Anschlag. Auf sie, auf mich, auf das ganze Schiff. Er weiss seit heute Morgen, wo wir uns befinden. Drei Taucher sind mit Haftminen zu diesem Schiff unterwegs, um es in die Luft zu jagen."

Ungläubige Empörung machte sich breit.

Ein Gesprächsteilnehmer übertönte den entstandenen Lärm.

„Woher wissen sie das, Herr Ministerpräsident?"

„Diese Warnung erhielten wir eben von dessen Stellvertreter, Abu Halal. Er ist mit einem Anschlag nicht einverstanden."

Einer der anwesenden Führer, der Abu Halal persönlich kannte, rief diesen an.

Er sprach kurz mit ihm.

Dann sagte er laut: „Ja, es stimmt, Abu Muab will uns tatsächlich in die Luft jagen. Alle zusammen. Wir wissen, dass er die thailändischen Buddhisten hasst. Aber das geht zu weit!"

Er wandte sich an den Premierminister. „Was passiert jetzt?"

Der Premierminister antwortete: „Der Kapitän hat alles im Griff. Er hat uns angeboten, nach oben zu kommen, und alle seine Aktionen, die er unternehmen will,zu beobachten. Wenn sie mir bitte folgen wollen?"

Alle folgten dem Premierminister an Deck. Jeder bekam ein Fernglas in die Hand gedrückt. Jetzt waren auch hier unten von der Reling aus an drei Stellen deutlich aufsteigende und zerplatzende Luftblasen zu erkennen.

Einsatz von Wasserbomben

Die Blasen erschienen gut sichtbar an der Oberfläche in ungefähr dreihundert Metern Entfernung. Der Abstand zum Schiff verringerte sich langsam, sie kamen stetig näher.

Der Kapitän sah zum Bootsende. An der Reling stand die Rampe mit den Wasserbomben. Er erläuterte den Umstehenden: „Sie werden üblicherweise gegen U-Boote eingesetzt. Aber gegen Kampfschwimmer dürften sie auch wirken. Wir haben die Zünder auf 50 Meter Wassertiefe eingestellt".

Als die ersten aufsteigenden Blasen noch etwa 100 Meter entfernt waren, gab der Kapitän ein Kommando und ein Zeichen mit der rechten Hand. Eine Wasserbombe löste sich aus ihrer Halterung, rollte auf beiden Schienen unter ihr abwärts und plumpste ins Wasser.

„Sie bekommen jetzt Überdruck, und wenn sie Pech haben, platzen die Ventile an den Luftflaschen und die Taucher beschleunigen wie Torpedos", meinte grinsend der Kapitän.

Gebannt beobachteten die Passagiere die Wasseroberfläche. Nach etwa zehn Sekunden stieg hinter dem Boot eine kleine Wasserfontäne auf. Die Fregatte zitterte leicht. Im gleichen Moment gab es etwas entfernter drei weitere leise, kaum hörbare Detonationen und Wasser spritzte hoch. Die Minen der angreifenden Taucher waren von dem Explosionsdruck der Wasserbombe detoniert.

„Die Taucher haben die Minen, bevor sie ins Wasser gingen, schon scharf gemacht", bemerkte der Kapitän. „Aber den Überdruck der Wasserbombe hätten die Taucher auch nicht überlebt. Die reichen schliesslich, um U-Boote zu knacken.

In Sri Lanka setzt die Marine häufig Wasserbomben gegen die Tamile Tigers ein. Mit Unterwasser-Sonargeräte, werden feindliche Taucher aufgespürt und sind damit immer erfolgreich."

***

Kurze Zeit später tauchten Überreste von Tauchausrüstungen, Lungenautomaten und drei menschliche Körper in der Nähe der Stelle, wo vorher die Wasserfontänen zu sehen gewesen waren, an der Wasseroberfläche auf.

Es wurde ein Beiboot abgelassen, von dem aus die Überreste der an der Wasseroberfläche treibenden Ausrüstungsgegenstände und die menschlichen Leichen mit Enterhaken eingesammelt wurde.

Als das Beiboot an Davits an Bord gehievt war, verteilten Seeleute die aufgefischten Teile auf dem Vordeck.

Die Gruppe der Beobachter ging zögernd zu den Überresten der aus dem Wasser gefischten zerfetzten Menschen und Ausrüstungsresten.

Ein Maat machte aus allen Richtungen Fotos. Die Aufmerksamkeit der Rebellenführer galt hauptsächlich den verstümmelten Körpern auf dem Vordeck.

„Zwei davon kenne ich“, sagte einer der Beobachter.

Ein zweiter meinte. „Die habe ich alle Drei schon gesehen“.

Ein dritter nickte: „Das waren Leute von Abu Muab. Der steht ab jetzt auf meiner schwarzen Liste ganz oben“.

Darauf bat der Ministerpräsident die vier Rebellenführer und die neben ihm stehenden Berater, welche sichtlich erschüttert waren, wieder unter Deck in die Offiziersmesse.

Dort sagte er: „Dieser unschöne Zwischenfall zeigt uns einmal mehr, dass wir uns intensiv um eine Verständigung bemühen sollten. Im Interesse aller friedliebenden Menschen!“

Einer der Führer erhob sich von seinem Stuhl. „Abu Muab ist so gut wie tot. Er muss weg.

Wenn er Glück hat, schafft er es noch über die Grenze nach Malaysia. Ich denke, ich spreche für meine drei restlichen Kollegen hier.

Wenn sie, Herr Ministerpräsident, einverstanden sind, sollten wir uns in drei bis vier Wochen wieder zusammensetzen. Dann ist die Nachfolge von Abu Muab geregelt. Die Pattani Independence Movement wird einen neuen Anführer haben. Es wird wohl Abu Halal sein.

Er wird sich auch mit ihnen an einen Tisch setzen. Er gilt als gemässigt. Sie haben unser Vertrauen gewonnen. Und auch die Pattani Moro Movement wird einen neuen Führer haben, wenn sie sich nicht selbst auflöst. Denn was Abu Wirias Leute angerichtet haben, dieses Blutbad mit 23 toten Freiheitskämpfern, ist unverzeihlich.“

Der Premierminister nickte: „Ich stimme ihnen zu, meine Herren. Inzwischen steht mir auch nicht mehr der Sinn nach weiteren Gesprächen. Vielleicht gelingt es ihnen ja sogar, auch die restlichen Führer mit an den Tisch zu bringen. Dann hätten wir ein effektives Gipfeltreffen. Mein persönlicher Berater, Herr Pimanee, wird einen neuen Termin mit Ihnen abstimmen.”

Alle erhoben sich, und verabschiedeten sich voneinander. Man ging auf das Hauptdeck.

Einer der Führer blickte nach hinten, wo auf dem Achterdeck der Bordhubschrauber stand.

Er zeigte auf ihn und fragte: „Können wir nicht mit dem an Land zurückfliegen?“

Der Premierminister lachte: „Tut mir leid, meine Herren. Das ginge natürlich, aber sie müssten lebensmüde sein.

Wir haben Erkenntnisse, dass Stinger Boden-Luft Raketen bei einigen Gruppen vorhanden sind. Die würden den Hubschrauber vom Himmel holen wie eine dicke Hummel.

Wir benutzen den Helikopter hier im Süden auch nicht für uns!“

Ein Beiboot brachte die vier Anführer an Land zurück.

Zu Herrn Pimanee gewandt, sagte der Premierminister: „Wir haben heute zwar kein Ergebnis erzielt, aber für die nächste Zukunft bin ich zuversichtlich.“

Der Sicherheitsberater drückte seinem Vorgesetzten die Hand.

„Meinen Glückwunsch! Es hätte wirklich nicht besser ausgehen können.

Sogar den Anschlägen kann man seine guten Seiten abgewinnen. Also dann, ab nach Hause!“

Der Kapitän gab das Kommando zum Ankerlichten.

Glückliches Ende

Im Laufe dieses Tages erfolgten 14 Festnahmen von vermuteten Freiheitskämpfern der Gruppen PMM und PIM und am Folgetag noch mal 17. Die Polizei ermittelte 22 weitere Terrorverdächtige.

Sie waren allerdings unauffindbar. Wahrscheinlich hatten sie kalte Füsse bekommen und sich nach Malaysia abgesetzt.
Die Verhöre überliessen die SWAT-Männer nach Rücksprache mit Staatssekretär Lupini den lokalen Polizeibehörden.

Im Polizeigefängnis wurden auch die Herren Saporn und Abdallah scharfen Verhören unterzogen.

Allerdings entzog sich der ‚Mönch' Saporn in der folgenden Nacht weiteren Befragungen durch Selbstmord.

***

Am Nachmittag rief Staatssekretär Lupini zunächst Herrn Kellermann an.

Er informierte ihn, dass für ihn und seine Polizisten im Süden alle Aufgaben erfolgreich abgeschlossen seien. Er schlug als Treffpunkt für eine kleine Abschiedsfeier den Abend des nächsten Tages vor. Das Gästehaus der deutschen Botschaft sei ein Platz, den alle beteiligten Kollegen sicher gerne und leicht finden würden.

Herr Kellermann sagte sofort zu; er werde versuchen, auch den Botschafter mitzubringen. Die beiden Herren Frings seien wohl auch noch in Bangkok.

Darauf rief Herr Lupini alle beteiligten sieben Polizisten an. Er dankte für die erfolgreiche Arbeit und bat alle zum vereinbarten Termin ins Gästehaus der deutschen Botschaft Bangkok.

Die beiden Deutschen, Gerhard und Chris, erschienen ebenfalls zu dieser Festlichkeit, da alle kurzfristigen Flüge ausgebucht waren.

An diesem Abend wurde im Gästehaus der Botschaft bestens aufgetischt und heftig gezecht.

Es wurden Toasts ausgebracht, die jedes Mal nach thailändischer Sitte von einem Schnaps, begleitet von einem lauten ‚Chock Dii', honoriert wurden.

Schliesslich begaben sich alle in ein Nebenzimmer, das als Karaokeraum ausgestattet war.

Herr Lupini hatte während des Dinners für kurze Zeit den Speisesaal verlassen, um ein dienstliches Telefongespräch, zu führen.

Das Ergebnis dieses Telefonates war: Kaum hatten sich alle im Karaokeraum niedergelassen, einem Karaokelied von Herrn Taksini gelauscht und Beifall gespendet, öffnete sich die Eingangstür.

Im Gänsetippelschritt betraten vierundzwanzig wohlaussehende, junge Damen den Raum. Sie lächelten und setzten sich unaufgefordert zwischen die anwesenden Herren.

„Ein kleines Präsent vom thailändischen Premierminister. Was ist schon ein Karaokeabend in Thailand ohne Damenbegleitung!“

Es wurde ein langer, feuchtfröhlicher Abend, der für einige erst am folgenden Mittag enden sollte.

Bangkok ist doch eine bezaubernde Stadt!

Die wichtigsten Akteure der Handlung

- Herr Prem: Bösewicht aus Koh Kong und immer pleite
- Frau Dang: Cousine von Herrn Prem
- Frau Wu: Dame, welche die Drogen versteckt hat, arbeitet in der ‚Happy Bar' in Koh Kong
- Herr Fu-Man: Big Boss des Heroinhandels in Koh Kong
- Polizisten Aee, Om, (oft krank), Em: Border Control
- Polizist Sanong: deren Chef, der Dicke (der Mächtige)
- Polizisten Rung, Tong und Bam: Drei üble Polizisten in Trat
- Polizist Saporn: Leiter und Verwalter der Asservaten-kammer
- Familie Ming: Nachbarn von Polizist Bam
- Herr Koy: Schwager von Polizist Rung, Englischlehrer und Übersetzer
- Frau Wo Lu Koy: dessen Frau
- Herr Lupini: Staatssekretär in Innenministerium in Bangkok
- Herr Dusit: Polizeipräsident von Bangkok
- Polizisten Taksini, Abhesat, Kasikorn: Mitglieder der Sonderermittlungsgruppe
- Geheimpolizisten Mr Muang, Mr Soy: Mitarbeiter von SWAT, dem thailändischen Inlandsgeheimdienst
- Polizisten Supinda (bei Gerhard) und Chillavorn (bei Gerhard): Security Police Officers aus Berlin
- TPO Kung and TPO Korn: Tourist Police Officers auf Ko Chang
- John Brenner: Chef vom Cliff Palace Resort auf Ko Chang
- Kittisac: Anwalt in Trat
- Thomas, Deutscher: Chef vom Su Along Guesthouse
- Karl Kellermann: 3. Sekretär der Botschaft in BKK

- Herr Naumann: 2. Sekretär der Botschaft in Pnom Penh
- Greg, Australier: Inhaber der Tapas Bar am White Sand Beach
- Karsten Wiegand: Inhaber vom Meals and More Restaurant
- Dessen Bombenfreundin : Nok
- Susan Highsmith: (alias Niva aus Montana, USA, Sensibelchen)
- Nut: Kambodschanerin gibt Chris K.O. Tropfen
- Hauptkomissare Schmidtbauer und Kaiser: Zielfahnder des BKA in Thailand
- Abu Sia, Junger Terrorist kehrt aus Pakistan zurück
- Abu Wiria: junger Terrorist
- Abu Sae: Chef der beiden. Mitglied der Naional Moro Front, (NMF)
- Abu Muab: Chef der Patani Moro Movement
- Abu Halal: Stellvertreter von Muab
- Hauptakteure: Christian Frings, Urlauber
- Gerhard Frings, Onkel von Christian
- Jee Phumring und Pae Khowkaew, Gerhard Frings rührend betreuende Thailänderinnen

Die wichtigsten Orte der Handlung:

- Gefängnis in Bangkok, auch für Ausländer: Bangkwang
- Thamasat University, Elite-Universität in Bangkok
- Die Insel Ko Chang
- Grenzgebiet nach Kambodscha
- Drei südliche Unruheprovinzen Thailands:
  Yala, Pattani, Nara Thivat
- Bangkok,
- Pnom Penh
- Fregatte HTMS Chulalok

Anmerkung

Es werden – auch für thailändische Verhältnisse – riesige Summen bezahlt (Millionen Baht), damit höhere Polizeioffiziere aufsteigen können.

Man redet selten darüber. Nur wenn die Betreffenden einem gegnerischem Lager angehören, werden solche Fälle ab und zu bekannt. (Bangkok Post vom 4.02.2010; Seite 3)

Inhalt

Wie alles begann 7
Herr Prem in Not 9
Woher Tee? 11
Auf der Suche 12
Frau Wu's Werdegang 14
Ein hartes Leben 15
In Kampot 17
Frischer Wind in Trat 19
Tauschgeschäfte 21
Der Grenzübergang 22
Die Hello-Bar 23
Herr Om in Aktion 25
Herr Aee's Sorgen 27
Herr Sanong 28
Fliegender Wechsel bei der Border Control 31
Morgens an der Grenze 33
Über Drogen 34
Panik kommt auf 35
Nagelprobe 37
Zurück nach Trat 40
Im Gefängnis 45
Der tatsächliche Hergang 45
Komplikationen im Gefängnis 48
Untersuchung 51
Verhör 53
Gefängnisalltag 56
Besuch von der Botschaft 57
Neuzugang: Rainer 58
Zeitvertreib 60
Depression 62
Obsternte 64
Rainer wird entlassen 65
Der Tiefpunkt 67
Besuche im Gefängnis 68
Chris geht nach Kambodscha 74
Unerwartete Hilfe 75
Überfall auf Herrn Prem 76
Wing Ban taucht auf 77
Chris auf heisser Spur 79
Missglückte Entführung 83
Missglückter Überfall 85
Begegnung mit dem Ruhrgebiet 90
Frau Wu wird verhört und packt aus 93
Herr Naumann bekommt zu tun 97
Chris als Kurier 98
Bei Staatssekretär Lupini 99
Am Rande 103
Lupini wird aktiv 105
Inkognito 107
Angenehmes Ambiente 109
Der Inlandsgeheimdienst greift ein 111
Gefängnisroutine 114
In Phuket im Hafen 116
Herr Muang ermittelt: Volltreffer 119
Misstrauen breitet sich aus 127
Treffen der Ermittler 128
Die offene Tür 129
Hundeattacke 133
Neues für Kellermann und Lupini 139

Urlaub für Chris 140
Mordanschlag auf Chris und Karsten 143
Karsten und Chris bei der Polizei 146
Helden des Tages 150
Lupini beschafft Verstärkung 152
Susan 153
Neuer Versuch 159
Allmählich Klarheit 161
Langweilige Routine 163
Chris als Attraktion 164
Ein Container 166
Chillavorn und Supinda in Aktion 167
Kontaktaufnahme im Gefängnis 170
Susan muss zu ihrer Schwester 175
Mordanschlag auf Gerhard 178
Im Luxushotel 184
Saporn wird misstrauisch 186
Verhaftungen 192
Treffpunkt Bangkok 195
Saporn wird aktiv 195
Chris wird entführt 203
Chris wird vermisst 206
Im Golf von Thailand 210
Treffen in Pattani 216
Abdallah taucht auf 219
Ein sicheres Versteck 221
Die Forderungen der Entführer 222
Riesenhektik macht sich breit 223
Im Verlies 225
Der Premierminister wird informiert 226
Staatssekretär Lupini koordiniert 228
Regierungskrise 228
Der PM dachte nach. 231
Der Plan des PM 232
Der Krisenstab des auswärtigen Amtes 234
BKA-Leute in Thailand 237
Einigung mit den Entführern 238
Saporn gibt Rätsel auf 241
Karsten der Spezialist 245
Mit dem Notebook den Entführern auf der Spur 247
Schein-Einigung 251
Abu Sia kehrt heim 253
Der Minenspezialist 256
Taktische Besprechung 257
Das Versteck wird lokalisiert 259
Die Situation spitzt sich zu 262
Die drei Polizisten werden überführt 263
Die Befreiung 267
Heilige Männer treffen ein 271
Der PM auf dem Weg 275
Aufbruch im Gefängnis 278
Vorbereitungen für das Attentat 279
Letzte Einweisungen 281
Eine tragische Verwechslung 284

Panik und Verwirrung 286
Klarheit 289
In der Krue Sae Moschee 290
Der Attentatsversuch zeigt Wirkung 294
Ein neuer Plan 295
Absprache 297
Auf der Fregatte 299
Neuer Anschlag 302
Einsatz von Wasserbomben 303
Glückliches Ende 305
Die wichtigsten Akteure der Handlung 308
Die wichtigsten Orte der Handlung: 310
Anmerkung 311

Gebhard Friebel

Blutiger Reis

Gekidnappt in Kambodsch

Thriller
364 Seiten, Paperback
ISBN 9783905960563
€ 15,80 (D)
€ 16,30 (A)
CHF 22,90 UVP

Dieser Thriller spielt im heutigen Kambodscha. In der fiktiven Handlung geht es um die raffinierte Geiselnahme von Geiseln aus fünf Nationen, mit dem Zweck, den zweiten Kopf der Pol Poth Verbrecher aus der Haft frei zu pressen. Der Autor, der bei jahrelangem Aufenthalt in Asien und acht Reisen nach Kambodscha viele Details sorgfältig recherchierte, hat sich als Hauptprotagonisten in die äusserst spannende Handlung eingebracht, und schildert Land und Leute, aus eigener Anschauung, bis in die Regierungskreise hinein, erlaubt es Urlaubern hinter die Kulissen zu schauen und vermittelt so wertvolle Tipps. Bei der Handlung, die zum Schluss auch in Thailand spielt, zeigen sich die Spannungen zwischen den beiden Ländern und die möglichen Lösungen ihrer beidseitigen Probleme. Einen besonderer Witz und Humor zeichnet den Thrillerdurch die Schilderung des aktiven, coolen und erfolgreichen Agierens seiner beiden Neffen aus, die tatsächlich Kambodscha und Thailand auch bereist haben. Ihre ausgeprägt saarländische Mentalität gibt dem Roman eine besondere Würze.

Mehr unter www.Universal-Frame-Verlag.ch